普拉提指导手册

[英] 理查德·A. 布朗（Richard A.Brown） 著

陈慧霞 田园园 江菲菲 金肖燕 译

人民邮电出版社

北京

图书在版编目（ＣＩＰ）数据

普拉提指导手册 / （英）理查德·A.布朗
(Richard A. Brown) 著；陈慧霞等译. -- 北京 ：人民
邮电出版社，2024.1
　ISBN 978-7-115-62057-6

　Ⅰ．①普… Ⅱ．①理… ②陈… Ⅲ．①健身运动—手
册 Ⅳ．①G883-62

中国国家版本馆CIP数据核字(2023)第119623号

免责声明

本书内容旨在为大众提供有用的信息。所有材料（包括文本、图形和图像）仅供参考，不能替代医疗诊断、建议、治疗或来自专业人士的意见。所有读者在需要医疗或其他专业协助时，均应向专业的医疗保健机构或医生进行咨询。作者和出版商都已尽可能确保本书技术上的准确性以及合理性，并特别声明，不会承担由于使用本出版物中的材料而遭受的任何损伤所直接或间接产生的与个人或团体相关的一切责任、损失或风险。

内 容 提 要

本书是一本为普拉提教练编写的实用手册，对于普拉提初学者和高阶练习者也有一定的参考价值。本书首先以简洁明快的方式介绍了普拉提的基本知识——从介绍普拉提的历史开始，作者回答了读者关于减肥、锻炼频率和康复练习的重要问题。此外，本书还深入探讨了普拉提与功能性训练的关系，并讲解了丰富的运动解剖基础知识。在"练习的方法"一章中，读者将了解如何运用运动原理更好地训练，以及骨性标记定位和教学提示技巧的相关知识。最后，书中提供了丰富的练习示例，从呼吸练习、预备垫上练习到垫上练习，逐步引导读者进行普拉提教学的实践。这本书将成为普拉提教练的绝佳指南，帮助他们改善教学技巧，带领学员感受普拉提的魅力，获得身心健康。

　◆　著　　　[英] 理查德·A.布朗（Richard A.Brown）
　　　译　　　陈慧霞　田园园　江菲菲　金肖燕
　　　责任编辑　裴　倩
　　　责任印制　马振武
　◆　人民邮电出版社出版发行　　北京市丰台区成寿寺路 11 号
　　　邮编　100164　　电子邮件　315@ptpress.com.cn
　　　网址　https://www.ptpress.com.cn
　　　涿州市般润文化传播有限公司印刷
　◆　开本：690×970　1/16
　　　印张：20.75　　　　　　　　　2024 年 1 月第 1 版
　　　字数：375 千字　　　　　　　2025 年 8 月河北第 4 次印刷
　　　著作权合同登记号　图字：01-2022-5323 号

定价：168.00 元
读者服务热线：(010)81055296　印装质量热线：(010)81055316
反盗版热线：(010)81055315

谨以爱献给我的儿子，三个美丽的女儿以及一直支持我的妻子。没有他们，我不知道我会在哪里，或者做些什么。

限量版

如果您收到了这本书的限量版，您会发现在这条信息下面有一个手写的号码，上面有我的签名和中文名印章。

也许在几年后，这会让这本书在你当地的典当行里变得有价值，或者在寒冷的日子里作为阻挡门缝底下气流的手段而变得有价值。

给读者的信

亲爱的读者：

祝贺您收到您的《普拉提指导手册》。

不论您是普拉提新手，还是经验丰富的从业者，是运动教练，还是单纯感兴趣的人，我希望您都可以从本书中获取有用的信息，学到一些实用的东西。

我真诚地希望您读完这本书后对锻炼产生一种看法，这种看法能够帮助您从内心产生幸福感，帮助您树立自我形象。个人认为，作为一名"运动教育工作者"，帮助人们理解内在的感受比外在的样子更重要这一点很重要。

我相信普拉提是一种可以增强自我意识和提升自我形象的方法，它使一个人能够拥有思想、身体和精神上的良好品质，而这些品质对于在如此快节奏的、"速食面"式的世界中创造一个理智和平衡的生活方式很重要。这个世界里许多人都在质疑别人可以为他们做什么而不是他们自己可以为别人做什么。

约瑟夫·普拉提本人不太像其他运动体系里的教练那么强调精神的重要性，但并不意味着我们应该否定运动（和呼吸）对我们自己以及我们周围的人的生活改善。

约瑟夫被认为比其他人领先50年，然而有一件事是肯定的，当他通过他的同名书首次提出"回归生活"这个短语时，他至少领先了其他人74年。实际上，这个词很明显是写给我们现在的这个时代的，我们越来越依赖于被动地寻求"感觉良好"，而不是我们为自己负责，帮助自己"回归生活"。

我希望本书在某种程度上可以帮助读者在内心深处找到回归生活的意义。

理查德·布朗（Richard Brown）

致谢

我要感谢人民邮电出版社的裴倩和她的团队，他们勇敢地接受了出版这本书的挑战，为普拉提这样的小众行业出版一本书风险极大，尤其是在网上已有大量现成普拉提信息的今天。

我非常感谢Vesal公司，没有他们，解剖图像是不可能绘制完成的。

回顾过去30年的教学生涯，我有幸与各行各业的人一起分享故事和经历，每一个人都或多或少地影响着我，塑造了今天的我，并间接或直接地指导着我写这本书。

这些人的名字数量太多，无法一一提到。特别值得提到的是，我永远不会忘记我的启蒙老师！

感谢来自澳大利亚的罗恩·克莱森（Ron Claessen）向我介绍了武术，来自中国香港的陈昌老师向我介绍了陈氏太极拳和气功，泉广明（Hiroaki Isumi）和瑞·潘特（Ray Panter）监督我在合气道的发展。

我已故的香港合伙人皮埃尔·英格拉西亚（Pierre Ingrassia），帮助我建立了信心，让我在中国开设了中国首批的普拉提工作室之一。

邓肯·翁（Duncan Wong）和蒂法尼·华（Tiffany Hua），他们给了我在上海Namaste瑜伽馆开设第一家葆沃普拉提工作室的机会。

罗格·谢（Roger Hsieh），他慷慨地让我的妻子和我在上海开设了我们的第一家葆沃普拉提工作室。

沈丹，他不仅在新婚之夜保护我免于过度饮酒，还帮助我们在上海开设了第一家葆沃普拉提工作室。

特别要提到的是杭州的钟赟和章国瑜，他们都有信心和远见，在杭州开设了当地第一家葆沃普拉提工作室，并继续他们的使命，热情地将普拉提带给更多的人。

大师帕特·盖顿（Pat Guyton）是特别值得提及的导师，她是才华横溢的教练，非常棒的人。帕特在普拉提和其他许多事情上都有丰富的知识，她设法以简单的方式让学生理解普拉提。她体现了一句谚语："任何傻瓜都能把事情弄得复杂，但只有真正的天才才能把事情变得简单。"她确实是一个真正的天才，能以如此迷人和美妙的方式传达信息。

玛德琳·布莱克（Madeline Black）是另一位很棒的导师，我很高兴能向她学习。玛德琳有独特的能力，能将运动的知识与实践的手法治疗技术相结合，这是我在任何其他老师身上都没有见过的。

非常感谢凯瑞·迪安布罗吉奥（Kerry D'Ambrogio）和凯瑞·冯（Kerry Fung），他们在手法治疗方面教会了我很多东西，他们也成为业内的大师激励着其他人。

非常感谢我令人惊艳的骨科疗法老师热姆·卡马拉萨（Jaime Camarasa），伊格纳西奥·迪亚兹·塞拉多（Ignacio Diaz Cerrado）和巴勃罗·利亚内斯（Pablo Llanes），他们拥有令人难以置信的关于身体以及身体如何运动的知识，他们的知识足以填满整个图书馆。

2001年，我在博尔德·罗尔夫学院开启了一段旅程，学习一种鲜为人知的名为"筋膜"的身体组织的治疗和运动概念。很多年后，我终于在美国获得了全部的认证，感谢艾达·罗尔夫（Ida Rolf）最初的学生之一托马斯·迈尔斯（Thomas Myers）。

正是在罗尔夫学院的学习，让我认识了菲登克莱斯（Feldenkrais）。随后，通过托马斯·迈尔斯，我有幸认识了詹姆斯·厄尔斯（James Earls），他一直是我在理解身体如何运动方面的重要导师。

我还要感谢很多老师，他们教会了我什么是不应该做的，但是我在这里就不再一一提及他们的姓名了。

在中国生活了这么多年，很尴尬的是我的中文完全无法应用，因此我依赖于金肖燕、田园园、陈慧霞和江菲菲的才华，她们孜孜不倦地合作翻译了本书。特别感谢菲菲，她非常耐心和热情，花费了无数额外的时间来编辑和校对本书的文本。

我还要感谢维基（Vicky）和李（Lee）同意成为书中的模特，维基（Vicky）不仅是我多年的朋友，也是中瑛学苑教学团队的宝贵成员。

很多人可能想知道，书中图片里的那位令人惊叹的女士，也就是在扫描二维码后能够看到的那位漂亮地演示动作的女士是谁。她的名字是朱烨，我来到中国后，她一直是我的好朋友，她被称为"中国普拉提之母"。她帮助我们建立了葆沃品牌，多年来一直向学生和老师们教授普拉提。

当然，还有一个人对中国的普拉提市场产生了重要的影响，没有她，许多在普拉提行业追求事业的人和阅读本书的人都不会拥有工作。这个人就是可爱又漂亮的演员孙俪，我不相信还有谁可以像孙俪一样让普拉提在中国被大范围推广。如果没有她对于健康与幸福的坚持，普拉提这个名字在中国几乎是闻所未闻。很荣幸，她同意为本书写序。

当然，如果没有对家人的感谢，致谢就不完整了。我美丽的家庭有我坚韧的妻子陈慧霞（Julianne），我三个漂亮的女儿陈欣漪（Zhade）、陈思佟（Zhenna）、陈盈盈（Zhai）和我的儿子内森（Nathan），他们不断激励我追求生活中的新事物。每天早上我的第一件事就是去看我的女儿们，看到她们会让我精神振奋，激发我实现新的事物。

最后，我还要感谢在过去30年来在香港和上海来找我的勇敢的对我深信不疑的人，如果我没有幸运地收获所有人的信任，我就不会取得现在的成就，这本书也不会存在。

正如我的一位导师布莱恩·斯库拉（Brian Scura）先生所说，"把爱传递出去是一件好事"（这也是一部很棒的电影名）。如果这本书能以任何方式帮助到读者，无论是个人、教练还是导师，向那些寻求健康和幸福的人传递爱，我将感到无比的快乐和谦卑的满足。

真诚地希望你能享受阅读本书，希望它能以某种方式帮助你保持或恢复生活的活力。感谢！

理查德·布朗（Richard Brown）

序1

R，是我的普拉提教练，也是一起分享健康生活理念的好朋友。

他是一个英国人，但是特别热爱中国文化，他对中医文化的热爱超乎我的想象。他不只会太极，还会针灸、拔罐……他熟知普拉提动作对身体肌肉与呼吸的掌控要求，同时了解中医经络与气血循环，他能够把看似不相干的理论，完美巧妙地结合在一起。有一次我脖子落枕了，他让我做了几个普拉提动作，又给我来了几针，一下就好了。

我认识R，是在2014年生完我们家小花以后。朋友说她认识一位特别厉害的普拉提老师，而普拉提对我产后修复特别好，我抱着试一试的心态去了。上完前两堂课，我心里一直犯嘀咕："不会遇到了一个骗子吧。"

怎么形容这两堂课呢？我满心期待会学到各种动作或训练，但他只是一直让我站着呼吸、躺着呼吸，还说我的呼吸方式不对，走路姿势不对，坐的姿势不对，运动时的发力点都不对……

天呐，一下子把我说得郁闷了。我想呼吸难道不是人生来就有的本能吗？我怎么就不会呼吸了？站、坐就更不用说了，每天重复几千几百次的事，我怎么就不会了？但是随着之后一次次深入地练习，我对普拉提、对呼吸有了一个全新的认识。从前的我会觉得每个动作是不是完美很重要，现在的我知道，每个动作伴随的呼吸意识更重要。

R是个神奇的教练，他教普拉提不拘泥于用普拉提床、瑜伽垫，用家里的板凳甚至墙壁，或者在任何地方，只要你有了正确的运动意识，随时随地都可以开始练习。其实每天只要练习几个适合自己的简单动作，就可以为自己的健康加不少分。

这次R要出书了，分享他的健康理念，特别为他开心，因为这样会有更多人受益于他的教学。他问我，能不能为他的书写篇序，说实话我有点犹豫，因为我怕他更有名之后，我更约不到他给我上课了！哈哈哈，开个玩笑。

希望你看了这本书之后会和我一样爱上普拉提，爱上R的运动理念。

孙俪

演员

序 II

（一）

在我见到布朗老师与慧霞老师之前，我特地询问了一下Chat GPT，到底什么是普拉提，得到的回复是：

"普拉提（Pilates）是一种以改善身体的核心力量、灵活性、平衡和体姿为目标的体育锻炼方法。这个方法由德国的约瑟夫·普拉提（Joseph Pilates）于20世纪初创立，最初被称为"控制方法（Contrology）"，后来以其创始人的名字命名为普拉提。"

嗯，普拉提是一种强调力量节奏和发力顺序的控制方法，是一种综合性的运动方式，练习普拉提也许不像在健身房中举铁那么累——这是我，对普拉提的最初印象。

（二）

携带着这样的印象，我来到了葆沃普拉提馆。与健身房不同，这里没有喧闹的音乐，没有器材的撞击声，所有客人都沉浸在一个颇具禅意的环境里。我也一样，我也在这里开始了自己的第一次普拉提体验。

这是一个自我检视的过程。在布朗老师的帮助下，我们一起通过简单的日常动作，开始建立对自身运动习惯的觉察。或者说得更准确些，了解自身举手投足的规律，以及在这些规律中埋藏多年的问题。然后，**在身体与理智的双重维度，开始建立对运动的自我觉知。知道，是改变的前提。**

这是一个专业的修复过程，运动者不仅需要强化力量，也需要松弛肌肉。布朗老师告诉我，运动中的问题是时间的产物，不良的动作在时间的累积与催化下最终变成习惯，这些习惯会带来某些肌肉的羸弱和某些肌肉的紧张。普拉提不仅带给我们身形的变化（虽然它可以实现这一效果），更为重要的是，它让我们学会提升身体机能的整体性解决方案（虽然按摩的时候我通常一直在"大喊大叫"）。

这是一个感染力更为明确的运动过程。通过聆听布朗老师对动作的细致反馈和在器械的帮助下，**运动的颗粒度变得愈发清晰。**练习普拉提不是把更重的东西举过头顶，而是要感受肢体发力与变化的细微过程——力量流转到哪里了，背部哪个部分在发力，如何发力，如何在运动时介入意识和配合有效的呼吸。在我看来，普拉提提供了一种"慢"

的运动哲学，它不追求那种呼喊式的机体爆发，强调的是一种细致、节制、精致的流转、体察与调动，强调所谓的"控制方法（Contrology）"，从而在运动中帮助大家愈发清晰地知道哪里在运动，最终增进我们对自身机体的掌控力，使体意合一。

这是一个高质量的人际互动过程。布朗老师总是鼓励我，总是帮助我，总是跟我一起寻找导致问题出现的那些细小症结，然后帮助我超越它们，克服它们。这种体验是绝佳的，因为在这个过程中，你和教练的关系不再是一位外行与一位内行的关系，而是一位学习者与一位极具耐心和极为幽默的导师之间的关系。我不会把葆沃普拉提馆的普拉提课程视为一种训练，我会把它视为提升健康素养水平的一个共学课堂。

（三）

每个人心中都有他自己的哈姆雷特，同样地，所有的体验者都会拥有他自己的普拉提心得。

我相信大家通过阅读这本书，除了能够学习到普拉提的专业知识与技术，还可以体悟普拉提的哲学——这种哲学希望你觉察的同时进行改变，希望你更为了解自己，无论是在身体姿态、肌肉状态还是观念上。通过你与导师的合作，**最终你将在自己的生命道路上开辟出自己的运动与健康之路**，在获得健康与提升运动表现的同时，变成一个更具细致洞察力与内省精神的人。

正因为如此，我向你推荐这本书。希望你也能够获得普拉提带来的那些改变。

熊浩
复旦大学法学院院长助理、副教授

　　我和理查德是在中国广州的一次普拉提大会上认识的，我们都是特邀老师。作为普拉提工作室的馆主和教师培训项目的负责人，我们意识到人们对普拉提教育的兴趣日益增长。年轻一代的热情令人鼓舞。我们可以预见到对合格教练的需求将是迫切的。我们都明白这可能会开启一个"潘多拉魔盒"。难题在于如何在满足需求的同时保持教学质量，购买设备只是其中容易的部分。我们将面临的挑战是，如何组建一个普拉提工作室，并保持方法的完整性。普拉提首先是一种实践。约瑟夫·普拉提曾写道，健康与健身是过上健康而富有成效生活的先决条件。理想情况下，个人的学习应该在进入教学计划之前进行。

　　理查德和我意识到，科技改变了年轻一代对教育和商业的看法。虽然学徒制是最有效和令人满意的学习方式，但我们担心在这个时刻可能不太现实。我们在许多交流中彼此安慰，并得出结论，也许我们应该改变态度。我们如何既尊重这种方法，并同时为所有有志于成为教练的人打开受教育的大门呢？

　　理查德决心为年轻的普拉提一代提供学习指南，这本指南中解剖学部分内容应非常丰富。我们都相信，在普拉提练习中的功能性运动并不会违背约瑟夫·普拉提的愿景。所有普拉提教育者都有一项至关重要的责任，即传承一个既有价值又基于科学的理念。这本书形式巧妙地呈现了练习的学习，彩色的方框内有简易的内容参考，包括相应的文字、清晰的照片和提示的指示。附有二维码，呈现栩栩如生的视觉演示。我们这一代没有这些资源。书中的信息详细，但也是逐步递进的。读者可以根据教学经验选择要学习的部分。希望"潘多拉魔盒"中有宝藏，能激发进一步的学习，并推动约瑟夫·普拉提的愿景，让全世界都能练习普拉提。我将把这本书添加到我的培训计划的推荐学习材料中。

帕特·盖顿（Pat Guyton）
普拉提大师，普拉提学院（Pilates Conservatory）主任

序Ⅳ

很高兴看到布朗老师即将出版《普拉提指导手册》，此书展示了布朗老师结合多年学习和实践经验总结的有助于普拉提垫上训练的一种有意义、安全且高效的方法，希望这种方法被更多中国的培训机构和教练以及大众健身者逐步认知、接纳。

目前国内医学院教学体系只讲授局部解剖学和系统解剖学。局部解剖学以人体局部结构作为研究对象，主要应用于外科，而系统解剖学以功能为基础将人体器官分为九大功能系统，主要应用于内科。在世界进入老龄化社会的背景下，这两套解剖学体系派生出来的临床思维体系主要通过手术、药物治疗患者，解决不了大量的慢性病问题。近几十年来由筋膜链解剖研究发展而来的筋膜解剖学，将人体划分为两大系统——支持与储备系统、功能系统，从延长人的寿命的角度研究各部分细胞、组织和器官的更新及修复，从而维持生命的延续。筋膜链与中医学几千年前描述的经络系统紧密联系，也为中医学提供了生物学基础理论支持。

伟大的约瑟夫·普拉提（Joseph Pilates）从东西方的运动养生法例如瑜伽、太极等中，以独特的运动方式和技巧，创立了普拉提运动。普拉提最独特的地方在于它把练习重心放到了精神层面上，通过呼吸和精神控制让练习者能面对自己的内心世界。练习普拉提要求把注意力集中在肌肉、骨骼及筋膜整合的动作上。身体上多余的紧张感一旦消除，人的姿势会随之改变，这种由内到外的变化会让人欣喜地发现一个崭新的自我，从而获得精神上的最大满足。

作为中医学和康复医学的践行者，我很有缘地在托马斯·迈尔斯（Thomas Meyers）在中国的结构整合认证课上结识了布朗老师，并一起共度了两年多时光。他是中瑛学苑和葆沃普拉提工作室的创始人，从事手法治疗、武术和健身行业超过30年，擅长功能性和治疗性运动、骨科手法治疗和结构整合（SI）治疗。希望更多的朋友能从《普拉提指导手册》开始，一步一步走向健康之路！

邓景元

西安交通大学第一附属医院康复医学科副主任医师、副教授

书评

《普拉提指导手册》是一本非常值得推荐的书，尤其适合初学者，也适合那些希望深入了解普拉提的人。它将作者多年的普拉提练习和教学经验融入其中，深入浅出又全面地介绍了普拉提的垫上练习。它将帮助读者建立坚实的基础，更好地理解普拉提运动。不论你是新手还是有经验的练习者，这本书都值得一读。

晏冰

北京体育大学中国运动与健康研究院博士，副研究员

理查德·布朗不仅是一位优秀的普拉提导师，还是一位不断探索身体智慧的骑士。他精通普拉提和运动医学，对中医（例如针灸）、武术、气功都有着深入研究，这些沉淀让他可以突破学科和流派之间的界限，形成自己独特的训练体系。相信他的新书会给所有追求健康和希望、探索生命的朋友带来启发。

王自成

文合佑康中医门诊创始人，上海中医

如果方向错误，越努力走得越远、错得越多。布朗老师教会我太多东西，其中最重要的就是努力的方向要正确。"单纯地重复做某一个动作，并不会让身体有所改善"。这本书汇集了为什么这样做动作，如何更好地做动作的各种原则和方法，不论你处于哪个阶段，都能从本书获得启迪。

钟赟

葆沃普拉提杭州馆馆长，中瑛学苑导师

认识布朗已经有18年了，如果开始学普拉提，我第一个想到的老师一定是他。布朗对普拉提的热爱和严谨几乎无人可及，他多年来不间断地研发和探索，也给了我很多教学上的灵感和帮助。很高兴生活中能有这样的挚友，愿布朗的新书能帮助更多热爱普拉提的人！

华雯

专业舞者，Omma瑜伽创始人

目录

第1章

介绍

1.1 ▶ 本书是为哪些读者准备的

写作本书的目的是向大家系统地介绍普拉提垫上动作，以及中瑛学苑沉浸式课程项目中教授的某些普拉提垫上相关练习。

本书适用人群

任何想要开始练习普拉提或想要成为普拉提老师的人士。对于那些已经走上职业道路的普拉提老师，或是那些已经接纳普拉提垫上练习作为日常运动方式之一的练习者，本书也将提供些许帮助。

1.2 ▶ 为什么你要读这本书

如果你是一名老师

希望你能够通过本书了解更多关于学习、教授普拉提垫上练习，以及各种以普拉提为导向的运动方式的基础知识，从而安全有效地引导你的客户进行练习。

如果你是一名客户或练习者

今时今日，社会压力与日俱增，人们追求立竿见影的效果。我希望能够通过推广一种既有趣又具有挑战性的健康运动概念，让读者为自己的健康承担起更多的责任。

写作此书的目的绝不是想要以新瓶装旧酒的方式来展示一个运动体系的"绝技"或"秘密"。我希望以单纯、诚恳的文字来介绍和呈现普拉提运动的一些理念，同时将中瑛学苑和葆沃普拉提在各地教学活动

中使用的诸多原则，如身体力学、功能运动及矫正练习，一并融入本书。

普拉提为人所知的莫过于一系列有助于增强腹部力量和改善身体灵活性的垫上练习。然而，垫上练习只是普拉提项目中的冰山一角，除此之外，还有很多需使用大器械和各种辅助性小器械完成的练习。下述器械是所有专业普拉提馆必备的设备。

秋千床或凯迪拉克床（Trapeze Table or Cadillac）

核心床（Reformer）

分踏椅或稳踏椅（Split Chair or Wunda Chair）

脊柱矫正器（Spine Corrector）

梯桶（Ladder Barrel）

"断头台"（Guillotine）

扶手椅（Armchair）

站立训练器（Ped-O-Pull）

普拉提大器械的种类多，每个器械都有自己的动作组合及变式。因此，老师可以根据不同练习者的情况调整动作的难易程度。

1.3 ▶ 本书的练习

本书涉及预备垫上练习和普拉提垫上练习两部分。我认为，对于普拉提垫上老师或开始练习不久的新人而言，这两部分都是十分实用和重要的练习。经验丰富的练习者会发现，对照37个经典普拉提垫上

动作序列（见附录1），本书未介绍以下10个动作序列。

一百次（The Hundred）

卷后（Roll Over）

开瓶器（Corkscrew）

拉颈向上（Neck Pull）

折刀（Jack Knife）

回旋镖（Boomerang）

海豹（Seal）

螃蟹（Crab）

腹部滚动（Rocking on Stomach）

控制平衡（Control Balance）

想要获得解锁全套动作的成就感的读者，可以参考附录1，在那里你可以找到经典普拉提垫上动作序列。而且，你也可以扫描相关的二维码来观看对应的动作视频。

关于动作删节的一些重要的注意事项
帕累托法则

帕累托法则又称80/20法则，其核心思想为产出或报酬的80%取决于20%的投入或努力。

例如，一个企业或工作室的所有者可能会意识到，所有收入的80%仅来自20%的客户。

另一个例子与我们身体的疼痛有关，80%的背部疼痛可能来自情绪压力，而情绪压力只占一个人身体压力的20%。

对于老师来说，这个法则是指如果老师学习了100个练习，在其教学生涯中，

80%的时间里所教的练习也就只有其中的20个。其他的80个练习虽然会时不时地出现，但是核心课程将始终围绕着那20个练习进行。也就是说，老师需要非常熟练地掌握这20个练习。

原则

我的观点是，在考虑进行高级的动作之前，老师应该有能力和经验教授基础的练习。

所谓的"有能力"，实际上是指在某项练习中能够理解并识别其基本运动原则的能力。一旦老师能够理解并识别这些运动原则，将其转化为其他练习或运动模式就相对容易了。

就拿"回旋镖"练习来说，它可以被看作"脊柱伸展""戏弄者"和"卷后"的组合，因此练习者只有在有能力完成这3个练习的前提下，才能去做回旋镖这个练习。

另一个很好的例子是"一百次"练习。世界各地的普拉提场馆都会开设垫上课程，而许多普拉提老师都把传统版本的一百次练习看作热身。然而当我们看到这个动作包含的必要技巧时，就会发现练习者需要具备以下能力。

❶ 维持背阔肌和核心肌群之间的连接。

❷ 高效地运用深层颈屈肌，以保持头部的位置。

❸ 颈椎和胸椎逐节运动的能力。

❹ 良好地组织腰椎骨盆髋复合体，以

保持双腿的位置。

非常遗憾的是，大多数人在做这个练习的时候都不具备上述能力，所以通常导致下腰背和颈部疼痛。

很多老师会选择让练习者缩短双腿的力臂长度（屈膝），甚至让头部保持在地面上，来完成动作，然而他们却没有教授练习者完成这个练习的必备技巧。也许更换一个能够运用上述4种能力的练习会是一个更好的选择。

选择练习的重要标准之一是动作的安全性。"卷后"是经典普拉提垫上动作序列中的第三个练习。事实上，老师在80%的时间里遇到的客户都是不常锻炼的人，要求他们在几乎没有任何准备的情况下去做卷后练习，是相当不切实际、不负责任的行为。一种情况在世界各地的健身中心反复出现——久坐。用弗拉基米尔·扬达（Vladimir Janda）博士的话来说，久坐会导致身体僵紧、姿势稳定肌群存在过大的张力、全身肌肉的紧张及失衡。如果只是一味地强调"核心力量"，很有可能是做无用功。为什么要规避上文列出的某些动作，合理的解释是，腹部肌群受到竖脊肌的抑制，导致脊柱无法完成屈曲（逐节运动）。如果人们试着去做它们，可能会对脊柱和颈部造成损伤。

还有一点是很多人无法理解的，即单纯地重复练习某个动作，并不会让身体有所改善。因为错误的或者功能失常的运动模式，并不会因为我们把一个动作努力地练习了一百次而得到改善。

很多人似乎都忽略了练习普拉提的主要方面。普拉提确实能够帮助我们很好地锻炼，但是不要忘了，每个人在训练之初的水平都是不一样的。老师在开始带客户训练之前，需要询问并确认这一点。就像帕特·盖顿（Pat Guyton）老师所说，去理解你面前的身体，将他/她视为有特定需求的个体（在教学过程中有许多常见的、重复出现的模式有助于我们理解对方的身体），首先去提升基本的技能水平，所有动作和练习都可以在此基础上进行。如果老师这样做，其就相当于为自己和客户设立了一个长期且有效的目标，虽然一开始可能不得不放慢脚步。

我对本书怀有乐观而真诚的期望，体现于如下两个方面。

1）我希望本书的出版，有助于普拉提垫上训练作为一种有意义、安全且高效的方法，被更多培训学校和培训项目认知、接纳。

2）如果有来自其他运动系统的初学者或老师使用这本书，他们通过自己的方式学习、掌握书中的知识，并融入平常的训练中，同时能够将这些信息传递给其他人，那将会是一件非常棒的事。

1.4 我为什么要写这本书

在多年的教学中，经常有人问我这样一个问题："您能推荐一些学习普拉提的好书吗？"然而，学习普拉提更需要的是"实操"。虽然书籍是知识的载体，但事实是，无论你读了多少关于驾驶的书，如果不亲自手握方向盘，感受一下如何操纵离合器换挡，你永远不可能学会驾驶。也就是说，你一旦理解了离合器和换挡器两者之间的关系，就可以更容易地让它们服务于彼此。

对于想要学习普拉提的人来说也是同样的道理，他们可以通过阅读来学习书中的练习，深化对解剖学的理解，同时在与自己的老师或学生相处的过程获得成长。因此，当被问到上述问题的时候，我总是很为难。

因为我们生活在中国，这应该是一本中文书。让读者去阅读一本他们看不懂语言的书是毫无意义的。

我个人认为应该包含在任何教学手册中的标准：

"千里之行，始于足下"。

以上这句名言可能有点老生常谈，但我认为它特别适用于人体及运动学科。作为一名负责且专业的老师，有义务尽最大努力去学习"如何让身体工作"，其中包含肌肉、骨骼以及其他身体系统的解剖学和生理学基础知识。

有一次，一位老师对我说："我判断一名老师的能力，取决于他能否分别给我16岁的儿子和70岁的母亲安排合适的课程。"

事实上，多年来，我借用了他的判断标准，为我的许多学生提供了准确的动作指导。即一个好老师应该认识到不同人群之间的需求差异，并相应地设计出有效、安全的锻炼方案。

要做到这一点，就必须具备全面的解剖学知识和基本的生理学概念，如心率、注意事项和禁忌证，以及评估"你面前的身体"的能力。因此，作为一名专业运动老师，应该要了解肌肉骨骼系统的基本结构知识。我认为任何指导手册都应该包括这些内容。

本书中的肌肉插图已经获得Vesal解剖大师应用程序的授权，这个应用程序也有中文版本。

1.5 初学者还是高阶练习者

本书既适合初学者，也适合高阶练习者或者老师，对此你们可能会有些困惑。然而，根据我多年的经验，那些"基本"的东西，往往可以成就或破坏一个动作的安全性和有效性。所谓的基本的东西，具体如下。

口语提示。

触觉提示。

合适的设置（注意我的用词是合适，而非正确）。

知道做这个动作的意图是什么。

知道如何去做这个动作。

了解如何修改练习或动作以适应练习者的需求。

我发现很多课程都缺乏上述基本要素，而我经常会问老师的一个问题是"你为什么要教授对方这个练习？"或者"通过这个练习，你期望达到什么样的效果？"老师往往不能给出一个清晰且合乎逻辑的解释，但这难道不是作为一名普拉提老师的基本要求吗？我问这些问题并不是想要故意刁难，然而现实生活中是，老师通过大量模仿来学习一些东西，之后再用这些他们自认为已经学会了的事物来教学。

老师通常会依赖于他们认为自己已经学会并且记住的东西，然而随着时间的推移，这些信息变得越来越模糊，最终教给学生的往往是已经扭曲了的版本。

就算我们拥有很强的记忆力，能够分毫不差地记住所有的知识，也是不够的。因为它只是信息的"复制"版本，而不是我们借着视觉、听觉和对空间的感受，将所学付诸实践，从而真正拥有的知识。

在我看来，能够尽可能简单地展示或教授一个练习或动作，是成为一位优秀老师的标志之一。这就引出了这样一个问题，我们如何才能知道："老师是因为自己的知识有限，而选择以一种简单的方式来教动作，还是因为拥有多年经验，精通技术，

而选择以一种简单的方式来教授？"

换一种说法就是："老师是在教其所不知道的东西，还是在教其丰富的知识储备中的简化版本？"

如果我们现在回到上文中关于"基本"的那一页，就会发现"基本"是我们学习的第一件事，也是我们最先忘记的事。有经验的老师能够理解并运用基础知识去帮助学生。因此，能够理解并运用基础知识来帮助学生成功完成动作的老师才被称为有经验的老师。所以，基本的东西是十分重要的。

关于以上几点，本书将采用不同颜色的文本框进行说明。

以下是对不同色框的一些说明

玫红色框 禁忌证与注意事项

蓝色框 练习的益处

绿色框 动作背后的基本原则

紫色框 用来帮助老师或者学生完成动作的指令

黄色框 问题

禁忌证与注意事项

注意事项是指需要注意的一些安全事项，如身体状况或运动中需要特别注意的方面。

禁忌证一般指不适合运动或可能因运动而加重的医疗情况。

"益处"展示了锻炼可能会改善的特定或者整体的运动功能障碍。特定的功能障碍如椎间盘突出,整体的功能障碍可以简单地称为背部疼痛。

练习的理疗性和功能性作用

理疗性作用:增强腘绳肌。

功能性作用:改善深蹲和站立姿势。

原　则

以普拉提为基础的练习,通常借助术语来定位动作,这些术语是其他运动体系或其他运动项目老师不常使用的。举例来说:"天鹅"练习可能被看作一个脊柱逐节伸展的练习,但是在健身房中,我们可以说它是一个伸展背部肌肉的练习。理解这些术语对有效和安全地教学至关重要。

教学指令

口语提示

使用引导想象和清晰的指令可能会极大地帮助学生或练习者获益。这么做往往能够创造出符合预期目标的动作模式,而不是将动作分解成一个个动作,以致非但没有起到鼓励作用,反而会阻碍他们做动作。

在使用触觉提示之前,总是先使用口语提示。

触觉提示

通过触摸给予触觉提示。老师适当地触摸学生,引导他们达到运动的预期效果。

触觉提示包含以下3种。

引导性提示。举个例子,老师触摸学生脊柱上的某一节特定的椎骨,以表明运动可能在哪里受限或应从哪里开始。

辅助性提示。例如,当学生在做"戏弄者"练习时,老师可以辅助学生的脚去到预期的位置。

对抗性提示。例如,老师向下压学生的脚,给予他们本体感受的反馈,并让学生对抗这股向下压的力,从而辅助运动。

问　题

列出常见问题以及评论,可以帮助读者更好地体验和探索这个动作,从而更好地理解其价值和意义。

对于普拉提垫上动作序列的普遍评价就是：这是一个二维的、强调矢状面（向前和向后）的动作，整个体系中没有很多侧向或者旋转的运动模式。

我个人是同意这一观点的。事实上，我们设于全国各地的葆沃普拉提工作室（Bodyworks Studio）教授的许多练习，是在任何经典普拉提或以自学为导向的普拉提书籍中都找不到的。我们教授的是一种基于功能性和理疗性的运动模式，也就是如何安全、有效地移动身体。比如，普拉提垫上练习中的"侧踢系列"有很好的治疗效果，但是由于身体不以这种方式去使用目标肌肉，因此该系列动作在功能层面上有所欠缺。

我认为老师应该理解这些限制，并不断地将更多功能性练习整合到客户的日常训练中。

为了让本书服务于尽可能多的人，我没有过多引入普拉提的"完整序列"的概念。我选择重点介绍那些我认为重要的元素，特别是当需要向一位刚刚接触这项运动的新人介绍某些练习时，我认为对方必须知道那些重要的元素。

1.6 关于练习的一点说明

本书包含对普拉提垫上练习以及非普

拉提纠正练习的传统和现代诠释。之所以选择以这种方式呈现练习，是因为我希望将自己经常挂在嘴边的理疗性练习与功能性练习，即我们日常使用身体的方式，结合在一起。

以普拉提中的"站姿卷下"这个练习为例，很难说它是一个功能性练习。然而以脊柱的逐节运动的方式做卷下，可以最大限度地避免椎骨之间的"夹板"（指合并或动作阻塞）出现，因而每个关节都拥有最大的灵活性，这是一件好事。

灵活且健康的脊柱有助于人们高效地参与网球、高尔夫等运动，或者将行李放进机舱行李架这样日常的功能性活动。

我真诚地希望读者能够享受阅读并且练习书中的内容。我也希望能够听到读者对书中内容的反馈和意见，如有错误，欢迎指正。

最重要的一点是，我希望你们能够从书中获得一些对日常生活有所帮助的实用性信息，我相信这也是你们购买这本书的初衷。无论是你的身体存在某种形式的损伤或疾病，还是你希望改善姿态或提升运动表现，我希望本书能够对你有所帮助。

第 2 章

普拉提的历史

普拉提是由约瑟夫·休伯特·普拉提（Joseph Hubert Pilates）所发明的一种运动形式，他起初称之为"控制术"。约瑟夫1967年去世后，他的一些学生决定将这一运动体系传承下去，并将其命名为普拉提，以此纪念该体系的创始人。

约瑟夫于1883年出生在门兴格拉德巴赫（Monchengladbach），相传他自小体弱多病，因此一生致力于改善自己的健康和体能。约瑟夫的父亲是一名体操运动员，对健身很感兴趣，他成为约瑟夫在运动上的启蒙者。

约瑟夫相信，现代的生活方式（如不良的姿势和不良的呼吸习惯）是造成健康状况不佳的根源，因此他开始设计并使用器械来不断地改进训练方法。

1912年约瑟夫移居英国，据说正是在这个时期，约瑟夫开始发展他的一系列垫上动作和弹簧抗阻器械，这些发明日后成为普拉提体系的代名词。

1925年，他随着一艘游轮移民到了美国。也正是在这艘船上，他遇到了未来的伴侣克拉拉（Clara）。一到纽约，他们就一起开了一个工作室，开始向任何愿意来学习的人授课。起初，他的"控制术"体系的关注点以及核心概念在于呼吸、专注、控制、中心、流畅和精确。同样的概念在今天已经广为人知，并通过各种不同的词汇来表达，比如"脊柱的逐节运动""核心控制"等。

约瑟夫和克拉拉很快就得到了当地舞蹈社群的关注，并为玛莎·格雷厄姆和乔治·巴兰钦的学生提供日常训练和康复训练。

约瑟夫因1946年出版的《以控制术重返生活》一书而闻名，这本书包含了他的训练方法及原则，也包括如今出现在垫上动作序列中的许多练习。这些练习的呈现方式在于身体有控制地运动，是锻炼，而非理疗。通过持续的锻炼，人们意识到这些普拉提练习可以提高柔韧性、增强力量、发展身体整体的控制力和耐力。

约瑟夫同时也在不断地发明器械，如今众所周知的核心床、凯迪拉克床（秋千床）、梯桶、稳踏椅和站立训练器都是由他发明的。脊柱矫正器则是由他的太太克拉拉发明的。

许多曾经接受过约瑟夫和克拉拉教导的学生都开设了自己的工作室，他们当中的一些人教授不同版本的动作，另一些人则尝试保留最初的普拉提动作。这些学生后来被称为第一代门徒（下列名字没有特别排序），主要成员如下。

伊芙·金特里（Eve Gentry）

罗恩·弗莱彻（Ron Fletcher）

卡萝拉·特里尔（Carola Trier）

玛丽·鲍文（Mary Bowen）

凯西·格兰特（Kathy Grant）

洛利塔·圣·米格尔（Lolita San Miguel）

杰伊·格兰姆斯（Jay Grimes）

奥德丽·梅（Audrey May）

罗曼娜·克雷扎诺夫斯卡（Romana Kryzanowska）

约瑟夫享年83岁，1967年在纽约去世。

经典普拉提与现代普拉提

如今，有许多普拉提学派都是从约瑟夫的原始教义发展而来的，并且不同学派或不同风格化的体系可能对特定的教学方法有不同的侧重。例如A学派可能偏重于理疗，而B学派偏重于运动健身的方式。经典普拉提学派更倾向于普拉提中的舞蹈层面。

我们无法去定义哪一种方式更正确，因为无论是哪一种方式都会吸引着相应需求的人群。同时，这些学派对于动作的诠释，也存在不同，比如说"美人鱼"练习在不同学派的教法是千差万别的。

根据过往经验，我想说的是："现代普拉提是普拉提演变的结果，而经典普拉提的目标在于保留约瑟夫原始的动作及教学方式。"

约瑟夫的原始教义坚守着一些原则。据说约瑟夫认为腰椎应该像新生儿一样笔直，这一观点曾得到他的大部分追随者的支持，直到今天仍有拥趸。然而，在我们这个时代亦有许多练习者认为笔直的腰椎有害脊柱健康，因为这会对椎间盘施加不必要的压力，并且可能导致脊柱的自然曲度消失。

他的其他原则没有太大的问题，至今仍然被大范围地采纳。其中包括约瑟夫推荐的特定呼吸方法，如今被统称为"普拉提式呼吸"。在约瑟夫去世之后，罗曼娜·克雷扎诺夫斯卡负责将约瑟夫的教案组织成一个系统，同时对普拉提原则进行详细阐述。现在普拉提体系中已经确立的6条原则应该就是罗曼娜归纳所得：

1. 专注（Concentration）；
2. 控制（Control）；
3. 中心（Center）；
4. 流畅（Flow）；
5. 精确（Precision）；
6. 呼吸（Breathing）。

专注

普拉提要求高度专注。在普拉提中，执行练习的方式比练习本身更重要。

控制

"控制术"是约瑟夫提出个人方法时的首选名称，它基于肌肉控制的理念。普拉提方法并不是随意的。你只有做到全神贯注，才有可能去控制每一个瞬间和每一个层面。

中心

中心是普拉提方法的焦点。如今，我们通常将其称为"核心"，许多年长的老师将其称为"发电站"。普拉提中的所有运动都应该从"发电站"开始，并延伸向四肢。这是普拉提关注的重点，这个过程旨在强化身体的其他部位。

流畅

普拉提的目标在于优雅、高效地运动，以恰到好处的努力和平稳、高效的方式完成动作。一旦达到了练习的精度，练习中的每一个动作就应该具备内在的流畅性和与下一个动作衔接的能力，从而有助于练习者培养力量和耐力。

精确

以正确的方式完成普拉提练习的关键在于精确，正如约瑟夫所说："每次锻炼都要关注动作的精确性，以免做得不恰当，导致失去所有重要的价值。"因此练习的重点在于精确地把一个动作做好，而不是做很多半吊子的动作。

呼吸

呼吸是许多训练的基础，普拉提也不例外。在《以控制术重返生活》一书中，约瑟夫在引言中专门阐述了呼吸，并将其称为"以血液循环方式实现的身体清洁术"。他发现，增加氧气的摄入量并将这种含氧的血液输送到身体的各个部位有很大的价值。每一次完全的吸气和呼气都是关键。约瑟夫认为被动呼气是充分吸气的关键，他建议人们像拧干湿毛巾一样用力将空气挤出肺部。如今，我们可能会提到通过腹横肌以及相关的局部核心肌群的动作来辅助这一功能性运动，保持下腹部肌肉靠近脊柱，呼吸时感觉气体流入身体两侧，让气体直接去到下胸廓。普拉提式呼吸也被称为后外侧呼吸，即练习者深吸气，感觉气体到背部和胸廓的两侧。呼气时，激活深层腹肌和盆底肌，并且在吸气时保持这些肌肉的运动。约瑟夫试着将这种呼吸练习与运动进行适当的协调，并在不同练习中都加入了呼吸指导。

最重要的是，学会正确呼吸。

第 3 章

关于这本书的重要问题

在讨论更多的练习之前，让我们先来了解一下读者可以从这本书中获得什么。

3.1 ▶ 普拉提有助于人们减肥吗

这是一个很好的问题。答案是"不能"。

但是，在你失望地想要放下这本书之前，请继续阅读下去。

本书呈现的练习，是为那些想要改善姿态、灵活性和运动表现及增强自我意识的人群设计的。这与传统的健身方式大不相同。因此本书关注的重点是健康，而不是个人的健身层面。当然，如果你能够掌握书中的练习，那么自然而然地，你会进阶至挑战强度和难度更高的练习，从而会增加运动量和练习时长，而你的身体会在这个过程中变得更强壮，相应地会减少一定的脂肪。

根据我多年的经验以及从客户身上看到的变化，普拉提方法确实有助于改变体形，因为呼吸模式和姿势的改变实际上会让人觉得腰部或身体其他部位的赘肉减少了。

关于减肥的真相，是我们所有人都需要知道的。一个体重65千克、运动能力在平均水平的人，每天在跑步机上以大约每小时9千米的速度跑1小时，可以消耗大约500千卡（1千卡≈4186焦耳，余同）热量。如果一磅（1磅≈0.45千克，余同）脂肪等于3500卡热量，那么一个人需要连续7天跑步1小时才能消耗1磅脂肪。许多

刚开始锻炼的人都犯了一个常见的错误，那就是增加食物的摄入量，尤其是碳水化合物的摄入量，以努力维持他或她的能量水平，这也就抵消了锻炼带来的效果。

就单纯的减脂运动而言，高强度间歇训练的运动项目可能会给心血管带来相当大的好处。还有一个常见的错误是我们过于追求效果，动作过快、过猛，使得身体因恢复不足造成的损伤和能量衰竭的风险变得更高。

在我看来，持续性的普拉提练习，无论是单独训练还是与其他的训练方案相结合，都能很好地减少疲劳和受伤的风险，同时改善体态以及从事其他项目时的运动表现。

要想减脂，已证实的有效的方法就是调整饮食习惯，同时进行低强度、长时间的锻炼。

3.2 ▶ 应该多久锻炼一次

我们应该多久运动一次呢？答案是每一天。

我还可以给出另一个答案。我有一个朋友来我们的工作室工作，他当时刚从科特迪瓦回来。他曾经是一名健身冠军，后来成为一名世界级的泰拳冠军，所以他习惯了每日规律地运动。他在工作室待了大约一个星期后，有一天他走到我跟前，满脸惊讶地对我说："理查德，你知道吗，有些人一整天都不锻炼！"

他多年来一直坚持刻苦训练，当他意识到还有人不是每天都运动时，感到十分震惊。

所以另一个答案很简单，就是尽可能多地让身体动起来。

3.3 这些是康复练习吗

"康复"被看作一个医学词汇，作为普拉提老师，永远不应该宣扬普拉提会带来任何形式的医疗效果。有趣的是，约瑟夫·普拉提曾经为很多受伤的舞者提供训练，据说他因为医疗行业不接受和不认可他的体系而变得非常沮丧。由于那时候还没有运动科学或手术后康复的方案，所以他未能得到认可也就不足为奇了。

普拉提圈子里不乏各种临床案例和个人故事，这些案例都表明这项运动可以有效地帮助各种患有残疾和功能障碍的人士。我常听到，普拉提练习让那些有膝盖、髋部、背部和肩部问题的人得到很大改善。

为避免"康复"与医疗概念产生混淆，现在更广泛使用的词汇是"预康复"。预康复是指一个人为了避免日后做康复治疗，而在当前进行训练或治疗。需要补充一点，许多医生现在建议需要接受骨科矫形手术的人进行预康复练习，以便其日后做完手术之后，更好地度过恢复期。

也就是说，如果你想通过普拉提项目来改善身体，应该事先进行适当的医疗检查，这是必要的。本书并不提倡或鼓励用如下的练习代替医学治疗。

姿势

在训练中，最常见的主题之一就是姿势，也就是体态。当说起普拉提练习可以为我们带来什么好处的时候，经常被说到的一点就是"改善体态"，似乎普拉提在这方面确实有着不错的名声。"姿势"这个术语既可以指身体的静态保持方式，也可以指动态的动作。大多数客户或学生所理解的姿势是前一种，也就是站在教练面前，进行静态姿势评估。虽然进行静态姿势评估对许多人来说是有益的，但是静态姿势对功能障碍的影响是大是小，仍然存在争论。

不论你是否相信姿势是功能障碍/疼痛产生的原因，我认为有一点可以肯定的是，在大多数情况下，人们都知道一个美观的姿势应该是什么样子的。姿势与许多因素有关，如情绪状态、自信心等。

有经验的老师很可能会告诉学生，处于久坐的环境，表现出的模式通常与缺乏运动的惯性模式直接或间接相关。

老师会在客户中发现一些更常见的模式，这些模式可以通过普拉提练习得到改善，包括：

❶ 下腰背和髋屈肌又短又紧——下腰背呈弓形；

❷ 颈部和胸部肌肉又紧又短——头部前倾姿势；

❸ 胸廓前移——下腰背呈弓形与头部

前倾姿势；

④ 骨盆前倾——摇摆背或懒汉姿势；

⑤ 胸廓侧移——很可能造成长短腿；

⑥ 上躯干旋转——可能造成长短腿/脊柱侧弯；

⑦ 平背——夹骨盆。

仅仅通过垫上练习来改变一个人的日常站立或行动模式，并彻底改变其姿态，这种想法未免过于理想化。不过，你通过在本书中学到的练习至少可以打下基础，以此为铺垫，练习更具针对性的训练项目，从而收获更大的成功。

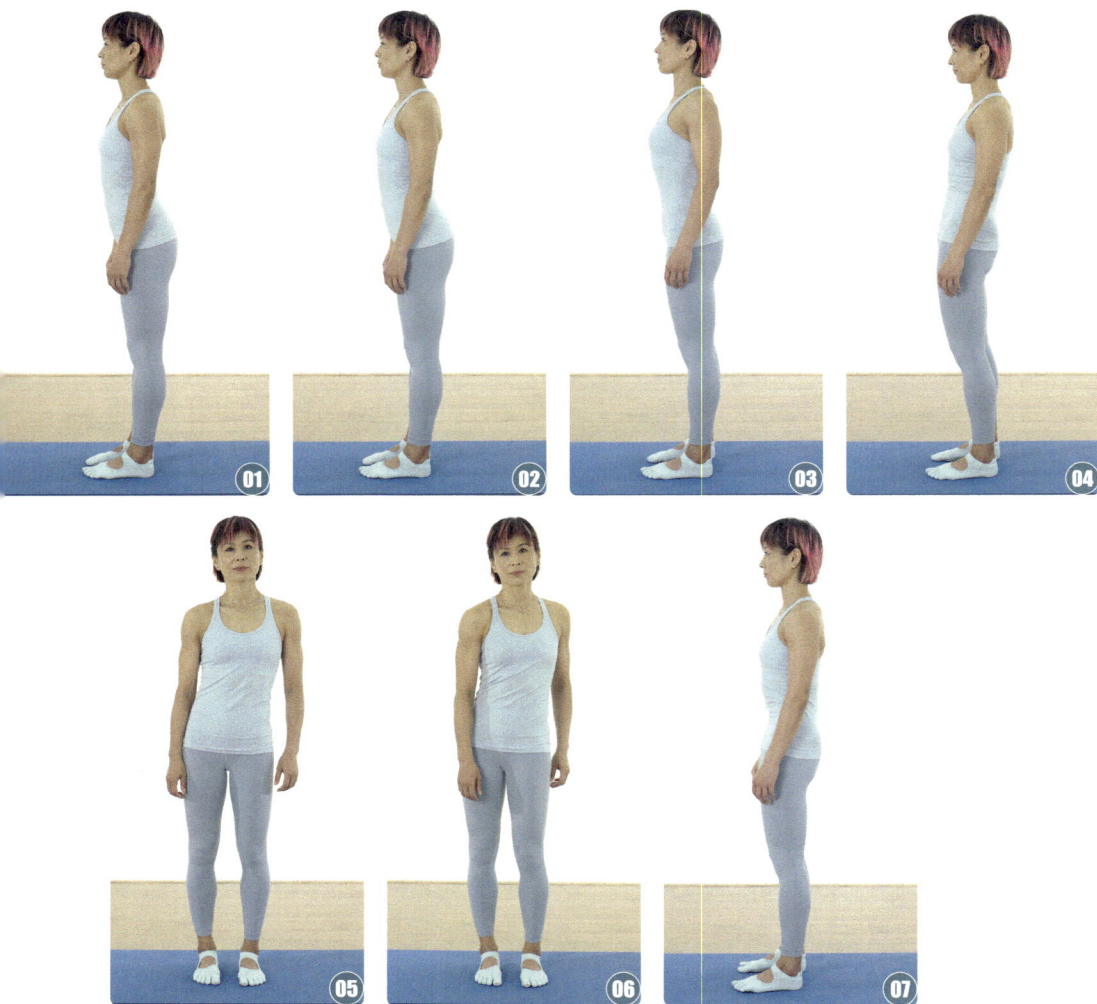

第4章

普拉提与功能性训练

"功能性训练"是当下经常被提及的一个术语。如果你在网站上搜索"功能性训练"一词，你可能会失望地发现，对此并没有一个非常明确的定义。

我一直认为，专业的运动教练和教育工作者应该对"功能性解剖"一词所包含的信息具备清晰且必要的认识，这也是他们更好地为客户提供功能性训练的前提。这往往意味着，他们需要学习更多的手法治疗技术或者结构模式等专业知识。例如，《行走的天性》《足部科学》和《筋膜释放技术——身体结构平衡调整》等书的作者詹姆斯·厄尔斯（James Earls）就举了一个简单的例子，解释右脚的内翻和外翻是如何影响胸椎旋转的。

"筋膜"是一个日益流行的研究课题，它很好地说明了身体一个部位的运动或疼痛与身体其他部位之间的联系。托马斯·迈尔斯（Thomas Myers）在《解剖列车——手法与运动治疗的肌筋膜经线》中对筋膜的概念和实际应用进行了详细介绍，甚至可以说他以一己之力影响了全世界的物理治疗师、私教教练和运动专家。在健身行业中，这种全新的筋膜健身类型可以被用来说明、解释许多所谓的功能性运动模式。

为了更好地理解本书列出的各项练习背后的原则，我鼓励读者对相关的学科进行更多的研究，进一步加深自己对专业知识的理解。

推荐阅读的书目参见本书附录3。

功能性与理疗性

我不认为普拉提垫上练习是功能性练习。这是一个需要注意的问题，我认为大多数学生都无法区分这一点，所以我觉得有必要将这些信息传达给你们。

两足动物是人类在自然界里的标签，也就是说，我们用两条腿移动和活动。不谈进化的整个过程，我希望你们能够明白人们的"出厂设置"就是在直立的位置、在重力影响下组织并使用身体。为了能够在姿势和运动中实现力分配和力传导，我们需要以最佳方式组织身体结构，以便应对重力，同时应对因姿势和运动而产生的反作用力。

简而言之，如果骨骼、组织和其他身体结构不够理想，那么我们的运动效率不高。这种缺乏效率的运动方式将会产生代偿，随着时间的推移，组织会产生压力，并可能导致功能障碍和损伤。

功能性运动可以被认为是一种与日常运动类似，需要与重力和反作用力打交道的运动。跑步就是一个可以用来解释功能性运动的例子。这里又引出了一个问题："跑得越多，是否就能跑得越好？"根据一般的经验，答案是否定的。人类是习惯性动物，我们一直致力于以简单便捷的方法来做事情，即使这些方法就本质而言并没有什么效率。如果你观察一个小朋友如何关灯，你会看到当他把手伸向开关的时候，整个身体都在移动。然而，如果一个成年人执行同样的任务，你将会看到他通常是抬起手臂，用手指按压开关，身体动作很少。类似的动作会在人的一生中重复成百上千次，我们虽然节省了体能，但使用肢体的方式非常低效。

说到脊柱，就又要用靠墙的"站姿卷下"这个例子加以说明。我曾参加过一个矫正训练课程，主讲者嘲讽说，站姿卷下是一个非功能性的普拉提动作。很多研究表明，腰椎的屈曲运动会压迫椎间盘，随着时间的推移，椎间盘内的软性凝胶状物质会向外被推到椎间盘的后部，可能会冲击或接触神经，从而形成椎间盘突出，所以这是非常不健康的。按这个逻辑来看，结论很难反驳，因为从物理上来说，如果没有下面的骨骼作为支点（实际上真正的支点是在椎间盘上），一节椎骨在其下方的椎骨上移动是不可能的。我认为现在人们已经普遍意识到了，健身房里常见的传统版本的卷腹或仰卧起坐是不可取的锻炼方式，因为这样的动作会给椎间盘施加很多压力。

大多数人在做这些动作时都没有意识到自己的椎间盘受到了多大的压力。普拉提的好处之一是，它可以让我们发现和探索新的运动模式，有意识地关注和感知脊柱和身体的其他部位，从而有助于改善运动模式。还有很重要的一点好处是，普拉

提中的许多动作都是在器械或垫子上进行的，这可以减少重力和来自地面的反作用力的影响，从而使练习者在运动过程中改善自我感觉，随后将这种感觉运用于专项训练或者更具功能性的运动中。

在普拉提中，我们将一节椎骨在其下一节椎骨上运动的能力称作脊柱的逐节运动。如果两节或多节椎骨的逐节运动能力减弱了，那么脊柱的其他部分将不得不通过增加自己的特定运动范围来补偿，导致剪切力和直接作用于关节的外力同时增加。靠墙的"站姿卷下"练习是一个非常好的理疗性运动，它能使练习者集中注意力，并意识到脊柱的哪些部位不能很好地移动。

我经常给学生举的一个例子是，多年前，一位综合武术专家来到我的工作室，他想学习核心训练的技术。这家伙大约有100千克重，腿有树干那么粗！我给他的练习中有一个是在秋千床上用弹簧做仰卧腿部动作。他用的是黄色弹簧（弱弹簧），费了很大的劲才做出了我想让他做的动作。在几分钟的练习后，他认为自己的身体得到了很好的运动。

幸运的是，同一天我的下一个客户是一个12岁左右、瘦小的女孩，她因脊柱侧弯而来寻求我的帮助。她已经是规律练习一年多的常客了，对这种训练非常熟悉。我请她为武术专家演示一下，她一如既往，毫不费力地完成了这些动作。武术专家完

全被震撼了，他无法理解这个小女孩为何如此轻而易举地完成了他竭尽全力才能完成的动作。他没有意识到的是，尽管他用大腿内侧的肌肉发力，但大腿外侧肌肉的抵抗力量与之相当，因此，他一直在与自己抗衡，付出了巨大的努力，却收效甚微。而这个小女孩却能够把注意力集中在做动作所需的肌肉上，实际上抑制了对抗这个动作的肌肉。

传统的健身房锻炼被诟病为非功能性锻炼，然而实际上许多力量训练可以有针对性地作用于特定肌群，并同时确保来自动力链中的其他肌群的压力处于最低水平。虽然这听起来可能不是很实用，但对于增强身体动力链的连接确实会产生积极的效果。然而，需要注意的是，当单个的动力链得到改善之后，重新连接肌筋膜关节动力链以改善功能性表现就很重要了。

好的肌肉运动知觉

建立肌筋膜关节动力链的意识和连接，对于安全、有效的功能性运动是至关重要的。

缺乏肌肉运动意识和/或肌筋膜关节动力链连接不良可能导致功能障碍、运动效率低下、疼痛和损伤。因此，尽管许多普拉提垫上练习本身并不被认为是功能性的，但它们无疑是理疗性的。正是这种治疗性使普拉提体系在以下方面拥有很好的声誉。

● 核心力量。

良好的运动感知通过连接肌筋膜关节运动链获得，这对于维持安全有效的功能性运动是必不可少的

● 小肌肉的力量。

● 灵活性和耐力。

● 脊柱的康复。

● 平衡肌肉的张力和力量。

最后，关于上述方面，我应该指出核心力量增强是普拉提带来的显著益处。事实上，我认为核心力量是一个有误导性的词汇，经常被用于市场营销和促销。每当有人来到我的工作室，说现在有医生或理疗师告诉他们必须提升核心力量，我就会感到烦躁不安。对我来说，这实际上是毫无意义的，就如同认定前面的例子中的小女孩比武术专家更强大，但根据常识，体重100千克的男人总是比体重40千克的女孩要强壮得多。

关于"有效的核心控制"，有一种定义可能就是下面这样的：

"高效地使用肌筋膜链的肌肉和组织，最大限度地利用肌肉模式的激活和排序，在适当的时刻预收缩，在适当的时刻稳定，从而产生与运动要求最为适配的结果"。

力量指的是通过肌纤维的收缩以最大的力量移动物体的能力。

如果一个人因为核心肌肉而遭受背部疼痛，那其实是运动模式失调造成的，而不是因为缺乏力量。弗拉迪米尔·扬达（Vladimir Janda）博士认为，姿势稳定肌存在过大的张力，对运动肌肉有抑制作用，这很好地解释了背部的竖脊肌是如何抑制腹部肌肉工作的。因此，在没有先松解僵直的肌肉之前，无论你的核心力量有多强，都注定会失败。右侧髂肋肌被习惯性地过度使用就是一个很好的例子！

研究表明，在日常锻炼中起到稳定作用的核心肌肉组织，其力量只需要不到10%。

世界上没有任何一种躯干控制的练习可以满足所有活动的需求。我们所需要的是对肌肉组织进行再教育，使其以一种有效和有凝聚力的方式工作，从而能够花更小的力取得更大的效果。

欢迎来到普拉提的世界！

第 5 章

运动解剖基础

5.1 细胞、组织和身体的生理学

5.1.1 细胞

为了生存，细胞必须浸泡在液体中。

细胞内液

细胞内液也叫作细胞液，可在细胞内找到。

细胞外液

a. 细胞外液在细胞外，包含淋巴液（1%）、血浆（25%）和组织液（74%），常见于眼睛、消化道等部位。

b. 细胞外基质含有胶原和弹性纤维。

c. 细胞外基质具有从胶态向较固态转化的能力。

5.1.2 组织

组织有4种类型。

1）上皮组织——覆盖于体表或衬贴在表面。

2）神经组织——身体各个部分交流的桥梁。

3）肌肉组织——人体完成各种形式运动的工具。

4）结缔组织——连接身体之间的结构。

上皮组织

上皮组织覆盖于身体表面，形成体腔的内衬，也是体内许多腺体的一部分。上皮组织由简单和可快速再生的细胞组成，位于皮肤、嘴巴等容易受伤的部位。

神经组织

神经组织由神经细胞和神经胶质细胞组成，传导全身的神经冲动。神经细胞也称为神经元。

肌肉组织

肌肉组织有3种类型。

1）骨骼肌——横纹肌，可随意运动。

2）平滑肌——非横纹肌，不可随意运动，主要分布于内脏器官。

3）心肌——横纹肌，不可随意运动，分布于心脏。

结缔组织

结缔组织的分类如下。

1）疏松结缔组织

a. 蜂窝结缔组织

b. 脂肪结缔组织

c. 网状结缔组织

2）弹性结缔组织

弹性结缔组织组成了动脉、肺部组织、气管和细支气管的外壁。

3）软骨

a. 透明软骨——关节软骨、鼻中隔、胸腔的肋软骨。

b. 纤维软骨——非常坚硬，组成了椎间盘、膝关节的半月板和耻骨联合。

c. 弹性软骨——在耳朵中能找到。

4）骨骼（骨组织）

骨骼会有大量胶原纤维，且非常坚硬。纤维基质内部嵌有液体基质，其中聚集了构成骨骼的矿物质。

5）液体结缔组织

液体结缔组织就是血液，细胞悬浮在名为血浆的液体中。

6）致密结缔组织（筋膜）

a. 致密规则结缔组织——组成肌腱、韧带、腱膜。

b. 致密不规则结缔组织——存在于肌肉筋膜、深层/内层筋膜、骨膜和软骨膜中，其排列方式类似篮筐网编织状。

筋膜是导致柔韧性受限的一个重要因素。

结缔组织会回应施加在身上的要求，并基于这些而发展。

筋膜在哪里？

表层筋膜

表层筋膜位于皮下，覆盖身体，储存脂肪。各种神经、血管和淋巴会穿过这一层组织。

深层筋膜

深层筋膜包裹着每个解剖结构，小到细胞层面，大到肌肉、骨骼、器官、神经、血管、淋巴管。

肌筋膜（深层筋膜的一部分）

肌筋膜是一种强有力的结缔组织，包裹着身体里的肌肉、神经和器官。

最深层筋膜

最深层筋膜位于颅骶系统的硬膜中，包裹着大脑和脊髓的中央神经系统。

筋膜的排列

筋膜呈三维蜘蛛网状排列，从头到脚包裹住器官、肌肉、骨骼、关节，甚至细胞。

筋膜为神经、淋巴、血管的通过创造了空间。

大部分的筋膜呈纵向排列，从头到脚全面覆盖身体。水平排列的纤维可以看作在颅底、舌骨、胸腔入口、呼吸膈、盆膈对身体做了分隔。如果横膈膜受到限制，纵向的身体能量（血管、淋巴、"气"）会受影响。

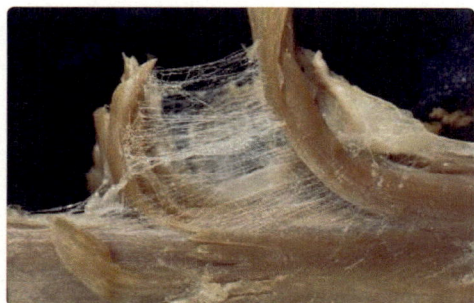

臀中肌筋膜
经 Ron Thompson 的许可进行印刷
（Reproduced with kind permission from Ron Thompson）

筋膜基质中的纤维交缠在一起构成了有限制的框架，与此同时，它们依然拥有在多个平面上活动的灵活性
经 J.C. 吉默伯多博士和法国恩多维沃视频制作公司的许可进行印刷
（Reproduced with kind permission from J.C.Guimberteau MD，Endovivo Video Productions, France）

筋膜的分子结构

胶原蛋白

胶原蛋白有助于增强筋膜韧性和抗撕扯的能力。在手法治疗领域，胶原蛋白纤维被认为是可改变方向的，其通过改变方向，继而改变定向阻力和筋膜形态。

胶原蛋白纤维在拉伸时可以被拉长到原长度的5%。

弹性蛋白

弹性蛋白有助于吸收张力。

弹性蛋白拥有和胶原蛋白相同的交叉的连接纤维，具备韧性。

在拉伸后，弹性蛋白有能力恢复到原始状态。

弹性蛋白最大能被拉伸到原长度的150%。

基质

基质填充了纤维间的空间。

筋膜全天都处于不同的血液供养、神经支配以及张力应对的状态。肌肉的筋膜（肌筋膜）里有一种有多种黏稠程度的物质，叫作基质。当基质从液态变成胶态，而后变成较固态的状态时，肌筋膜会收紧，从而使肌肉紧张。

在身体健康时，身体的基质呈液态或弹性的黏稠状，这样当你在遭遇创伤或是在活动时，筋膜可以很好地吸收由此而产生的冲击力。当基质变硬时，它的吸收力大幅减弱，冲击力则会传导至相关的肌肉和关节，从而造成压力。

基质恢复到健康状态，处于液态环境里的、有张力的（蓄能）胶原蛋白会得以释放，能够移动到需要它们支撑的地方，如，克服重力维持身体部位正确排列。

如果筋膜组织一直保持缩短或拉长的状态，它会陷入这种过度神经支配的状态，从而严重影响肌肉（群）收缩或放松的能力，导致身体及精神的疲劳。

持续放松筋膜不仅可以恢复肌肉功能，还有助于恢复相关关节的稳定性和健康。

筋膜张力之于运动

弓弦理论

把脊柱想象成一张弓。

身体前侧筋膜相当于弓的弦，它把身体的前后相互连接，作用在于保持身体前/后的平衡关系，连接与直立行走有关的3个主要功能区：眼睛、前庭系统、足底。

如果弦太紧，身体不能伸直，伸展的动作就不得不以代偿方式完成，进而造成脊柱多个位置承受额外的压力及产生功能障碍（常见于过度腰椎前弯、过度胸椎后弯的姿势）。

身体张力完整性（Bio Tensegrity）

Bio指身体，Tensegrity指张拉整体，这个理论来自巴克敏斯特·富勒（Buckminster Fuller）提出的建筑原理。基于张拉整体原理创造出来的建筑，实体构件之间没有直接连接，取而代之的是使用绳索和杆实现张力结构的动态平衡。然而，身体还包含滑动平面、可以封闭的纵剖面、腔和室。

以张拉整体结构来看身体，身体可被视为内部相互连接的整体。所以当某一部位受力时，整个系统会产生反应，一同受力，分布张力。

例如，一个人主诉肩膀疼痛，但真实情况是，疼痛可能是由髋部或多个身体部位的筋膜紧张引发的。

筋膜紧张的原因

- 身体受伤
- 炎症
- 感染
- 身体结构不平衡
- 肌肉不平衡
- 烧伤、烫伤
- 骨骼受限制
- 肌肉保护机制（肌肉紧绷）
- 姿势不良
- 身体位置（不正确）

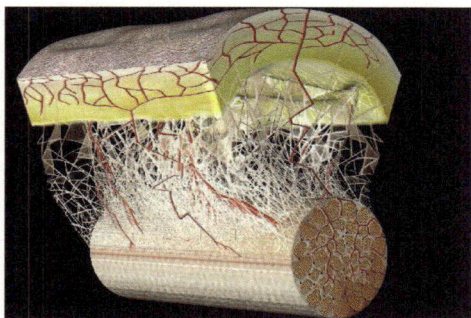

计算机合成图示，肌腱拥有在筋膜袖内滑动的能力经 J.C. 吉默伯多博士和法国恩多维沃视频制作公司的许可进行印刷

（Reproduced with kind permission from J.C. Guimberteau MD，Endovivo Video Productions，France）

- 手术（疤痕组织）
- 精神压力（情绪）

很重要的一点是，人的一生中身体会产生很多层次的功能障碍，因此缓解筋膜紧张需要相当长的时间。

5.1.3　身体

多个组织共同工作来为身体执行特定的功能。

身体的系统

1）外皮系统：头发、指甲、汗腺、皮肤。

2）神经系统：大脑、脊髓和神经。

3）内分泌系统：释放激素的无管腺。

4）消化系统：消化道器官。

5）呼吸系统：进行气体交换的器官。

6）循环系统：心脏、血管和血液。

7）淋巴系统：淋巴管、淋巴结、淋巴液、胸腺和脾脏。

8）泌尿系统：肾、输尿管、膀胱和尿道。

9）生殖系统：男性和女性的生殖器。

10）骨骼系统：骨骼、韧带和软骨。

11）肌肉系统：肌肉和肌腱。

骨骼系统

骨骼是一种含钙盐的结缔组织，它们有自己的血液系统、淋巴管和神经。

功能

1）提供结构性支撑。

2）保护软组织。

3）对肌肉系统起到杠杆的作用。

4）制造血细胞。

5）储藏无机盐。

所含细胞

1）成骨细胞：制造骨质的细胞。

2）破骨细胞：溶解骨质的细胞。

3）骨细胞：维持骨骼，但不制造新的骨骼物质。

骨骼结构

骨干：骨骼的主干，致密骨组织。

骺：膨大的骨端，骺线将其与骨干隔开。

髓腔：骨干的中空部分，含有黄色骨髓，可以减轻骨的重量。

骨松质：海绵状蜂巢结构的骨骼，含有红骨髓。

骨密质：坚硬紧密的骨骼，形成骨干，以及短骨、扁骨、不规则骨的外层。

关节软骨：覆盖骺的末端。

骨膜：覆盖骨干的外层包膜，与骨骼紧密连接。肌腱与韧带在这里连接。

骨内膜：髓腔的内衬，一层薄薄的结缔组织。

骨骼生长

骨骼在骨骺盘中生长，通常在青春期结束后开始骨化。

周长的增加发生在骨膜下。

造骨细胞和破骨细胞在整个生命期持续产生和溶解骨质，这称为"重塑"。

影响此过程的两个因素是激素和包括地心引力在内的机械应力及负荷。

肌肉系统

结构

1）肌原纤维：一捆粗肌丝和细肌丝。

2）肌纤维：一束肌原纤维。

3）肌束：一束肌纤维。

4）肌腹：一束肌束。

5）结缔组织/筋膜。

a. 肌内膜：包绕每一条肌纤维。

b. 肌束膜：包绕肌束。

c. 肌外膜：包绕肌腹。

这3层最后的融合成肌腱。

肌肉的灵活性主要由筋膜决定。

肌纤维的内部结构

1）肌原纤维：包含肌动蛋白和肌球

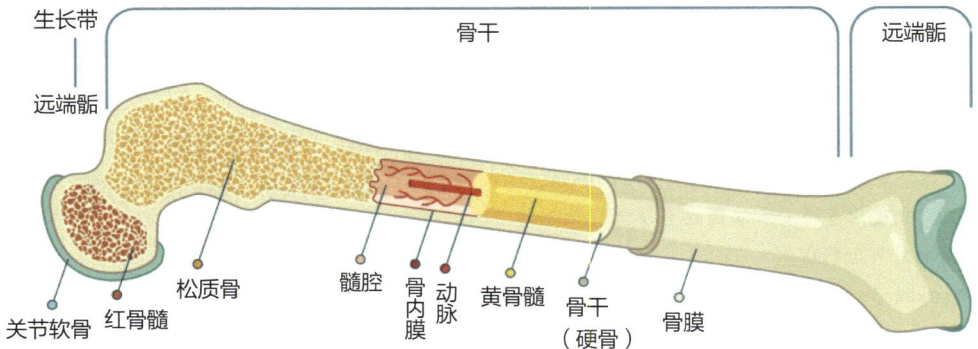

生长带　骨干　远端骺

远端骺

关节软骨　红骨髓　松质骨　髓腔　骨内膜　动脉　黄骨髓　骨干（硬骨）　骨膜

蛋白。

2）肌节：肌肉细胞的基本功能单位，在每个部分的末端有Z线状的标记。

3）肌浆网：包围肌原纤维，储藏钙离子。

4）T型管：连接肌浆网和肌纤维膜外层的小管。

肌纤维的排列

肌纤维的排列，大致可分为两种显见的类型：平行的和羽状的。

a. 平行肌纤维

平行纤维以肌肉的纵轴方向排列并与肌腱排成一条线。和羽状纤维相比，平行纤维可收缩得相当短，并允许身体部位在更大的活动范围内活动。 例如：缝匠肌、腹直肌和肱二头肌的肌纤维。

b. 羽状肌纤维

羽状纤维的走向与肌肉的纵轴和肌腱都呈一定的角度，形状类似羽毛。当纤维收缩时，肌肉连接点的角度变大，通过肌腱进入骨骼的力变小。羽状的排列方式允许一个肌肉单位里含有较多的肌纤维，因此羽状纤维可以比平行纤维传输较多的力。例如，胫骨后肌、股直肌和三角肌的肌纤维。

肌纤维的种类

肌纤维可以分为Ⅰ型肌纤维和Ⅱ型肌纤维。

Ⅰ型肌纤维又称慢肌纤维，收缩速度较慢，持续时间长。

Ⅱ型肌纤维又称快肌纤维，收缩时间快，产生的收缩力大。

肌肉收缩过程

1）静止时，肌丝中的原肌球蛋白和肌钙蛋白停止接触由肌球蛋白构成的横桥，与肌动蛋白的连接被抑制。

2）乙酰胆碱在神经肌肉接点释放。

3）动作电位沿着肌纤维膜传送，并通过T型管进入细胞。

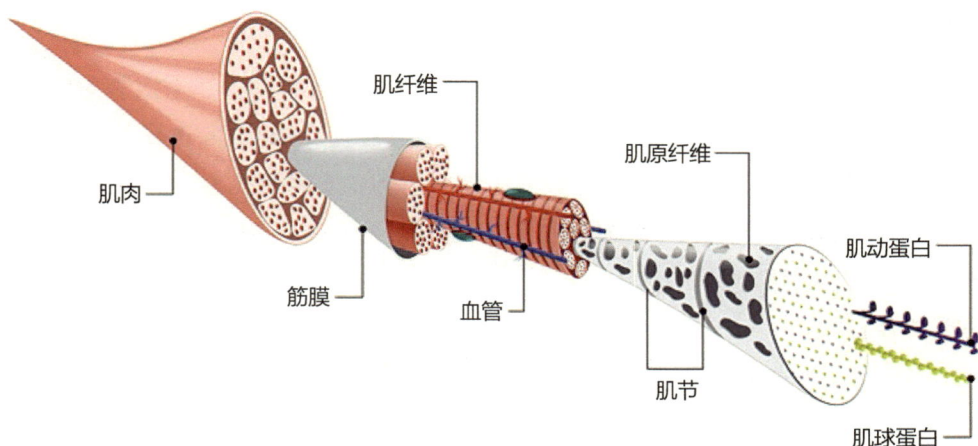

骨骼肌结构

4）钙离子释放进入肌质。

5）钙离子消除了原肌球蛋白和肌钙蛋白的抑制影响。

6）肌球蛋白的头部像棘轮一样移动肌丝。

7）Z线在肌节的末端逐渐被拉近。

8）肌纤维收短。

9）放松时，钙离子移回肌浆网。

5.2 运动单元

肌纤维受到含有运动神经元的运动神经刺激。

神经元和受其支配的肌纤维，称为一个运动单元。

每个单元可能包含少至5个肌纤维（眼肌），多至2000个肌纤维（股四头肌）。Ⅰ型或Ⅱ型肌纤维由支配肌肉的神经元的类型决定。

运动神经元末梢以板片状出现，被称为神经肌肉接头。

当刺激到达神经肌肉接头时，乙酰胆碱在肌纤维膜和运动终板之间释放。

一股电流产生，如果够强，它会使单元内的肌纤维收缩；如果不够强，但频率够高，突触前膜（肌纤维膜）的放电总量一样可以引发肌纤维收缩。

肌肉疲劳

神经肌肉活动的中止

a. 醋胆素的消耗。

b. 钠离子和钾离子的不平衡。

c. 钙离子量的减少。

能量来源的消耗

a. 如果三磷酸腺苷（即ATP）不能被替代，疲劳就会产生。

b. 肝糖原的减少导致能量水平无法维持。

c. 肉碱的消耗。

体液

a. 水分的缺失会影响离子的平衡。

b. 血液供应不足与疲劳产生的各项因素有直接关系。

机械感受器

机械感受器分为3类。

- 压力感受器
- 触觉感受器
- 本体感受器

压力感受器

压力感受器位于颈动脉窦和主动脉弓。它们可以感知血压，并将信息传递给大脑，从而维持血压的稳定。

触觉感受器

皮肤中有4种类型的触觉感受器。

梅克尔触盘（Merkel's disks）

它们对轻触有反应，存在于皮肤的上层，常见于嘴唇和指尖。其与触觉小体一起，提供细腻的触感和细节。

触觉小体（Meissener's corpuscles）

它们位于皮肤的上层，对压力和低频振动反应迅速，存在于眼睑。其与默克尔感受器一起，提供细腻的触感和细节。

鲁菲尼末梢（Ruffini endings）

它们位于皮肤深层，可以分辨皮肤的拉伸和变形，为抓握物体提供反馈，并有助于增强动觉意识。因为它们位于皮肤层比冷感受器更深的位置，所以人类感知冷的速度比感知热的速度快。

帕奇尼小体（Pacinian corpuscle）

它们位于皮肤、骨膜、关节囊、脏器和生殖器的深层，负责分辨皮肤的压力刺激，对深浅、压力变化和高频振动做出反应。

筋膜中的感受器有以下几种。

高尔基腱器官（GTOs）

它们位于肌肉和肌腱的连接处，察觉肌腱的拉伸量，抑制肌肉收缩，同时刺激拮抗肌。

帕奇尼小体

它们位于肌腱连接处及脊椎的韧带，包裹肌肉组织，对快速的压力变化和振动做出反应。它们为运动控制提供了一种肌肉运动知觉。

鲁菲尼末梢

鲁菲尼末梢在外周关节韧带、硬脑膜和其他与伸展有关的组织中，对持续而非变化的压力做出反应。刺激鲁菲尼末梢可能导致交感神经活动被抑制。

间质性的感受器

它们几乎随处可见，包括骨头内部，尤其是骨膜。它们对快速和持续的压力变化有反应，从而导致血管舒张程度的改变。

本体感受器

肌梭

肌梭由3根含有感觉神经元和运动神经元的变性纤维组成。

肌梭的收缩或伸展由感官神经末端察觉，传到中枢神经系统。

肌肉收缩可直接由α运动神经元支配或通过γ运动神经元经由肌梭完成。

阿尔法神经元对肌肉收缩的激活速度要比γ神经元支配肌梭的环路要快。如果两条通路同时启动，肌肉收缩会产生更大

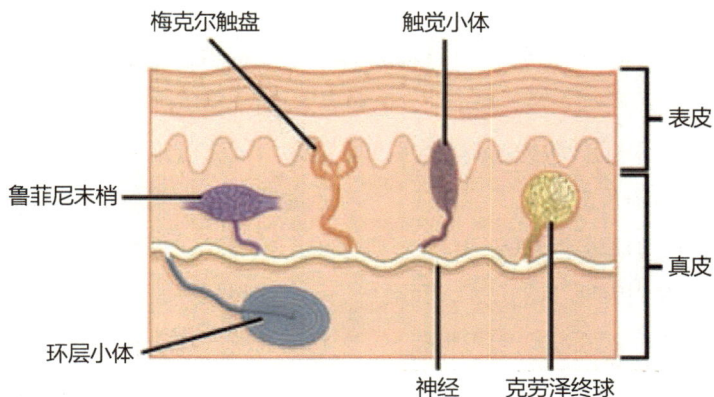

梅克尔触盘　触觉小体　表皮　鲁菲尼末梢　真皮　环层小体　神经　克劳泽终球

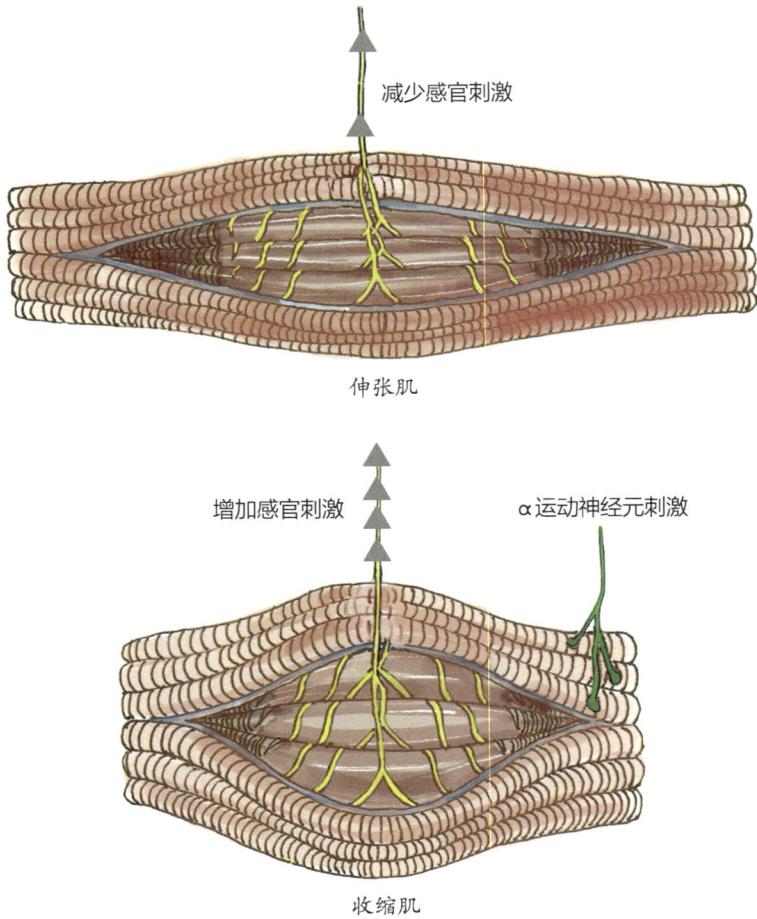

减少感官刺激

伸张肌

增加感官刺激　　　　　　　　α运动神经元刺激

收缩肌

的力量。

　　当肌梭察觉到伸展不安全，就可能激活牵张反射。

　　交互抑制——对肌肉收缩的刺激会引起拮抗肌收缩的抑制反应。

本体感受神经肌肉促进术（PNF）

　　一种用于放松/拉伸肌肉的技术，利用肌梭和高尔基肌腱器官促进肌肉和肌腱的放松，以便肌肉释放张力，从而能够进一步拉伸。

能量供应系统（ESS）

　　肌肉系统的所有能量都来自葡萄糖的分解。葡萄糖分子在线粒体中被分解为可用能量，线粒体是细胞呼吸发生的细胞器，通常被称为"细胞的发动机"。

　　线粒体根据自身使用的能量系统，可将葡萄糖分解成一种叫作三磷酸腺苷的核苷酸，它是为肌肉提供能量的燃料。

核苷酸是核酸的基本组成部分，由附着在磷酸基上的糖分子和含氮碱基组成。

主要有三种系统负责为肌肉提供三磷酸腺苷或能量。

1）磷酸肌酸系统

2）无氧系统

3）有氧系统

磷酸肌酸系统（PC）

三磷酸腺苷的储存有限，但所有能量必须通过三磷酸腺苷传送，且消耗完毕就必须马上补充。

二磷酸腺苷+磷酸肌酸=三磷酸腺苷+肌氨酸

不产生乳酸，只有消耗三磷酸腺苷，才能恢复磷酸肌酸，但这在最大强度的练习中是不能做到的。

除了磷酸肌酸系统，三磷酸腺苷也可以从其他来源得到补充。

a. 能量来源于乳酸无氧呼吸。

b. 肝糖、游离脂肪酸和血葡萄糖的有氧氧化。

无氧系统

无氧呼吸过程中，每个葡萄糖分子产生2个三磷酸腺苷分子。

丙酮酸在脱氢酶（NAD_2H）的作用下，催化生成了乳酸。

乳酸的排出方法如下。

a. 汗液。

b. 尿液。

c. 彻底氧化为二氧化碳和水（大约在

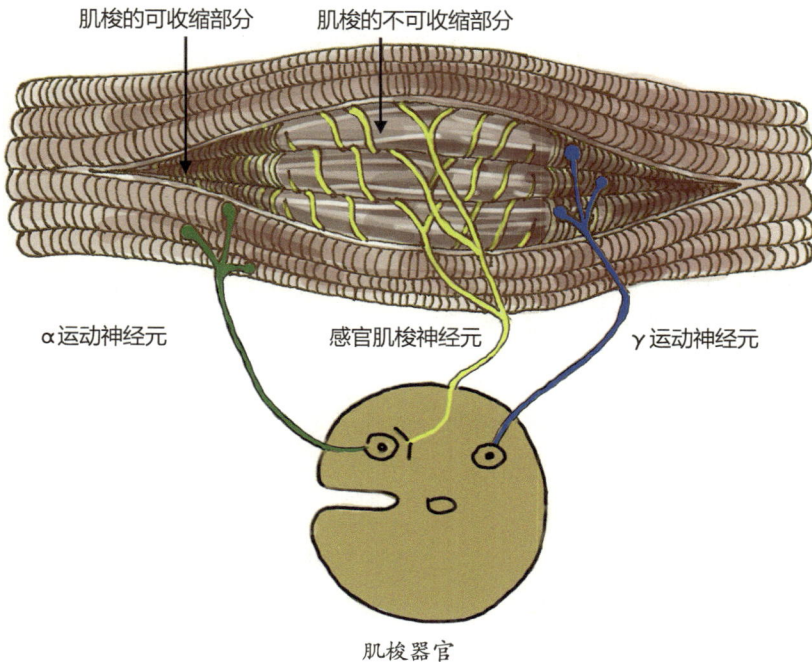

肌梭的可收缩部分　　　肌梭的不可收缩部分

α运动神经元　　　感官肌梭神经元　　　γ运动神经元

肌梭器官

练习后的3小时）。

对于新手或未受过训练的运动员来说，运动后的一到两天，身体出现肌肉疼痛和压痛是常见现象，这是延迟性肌肉酸痛（DOMS）。DOMS通常被认为是运动的离心阶段产生的肌纤维微创伤及肌肉组织内压力增加引起的。

有氧系统

在有氧环境下，丙酮酸会继续进入细胞中的线粒体，并通过克雷伯氏循环分解成为二氧化碳和水。

一个葡萄糖分子可生成38个ATP分子。

5.3 人类的骨骼

一般而言，人体有206块骨头，但不乏例外。人类的骨骼可以分为两个部分：中轴骨骼和附肢骨骼。

中轴骨骼

头骨：头盖骨和脸骨。

舌骨。

脊柱：分别为7块颈椎、12块胸椎、5块腰椎、骶骨、尾骨。

胸廓：包括12对肋骨和1块胸骨（由胸骨柄、胸骨体和剑突组成）。

骶骨：由5块融合在一起的骨头组成。

尾骨：由3~5块融合在一起的骨头组成。

附肢骨骼

胸带：锁骨和肩胛骨。

上肢：肱骨、尺骨、桡骨、腕骨（每只手各有8块）、掌骨（每只手有5块）和指骨（每只手有14块）。

骨盆带：由2块髋骨组成，每块髋骨由3块骨头（髂骨、坐骨和耻骨）组成。

下肢：股骨、髌骨（膝盖骨）、胫骨、腓骨、跗骨（每只脚有7块）、跖骨（每只脚5块）、趾骨（每只脚14块）。

要注意的是，骨盆和骨盆带是不一样的，骨盆包含骨盆带、骶骨和尾骨。

结构解剖学术语

头：骨头末端增大的部分。

嵴：脊。

髁状突：圆滑突起，通常在骨与骨连接处。

上髁：在髁状突上突起部位。

支：从另一块骨头上长出的树枝状结构。

脊：尖的隆起物。

茎状突：尖锐、刺状的隆起物。

转子：大的骨突。

结节：骨头粗糙部位，通常是肌肉的附着点所在。

面：小小的、几乎平整的表面。

孔：在骨头上的孔。

窝：骨头下陷的部位。

窦：洞或凹陷的地方。

关节

两块或多块骨连接的地方为关节，根据可动类型主要分为3组。

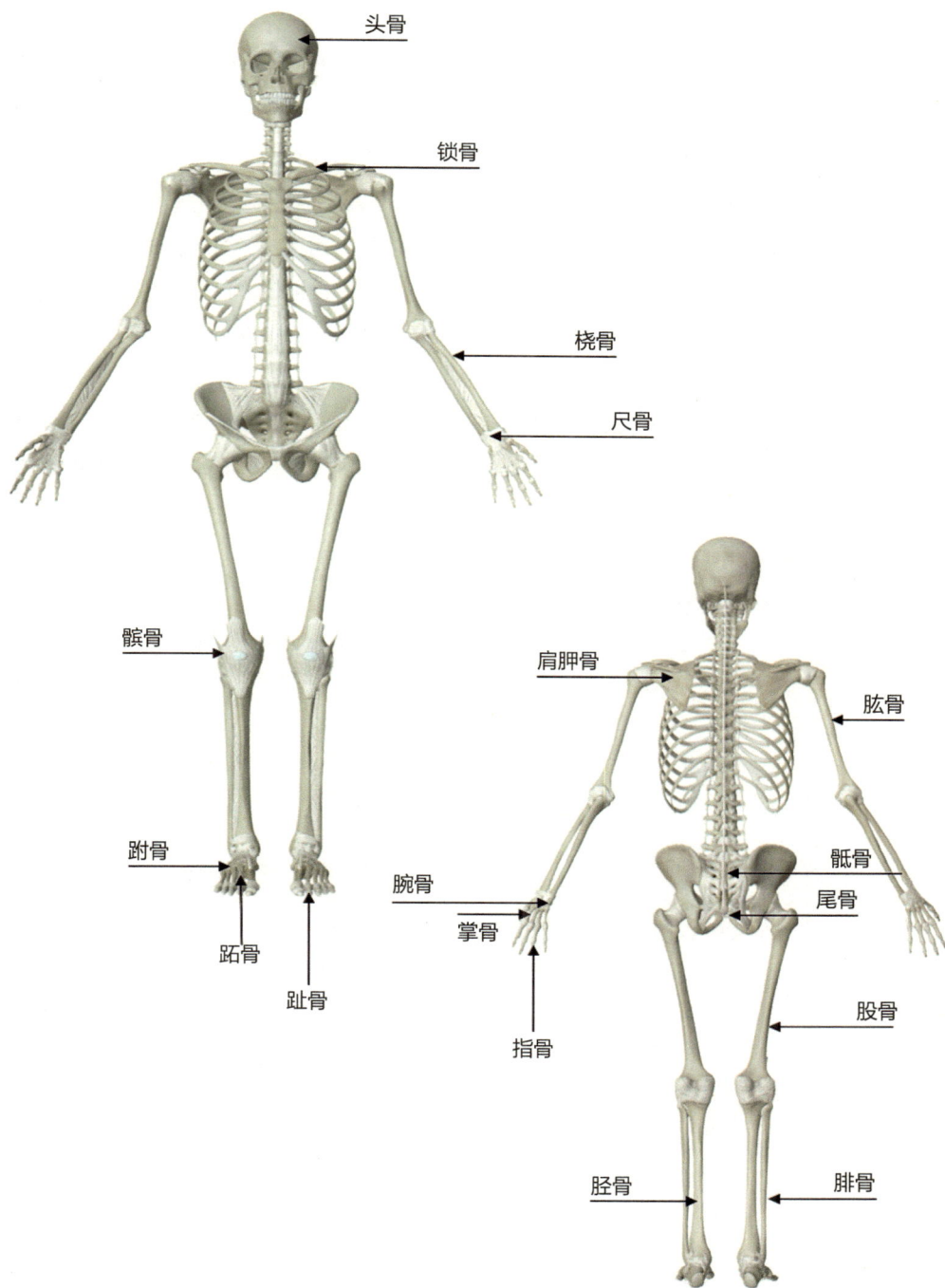

头骨

锁骨

桡骨

尺骨

髌骨

肩胛骨

肱骨

跗骨

骶骨

尾骨

腕骨

掌骨

跖骨

趾骨

指骨

股骨

胫骨

腓骨

不动关节

不动关节被纤维组织分开，之间没有空间，也不可活动，例如头盖骨。

微动关节

微动关节被纤维状的软骨盘分开（如耻骨联合），例如椎间骨关节和骶髂关节。

可动关节

可动关节通常称为滑膜关节或可移动关节，骨的末端被关节囊中的透明软骨覆盖，外有韧带支撑，内有滑液膜分泌滑液使关节得到润滑。

可动关节有6种类型。

1）枢纽关节：可屈曲可伸展。

2）球窝关节：可在各个平面活动，是最灵活的关节。

3）车轴关节：骨在关节窝中旋转活动。

4）髁状关节：骨的圆形末端卡在另一个关节的窝里，可完成屈曲/伸展和外展/内收两种平面活动。

5）鞍状关节：骨的鞍形两端配合在一起活动，可完成两种平面的动作。

6）滑动关节：有平滑表面，可完成非轴向的或有限度的活动。

韧带

韧带是纤维状强韧的结缔组织，连接骨与骨并与骨膜结合。韧带能稳定关节，由于此处只有极少的血液供给，因此受伤后的康复期较长。

肌腱和腱膜

肌腱是高密度、规则的结缔组织，连

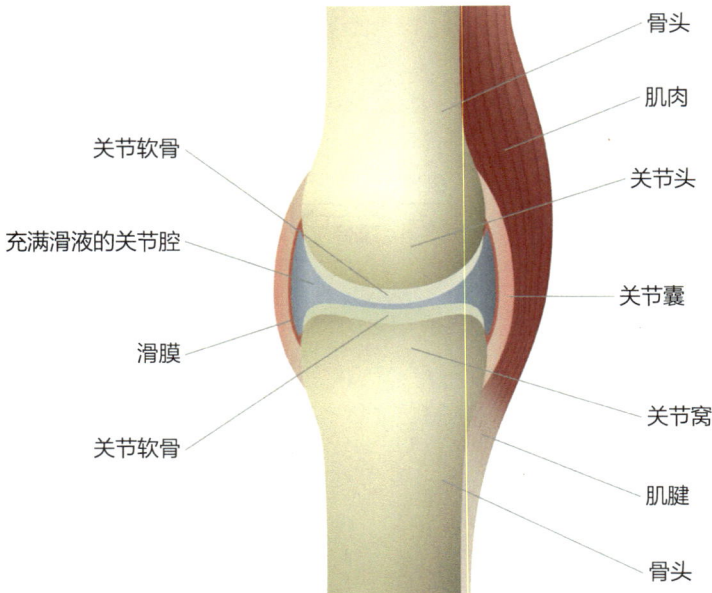

可动关节（滑膜关节）

（f）球窝关节
（髋关节）

（a）车轴关节（位于寰椎
和枢椎之间）

（b）枢纽关节（手肘）

（e）髁状关节（位于
桡骨和腕骨之间）

（d）滑动关节
（位于跗骨之间）

（c）鞍状关节（位于大多角骨
和第1掌骨之间）

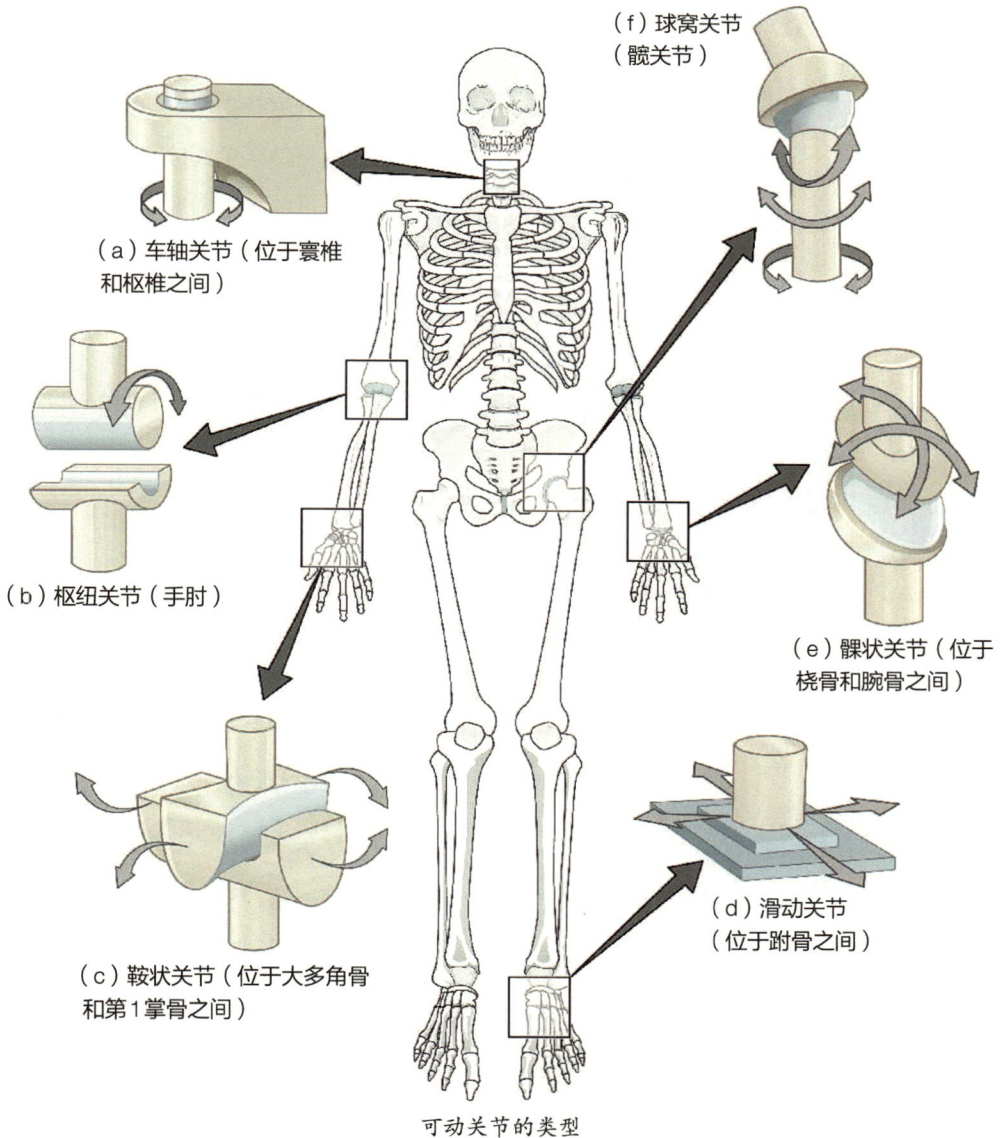

可动关节的类型
经OpenStax College许可进行印刷

接肌肉以及骨附着物，并与骨膜融为一体。腱膜是一种平展的薄片肌腱。肌腱与腱膜的血液供给较韧带好，但仍属不足，所以康复期也会较长。

滑囊

　　充满滑液的袋子，位于肌腱和骨之间，为肌腱扮演滑轮的角色并分泌滑液以润滑关节。

5.4 ▶ 动作的分类

平面

　　冠状面。
　　矢状面。
　　水平面。

矢状面的动作

　　屈曲：关节角度减小，同时身体部位彼此靠近。

　　伸展：从屈曲的动作返回到初始状态。

　　超伸：持续伸展超过了起始位置。

　　足背屈：踝屈，脚向着胫骨方向靠近。

　　足跖屈：绷脚，使脚远离胫骨（伸展）。

　　前引：身体部位往前或从后缩的状态返回到初始状态。

　　后缩：身体部位往后或从前引状态返回到初始状态。

冠状面的动作

　　外展：远离身体的侧向动作。

　　内收：从外展状态返回初始状态。

　　上提：将身体某个部位往上提。

　　下沉：将身体某个部位往下沉。

　　内翻：将足底往内侧翻转。

　　外翻：将足底往外侧翻转。

　　侧屈：躯干或颈部侧弯。

　　肩胛上旋：肩胛下角向外、向上旋转。

　　肩胛下旋：肩胛从上旋返回初始状态。

水平面的动作

　　旋转：往旁侧转。

　　外旋：手或脚向外旋转。

　　内旋：手或脚向内旋转。

　　膝外旋：只在膝盖屈曲时发生。

　　膝内旋：只在膝盖屈曲时发生。

　　旋后：手掌朝上旋转。

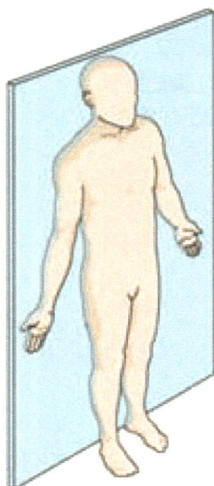

冠状面

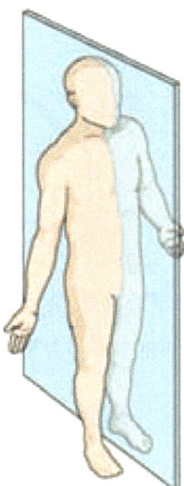

矢状面

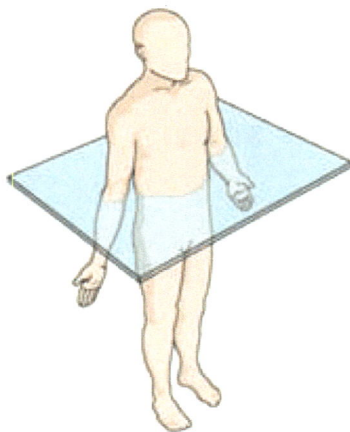

水平面

旋前：手掌朝下旋转。

水平外展：手臂屈到90度时离开身体中线的动作。

水平内收：手臂屈到90度时往身体中线靠近的动作。

肌肉术语

肌：与肌肉有关的。

起点：不可动的肌肉连接点。

止点：可动的肌肉连接点。

单关节/双关节：肌肉从起点到止点跨过一个或两个关节。

主动肌：在动作中提供主要力量的原动肌。

拮抗肌：与主动肌相对抗的肌群。它是防止运动损伤的重要保护机制，发挥制动/减速的作用。

协同肌：帮助主动肌对抗阻力。

稳定肌：稳定身体部位，以完成正确的动作。

中立肌：防止主动肌被错误地募集。

备注：

在本书中"肌肉的附着点"都将被简单地标记为"附着点"。"起止点"这一术语已经过时，代之以下列术语。

- 中轴附着点
- 附肢附着点
- 近端附着点
- 远端附着点

5.5 胸带及上臂

骨骼

1. 锁骨

a. 胸骨端

b. 肩峰端

2. 肩胛骨

a. 外侧缘

b. 关节窝

c. 内侧缘

d. 喙突

e. 下角与上角

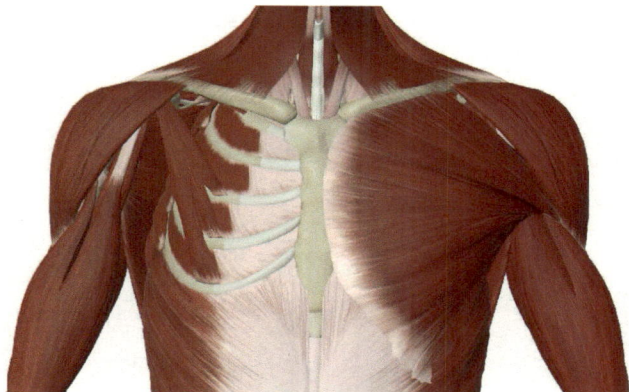

胸带及上臂

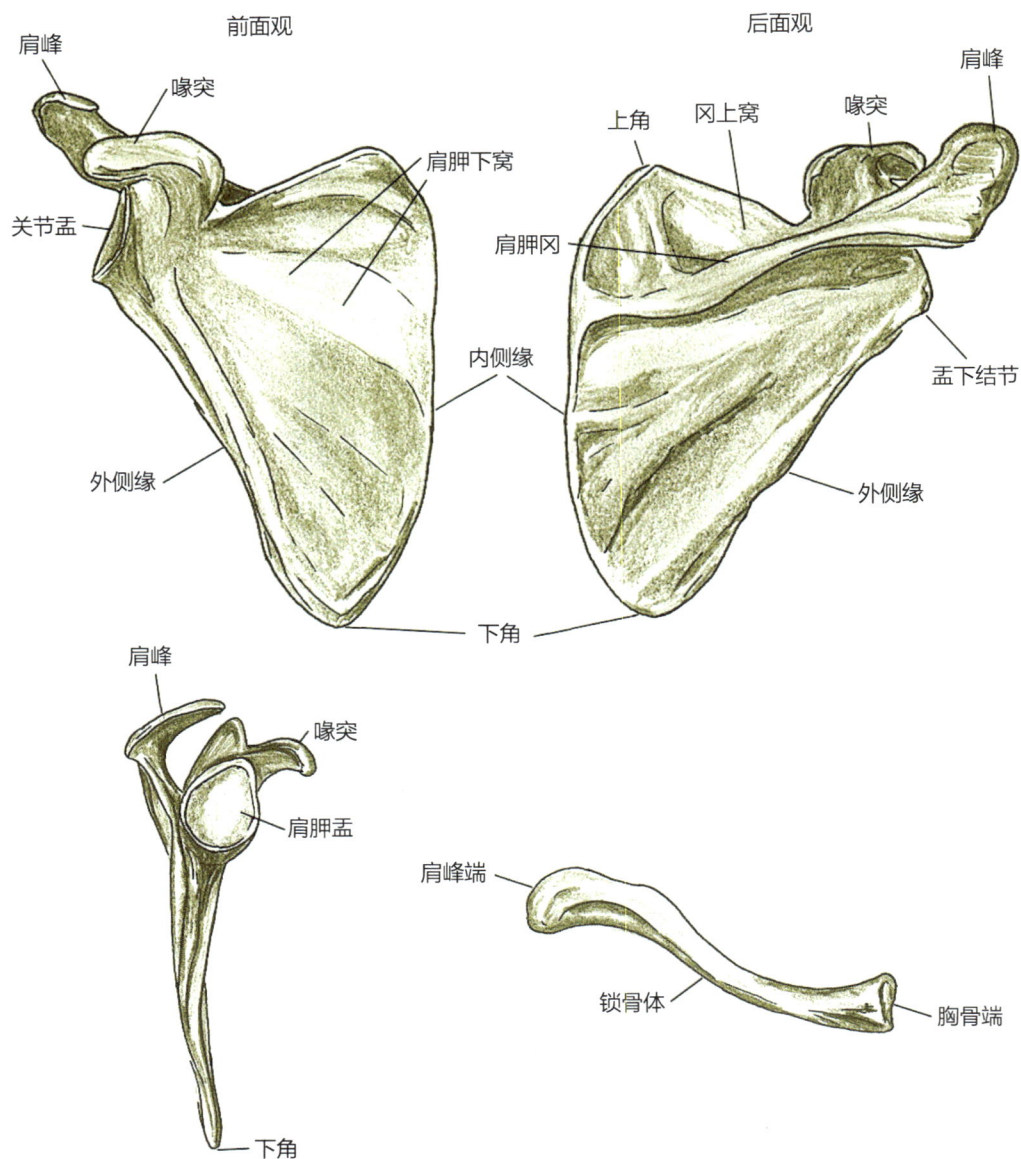

前面观

肩峰
喙突
肩胛下窝
关节盂
内侧缘
外侧缘
下角

后面观

上角
冈上窝
喙突
肩峰
肩胛冈
盂下结节
外侧缘

肩峰
喙突
肩胛盂
下角

肩峰端
锁骨体
胸骨端

f. 肩胛冈

g. 冈下窝

h. 冈上窝

i. 肩胛下窝

j. 肩峰

3. 肱骨

a. 肱骨头端

b. 大结节与小结节

c. 结节间沟

d. 三角肌粗隆

e. 外上髁

f. 内上髁

g. 肱骨小头

h. 肱骨滑车

i. 鹰嘴窝

关节与韧带

胸锁关节：肩带和中轴骨间唯一的骨与骨之间的连接，可滑动。

肩锁关节：滑动关节，常因不正确的推的动作，或跌倒时直臂撑地而被挤压。

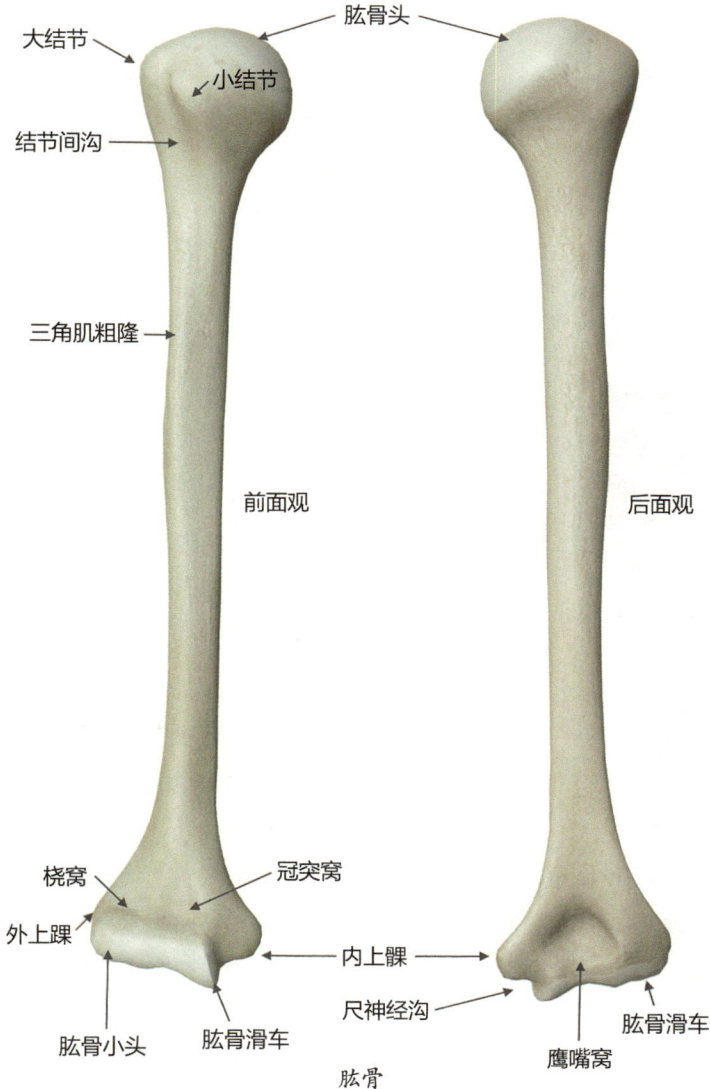

大结节

肱骨头

小结节

结节间沟

三角肌粗隆

前面观

后面观

桡窝

冠突窝

外上踝

内上髁

肱骨小头

肱骨滑车

尺神经沟

肱骨滑车

鹰嘴窝

肱骨

孟肱关节：肩关节。它与髋关节类似但比较不稳定，因肩关节窝较浅。肩袖肌群可以大大增加肩关节的稳定。重复而不正确的肩部动作会导致各种肩关节疾病。

项韧带：头骨底部连接到第7颈椎的结缔组织，将颈后肌群分开。

肌肉

从中轴骨到附肢骨的肌肉

1）背阔肌

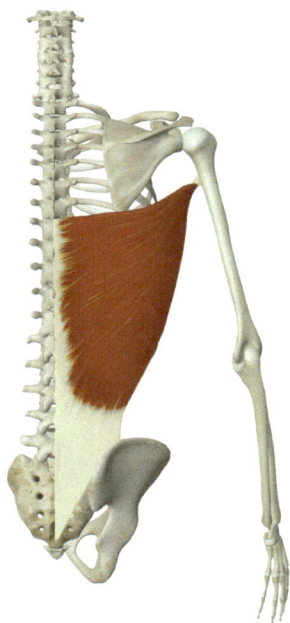

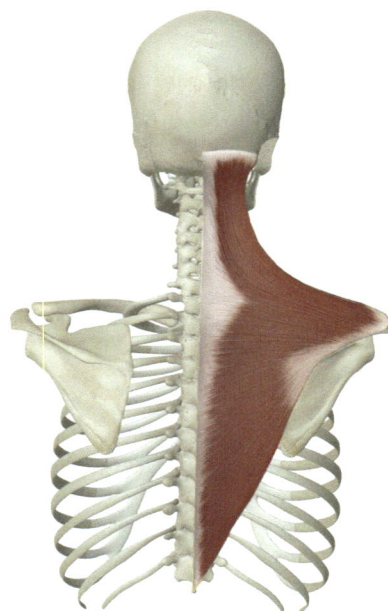

肌肉的附着点

♦ 胸腰筋膜从第7胸椎到髂嵴。

♦ 肱骨近端前（在大圆肌和胸大肌之间）。

动作

♦ 肱骨伸展、内收和内旋。

备注

♦ 组成腋窝的后壁部分。

2）斜方肌

肌肉的附着点

♦ 枕骨、项韧带和第7颈椎到第12胸椎的棘突。

♦ 斜方肌上束：锁骨外侧及肩峰。

♦ 斜方肌中束：肩峰。

♦ 斜方肌下束：肩胛冈。

动作

♦ 斜方肌上束：肩胛骨上提和上旋。

♦ 斜方肌中束：肩胛骨后缩。

♦ 斜方肌下束：肩胛骨下沉和上旋。

备注

♦ 可稳定肩胛骨，发挥中立肌的功能。

姿势不良时，如长时间保持坐姿，会使斜方肌紧张，严重时会造成头痛。

往后拉）会造成斜方肌过度使用，因而变弱、变紧。

3）大菱形肌

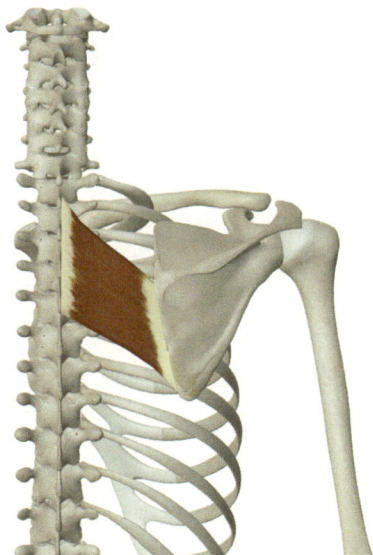

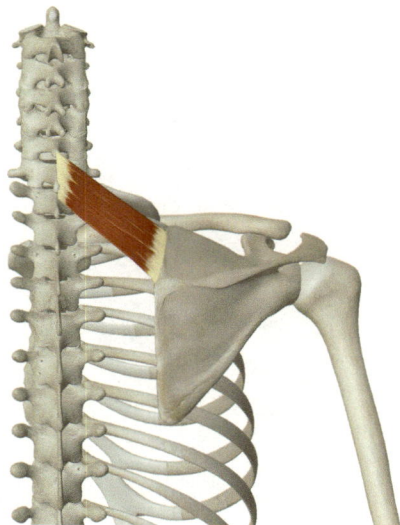

5）肩胛提肌

肌肉的附着点

- 第2至第5胸椎的棘突。

- 肩胛冈和肩胛下角间的肩胛内侧缘。

动作

- 肩胛骨后缩和下旋。

4）小菱形肌

肌肉的附着点

- 第7颈椎至第1胸椎的棘突。

- 位于肩胛内侧缘的上部，与肩胛脊的高度一致。

动作

- 肩胛骨后缩和下旋。

备注

- 位于斜方肌下方，姿势不当（如肩

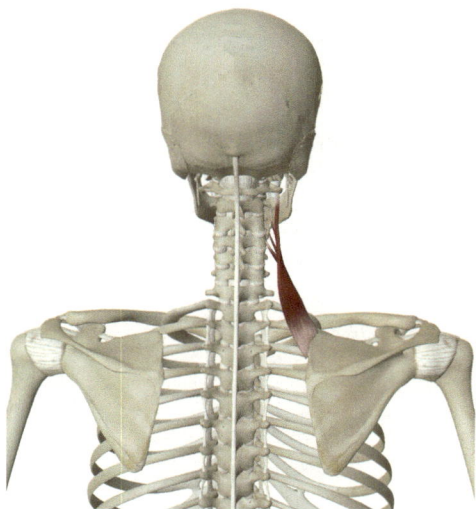

肌肉的附着点

- 第1颈椎到第4颈椎的横突。

- 肩胛上角。

动作

- 肩胛骨上提和下旋。

6）前锯肌

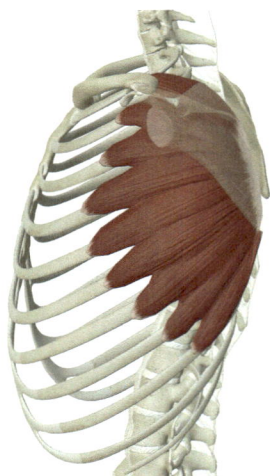

肌肉的附着点

- 第1肋骨至第8肋骨的前外侧表面。

- 肩胛骨内缘前侧表面。

动作

- 肩胛骨前引和上旋。

- 前锯肌上束做肩胛下旋。

- 前锯肌下束纤维做肩胛下沉。

备注

- 在推的动作中，作为主要的稳定肌。

7）胸大肌

肌肉的附着点

- 锁骨内侧半。

- 胸骨及第1肋骨至第6肋骨的软骨。

- 两头均连接肱骨近侧的骨干。

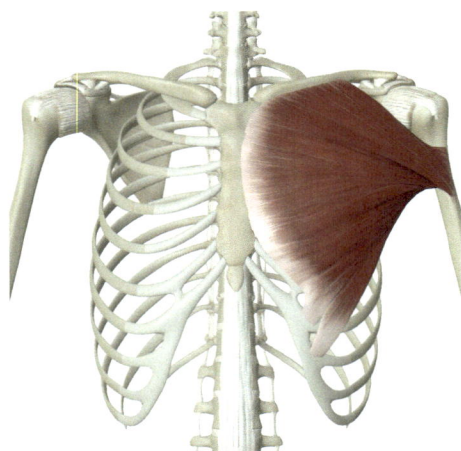

动作

- 肱骨（锁骨头）屈曲、内收及内旋。

- 肱骨（胸骨头）伸展、内收及内旋。

备注

- 在推的动作中是主要的主动肌。

- 在肱骨附着点前方有明显的扭转。

8）胸小肌

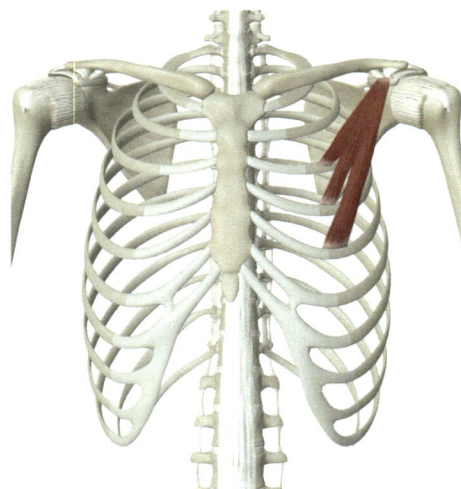

肌肉的附着点

- 第3、4、5肋骨的前侧表面。
- 肩胛骨喙突。

动作

- 肩胛骨前引、下沉和下旋。

备注

- 可以通过上提胸腔帮助完成用力吸气。

9）锁骨下肌

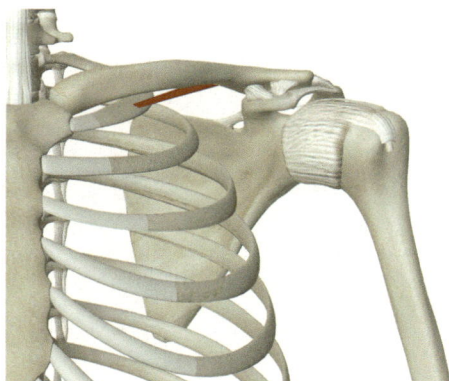

肌肉的附着点

- 第1根肋骨末端内侧。
- 锁骨外侧2/3处的下端。

动作

- 锁骨的下沉和稳定。

从附肢骨到附肢骨的肌肉

1）冈上肌（肩袖肌群）

肌肉的附着点

- 冈上窝。
- 肱骨大结节上顶端。

动作

- 发起外展动作。

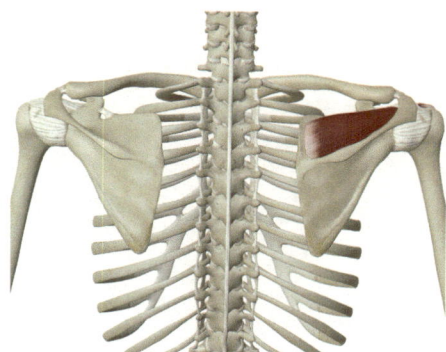

备注

- 冈上肌肌腱炎是常见的肩袖肌群损伤。

2）冈下肌（肩袖肌群）

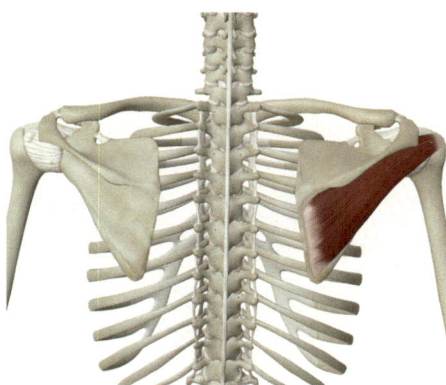

肌肉的附着点

- 冈下窝。
- 肱骨大结节后侧。

动作

- 肱骨外旋和内收。

3）小圆肌（肩袖肌群）

肌肉的附着点

- 肩胛骨后外侧下端。
- 冈下肌下肱骨大结节的后侧上端。

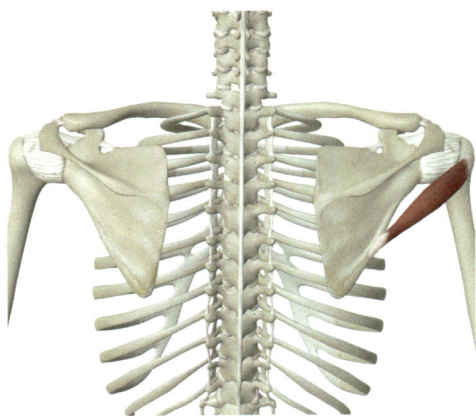

动作

- 肱骨外旋和内收。

4）肩胛下肌（肩袖肌群）

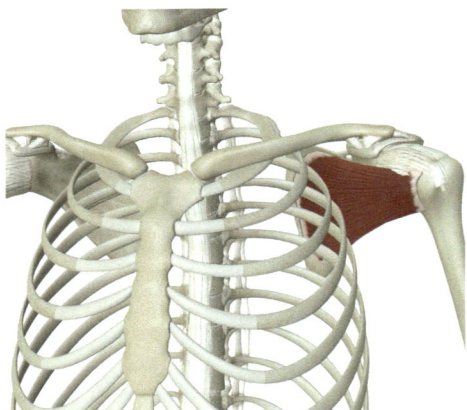

肌肉的附着点

- 肩胛下窝。
- 肱骨小结节的前侧表面。

动作

- 肱骨内旋和内收。

备注

- 冈上肌、冈下肌、小圆肌、肩胛下肌一起被称为肩袖肌群。这些肩袖肌群将

肱骨稳定在肩关节盂中。

5）大圆肌

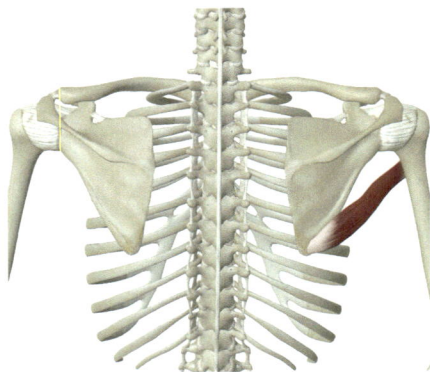

肌肉的附着点

- 肩胛下角。
- 肱骨小结节嵴的内侧缘。

动作

- 肱骨伸展、内收和内旋。

6）三角肌（三头）

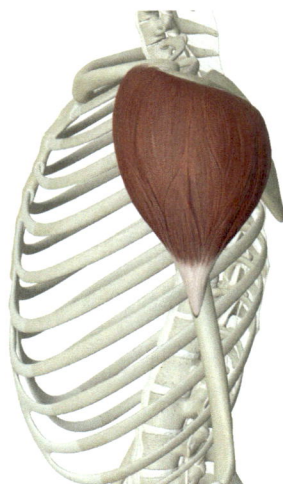

肌肉的附着点

- 锁骨外侧1/3处（前束头）。

- 肩峰外侧边缘（中束头）。

- 肩胛棘（后束头）。

- 肱骨三角肌结节（前、中、后束头都有）。

动作

- 肱骨屈曲、内旋和水平内收（前束）。

- 外展到90度（中束）。

- 肱骨伸展、外旋和水平外展。

7）肱二头肌（双头）

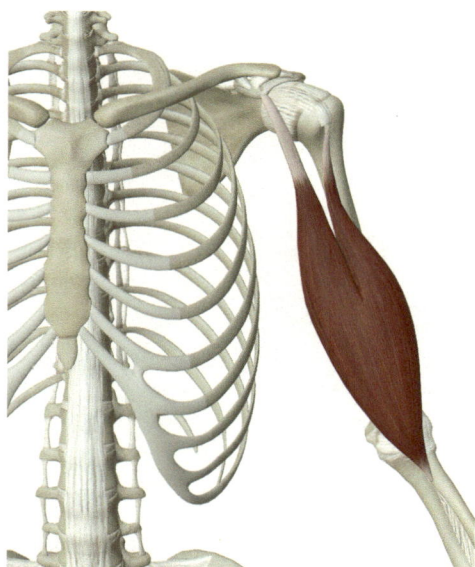

肌肉的附着点

- 肩胛骨的盂上结节（长头）。

- 肩胛骨的喙突（短头）。

- 桡骨粗隆。

动作

- 肘屈及前臂旋后（长头）。

- 协助肱骨屈曲。

8）肱三头肌（三头）

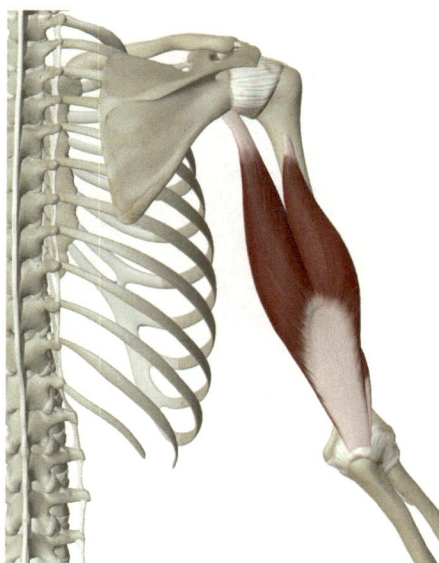

肌肉的附着点

- 肩胛骨的盂下结节（长头）。

- 肱骨后侧中间（外侧头）。

- 肱骨后侧下半部2/3处（内侧头）。

- 尺骨鹰嘴突。

动作

- 肘伸，肱骨伸展，协助内收（长头）。

- 肘伸（外侧头）。

- 肘伸（内侧头）。

备注

- 长头跨过两个关节。

9）喙肱肌

肌肉的附着点

- 肩胛骨的喙突。

- 肱骨头的内侧缘中部。

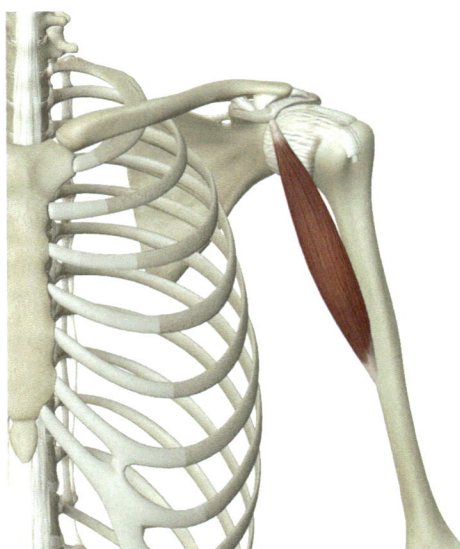

骨骼

1. 尺骨

a. 尺骨体

b. 鹰嘴

c. 尺骨冠突

d. 滑车切迹

e. 桡切迹

f. 粗隆

g. 尺骨头

h. 尺骨茎突

2. 桡骨

a. 桡骨体

b. 桡骨头

c. 粗隆

d. 桡骨茎突

e. 尺切迹

3. 腕骨

a. 手舟骨

b. 月骨

c. 三角骨

d. 豌豆骨

e. 大多角骨

f. 小多角骨

g. 头状骨

h. 钩骨

4. 第1至第5掌骨

a. 掌骨底

b. 掌骨体

c. 掌骨头

动作

◆ 肱骨屈曲和内收。

5.6 ▶ 前臂、腕和手

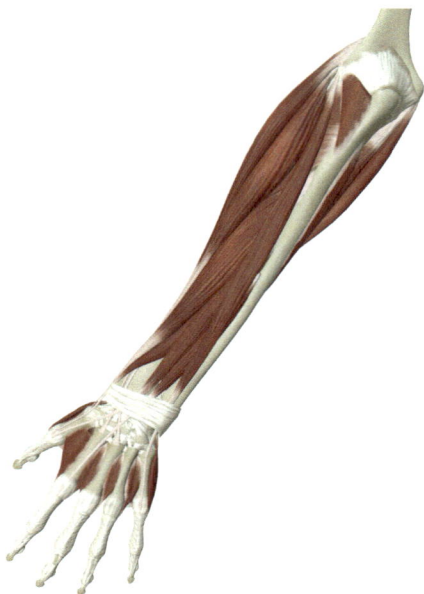

前臂、腕和手

5. 指骨

a. 指骨底

b. 指骨体

c. 指骨头

关节

1. 肱尺关节：由肱骨滑车与尺骨半月滑车切迹组成的枢纽关节，可屈曲、伸展。

2. 肱桡关节：由桡骨头盘状关节头与肱骨小头组成。其以滑动的方式产生屈曲、伸展的动作，或以旋转的方式，产生旋前和旋后的动作。

3. 桡尺近侧关节：由桡骨头和尺骨的桡切迹连接构成，可旋后及旋前。

4. 桡尺远侧关节：由尺骨头与桡骨的尺切迹连接构成，可产生旋后与旋前的动作。

5. 桡腕关节：腕关节。

6. 腕骨间关节（IC）：由多块腕骨组成的滑动关节。

7. 腕掌关节（CM）：拇指部位为鞍状关节，其余4指均为滑动关节。

8. 掌骨间关节（IM）：滑动关节。

9. 掌指关节（MCP）：由鞍状关节和髁状关节组成，可屈曲、伸展、内收和外展。

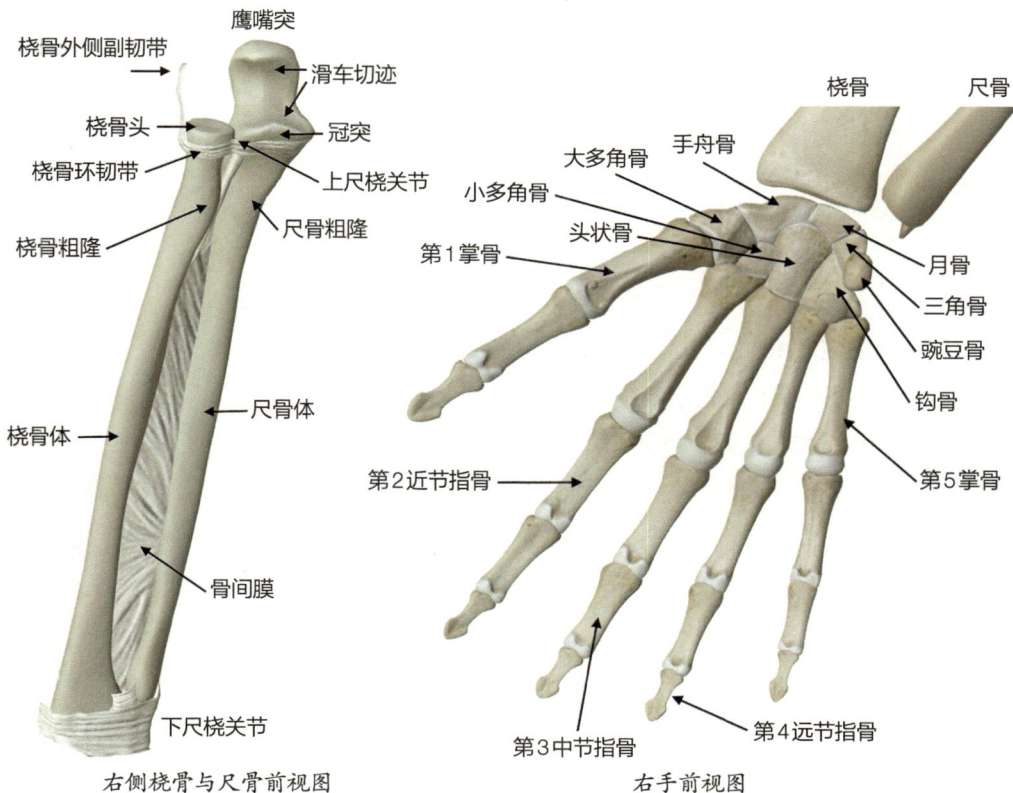

右侧桡骨与尺骨前视图

右手前视图

49

右前臂横截面上面观

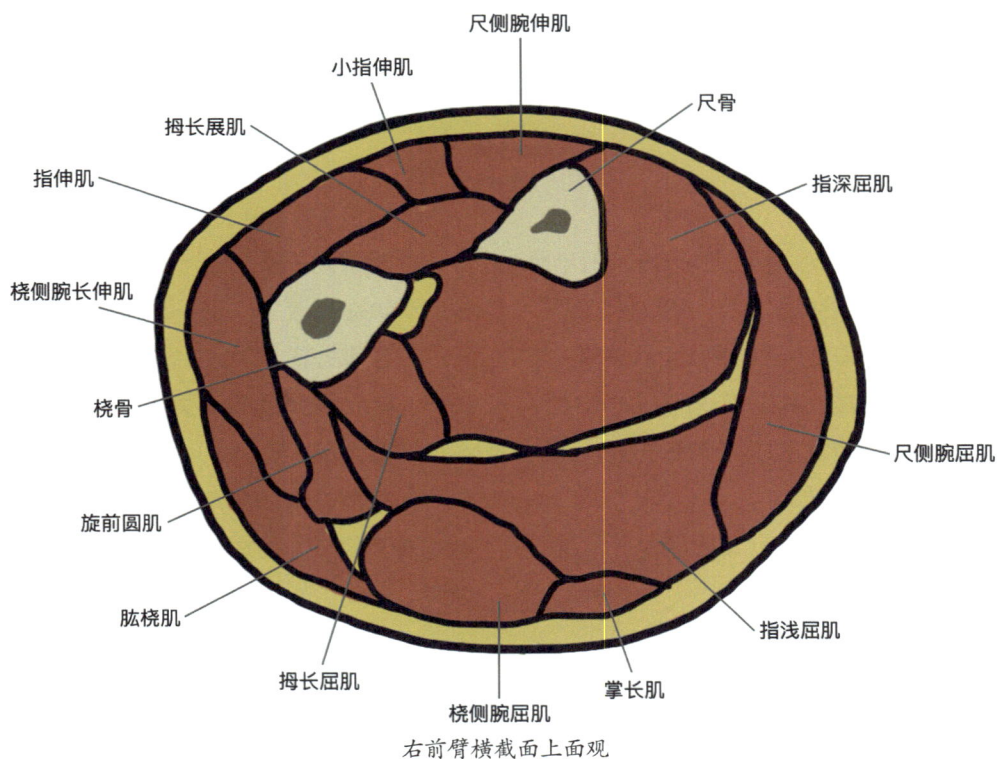

10. 指骨间关节（IP）：指骨之间的枢纽关节。

腕管

腕管是由腕骨和屈肌支持带形成的管道结构，内有屈肌支持带连接着钩骨和大多角骨。其内有屈指肌腱和中间动脉神经，如果腕管变窄则会压迫此处神经。

肌肉

1）肱二头肌（双头）

肌肉的附着点

- 肩胛骨的盂上结节（长头）。
- 肩胛骨的喙突（短头）。
- 桡骨粗隆。

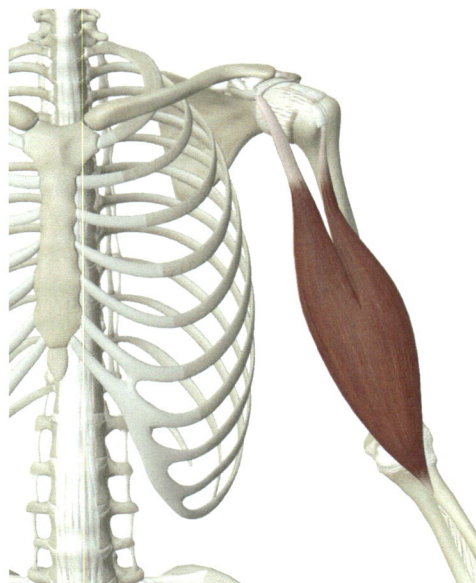

动作

- 肘屈及前臂旋后（长头）。

- 协助肱骨在肩关节处屈曲。

2）肱三头肌（三头）

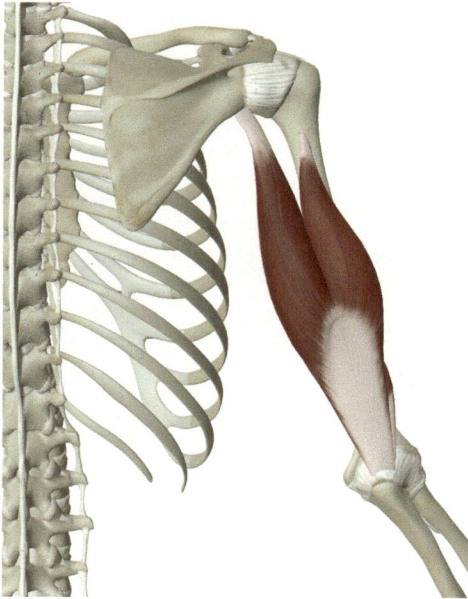

肌肉的附着点

- 肩胛骨的盂下结节（长头）。

- 肱骨后侧中间（外侧头）。

- 肱骨后侧下半部2/3处（内侧头）。

- 尺骨鹰嘴突。

动作

- 肘伸，肱骨伸，协助内收（长头）。

- 肘伸（外侧头）。

- 肘伸（内侧头）。

备注

- 长头跨越两个关节。

3）肱肌

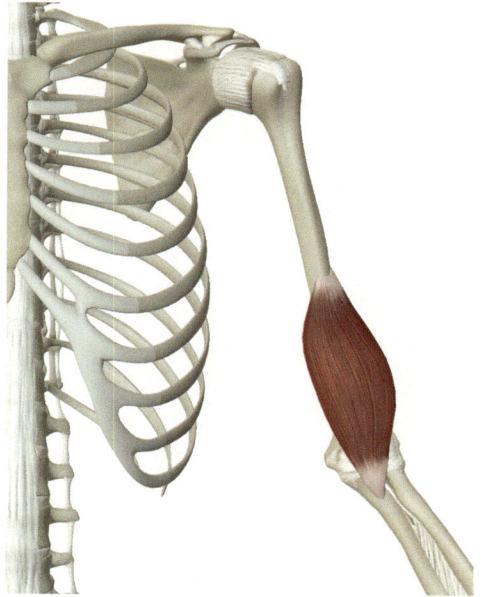

肌肉的附着点

- 肱骨体前外侧1/2处。

- 尺骨冠突及粗隆。

动作

- 肘部的主要屈肌。

4）肘肌

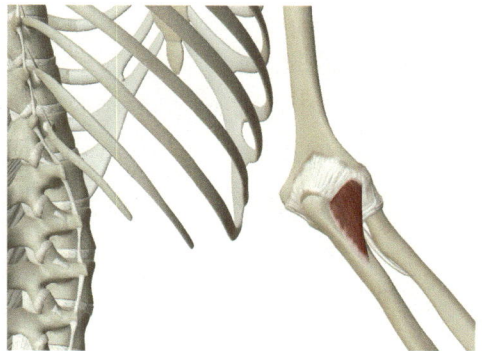

肌肉的附着点

- 肱骨外后上髁。
- 尺骨鹰嘴突。

动作

- 肘部尺骨伸展。

5）肱桡肌

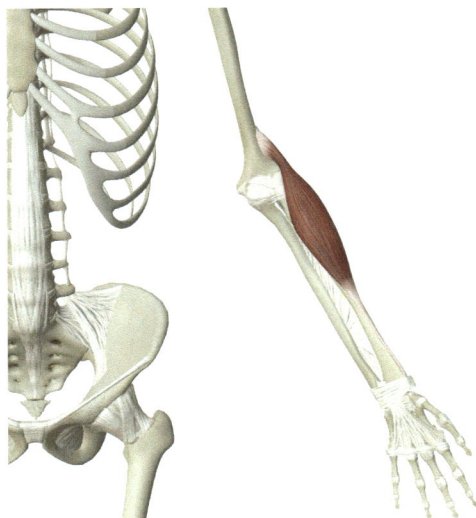

肌肉的附着点

- 肱骨外上髁。
- 桡骨茎突。

动作

- 前臂屈曲。

6）桡侧腕长伸肌和桡侧腕短伸肌

肌肉的附着点

- 肱骨外侧髁上嵴。
- 第2掌骨底。
- 第3掌骨底。

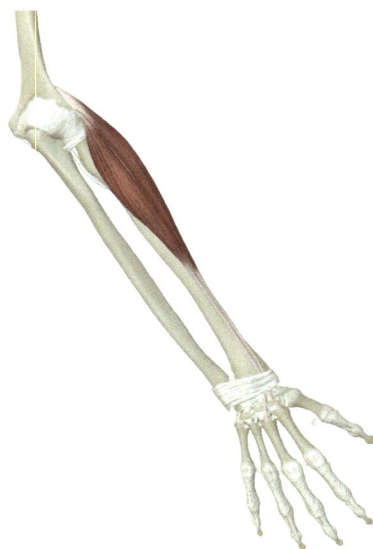

动作

- 伸展和外展手腕。
- 辅助肘屈曲。

7）尺侧腕伸肌

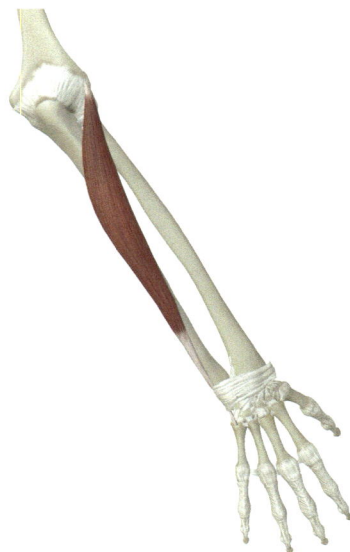

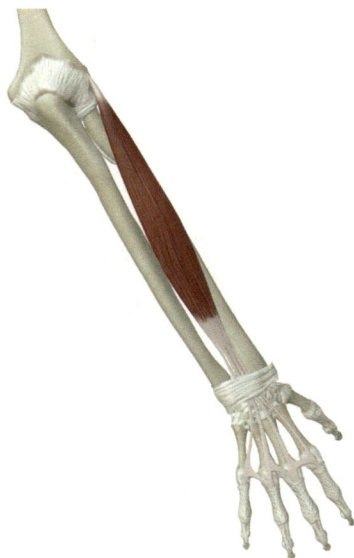

肌肉的附着点

- 肱骨外上髁。
- 第5掌骨底。

动作

- 伸展手腕。
- 内收手腕。

8）指伸肌

肌肉的附着点

- 肱骨外上髁。
- 第2到第5指指骨的中端和远端。

动作

- 伸展第2至第5指。
- 辅助手腕伸展。

9）示指伸肌

肌肉的附着点

- 尺骨体远端后表面和前臂骨间膜。

- 和第2掌骨水平的指伸肌肌腱。

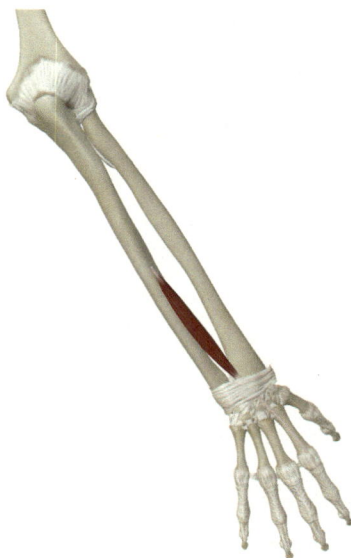

动作

- 伸展第2指。
- 辅助第2指内收。

备注

上述伸展肌的紧张是造成网球肘的主要原因，也会引起腕管综合征。

10）桡侧腕屈肌

肌肉的附着点

- 肱骨内上髁。
- 第2和第3掌骨底。

动作

- 屈曲手腕。
- 外展手腕。
- 肘屈曲。

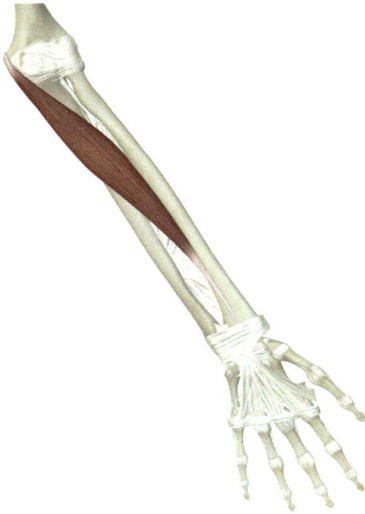

动作

♦ 收紧掌腱膜。

♦ 外展手腕。

♦ 肘屈曲。

12）尺侧腕屈肌

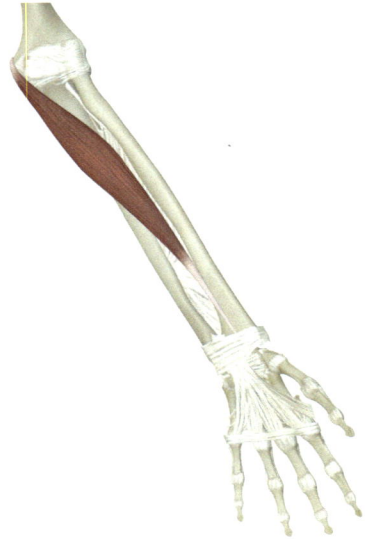

11）掌长肌

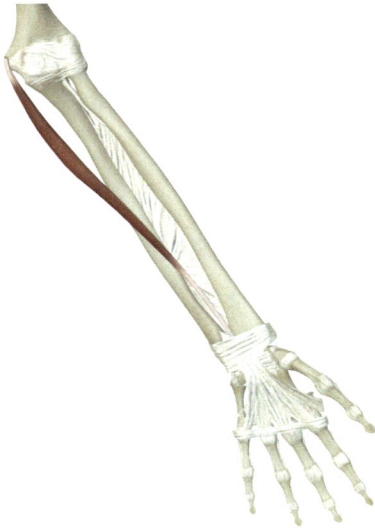

肌肉的附着点

♦ 肱骨头。

♦ 肱骨内上髁。

♦ 尺骨头。

♦ 尺骨体近端一半的后表面。

♦ 豌豆骨。

动作

♦ 屈曲手腕。

♦ 内收手腕。

♦ 辅助肘屈曲。

肌肉的附着点

♦ 肱骨内上髁。

♦ 与屈肌支持带和掌腱膜相连。

13）指浅屈肌

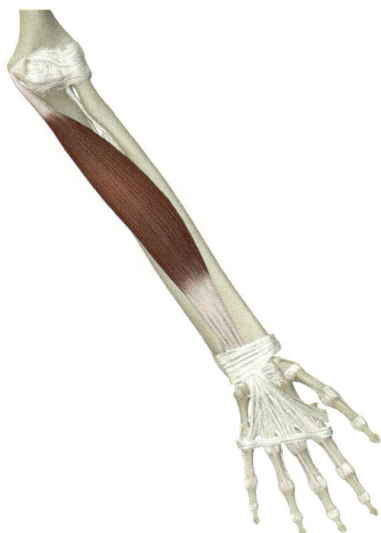

肌肉的附着点

♦ 肱骨内上髁、尺侧副韧带、尺骨冠突和桡骨体。

♦ 第2到第5指指骨中段侧面。

动作

♦ 屈曲手腕。

♦ 内收手腕。

♦ 辅助肘屈曲。

14）指深屈肌

肌肉的附着点

♦ 近端3/4尺骨前内侧表面。

♦ 第2到第5指远端指骨底掌面。

动作

♦ 屈曲第2到第5指。

♦ 辅助屈曲手腕。

15）旋后肌

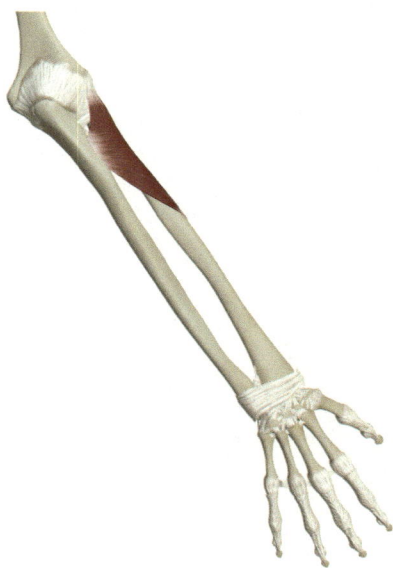

肌肉的附着点

♦ 尺骨近端的后内侧表面。

● 从外侧包裹桡骨上1/3的前内侧表面。

动作

● 前臂旋后。

16）旋前圆肌

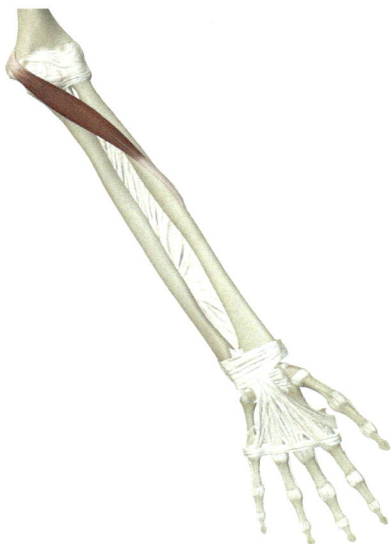

肌肉的附着点

● 肱骨内上髁后侧。

● 桡骨外侧中部。

动作

● 前臂旋前。

17）旋前方肌。

肌肉的附着点

● 尺骨体前侧远端1/4处。

● 桡骨体前侧远端1/4处。

动作

● 前臂旋前。

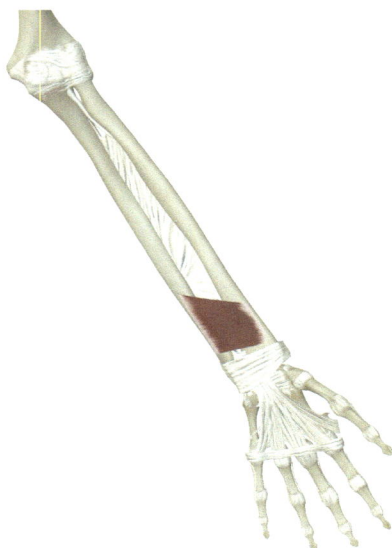

5.7 ▶ 骨盆及大腿

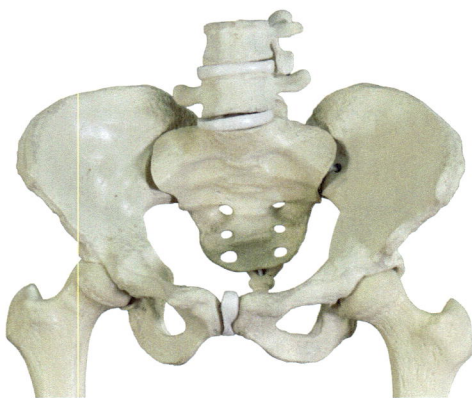

骨盆带

　　骨盆带是环状的结构，位于躯干下部，连接中轴骨骼与下肢，包含2块髋骨（也称无名骨），但不包含骶骨。

　　骨性骨盆则是由2块髋骨、骶骨和尾骨组成。

骨盆内有4个关节。

● 骶髂关节（2个）：位于髋骨的髂骨和骶骨之间。

● 骶尾联合：位于骶骨和尾骨之间。

● 耻骨联合：位于两个髋骨的耻骨体之间。

骶骨外侧缘有韧带连接至骨性骨盆的不同骨性标记，以帮助稳定骨盆。

骨盆的功能

坚固有力的骨盆能满足人体的很多需求。其主要的功能如下。

● 在上方的中轴骨骼与下肢骨骼之间进行力的传递，特别是在运动时。

● 在位移动作中，为很多肌肉与韧带提供附着点。

● 包裹、保护盆腔和盆腔内脏。

大骨盆和小骨盆

在骨科学的定义里，骨盆区域可分为两部分。

● "假"骨盆。

● "真"骨盆。

骨盆的上部被称为大骨盆（或"假"骨盆），支撑下腹部内脏（回肠和乙状结肠）。

骨盆的下部被称为小骨盆（或"真"骨盆），盆腔和盆腔脏器位于其中。

大骨盆和小骨盆之间的交会处称为骨盆入口。骨盆入口外侧的骨边称为骨盆缘。

骨盆入口

骨盆入口标志着大骨盆和小骨盆的边界。骨盆入口的大小是由它的边缘，即骨盆缘所决定的。

骨盆入口的边界

● 后面：骶骨岬（骶骨的上部）。

● 侧面：髂骨内侧表面的弓状线，耻骨上支的耻骨肌线。

● 前面：耻骨联合。

骨盆入口决定产道的大小和形状，髂骨内侧表面隆起的部分是肌肉和韧带连接的关键区域。

还有一些术语同样可以用来描述骨盆入口。

● 界线：弓状线、耻骨肌线和骶骨岬的整合。

● 髂耻线：弓状线、耻骨肌线的整合。

骨盆出口

骨盆出口位于小骨盆的末端，与骨盆壁的开端。

骨盆出口的边界如下。

● 后面：尾骨尖。

● 侧面：坐骨结节和骶结节韧带下缘。

● 前面：耻骨弓（耻骨坐骨支的下缘）。

耻骨弓下面的角被称为耻骨下角，女性的尺寸更大。

骨盆及其相关的骨骼

1）髋骨

髋骨由3块骨组成：髂骨、坐骨和耻骨。

a. 髂骨

i. 髂嵴

髂前上棘

髂前下棘

髂后上棘

髂后下棘

ii. 坐骨大切迹

b. 坐骨

i. 坐骨结节（俗称坐骨）

ii. 坐骨棘

iii. 坐骨小切迹

iv. 坐骨支

c. 耻骨

i. 耻骨联合

ii. 耻骨结节

iii. 耻骨上支

iv. 耻骨下支

d. 髋臼

e. 闭孔

2）骶骨：5块融合骨。

a. 骶骨底：位于骶骨上部，承托椎体的底部。

b. 骶骨尖：和尾骨连接。

c. 耳状面：两侧和髂骨连接（骶髂关节）。

3）尾骨：3到5块骨，是主要骨盆底肌群的止点。

注意：骨盆分为两部分。

a. 大骨盆或称"假"骨盆——上盆。

b. 小骨盆或称"真"骨盆——下盆。

骨盆缘或界线将上述两个区域一分为二。

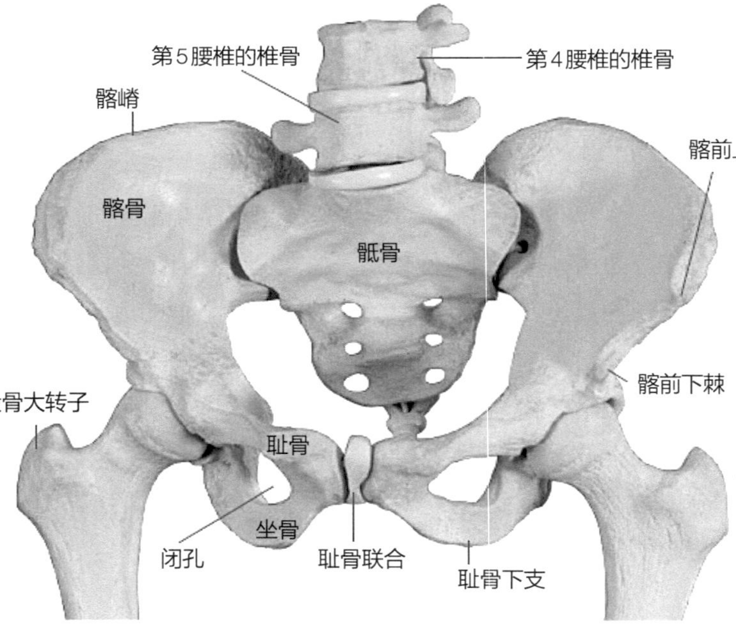

骨盆前面观

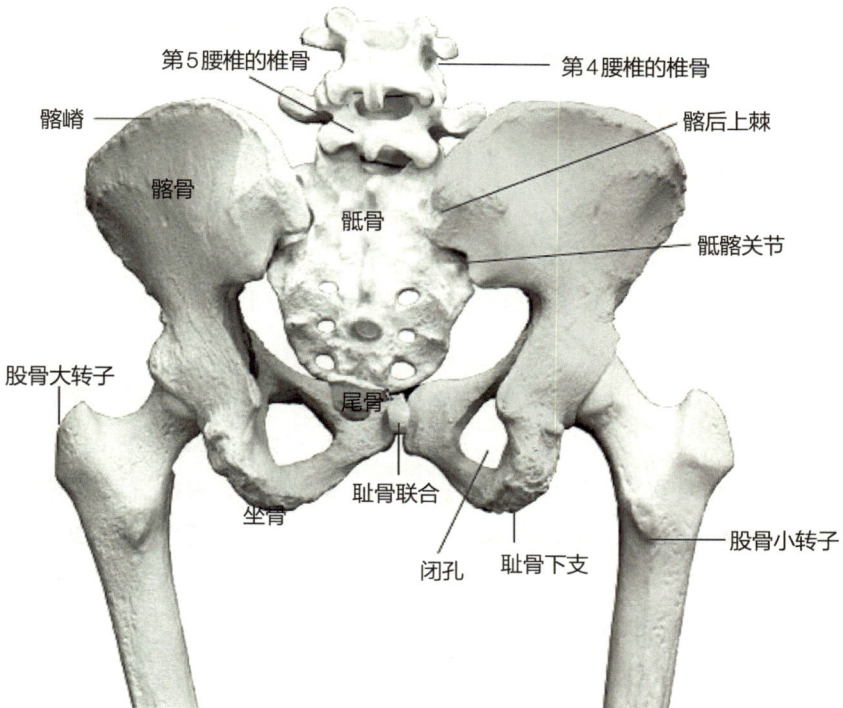

第5腰椎的椎骨

第4腰椎的椎骨

髂嵴

髂骨

骶骨

髂后上棘

骶髂关节

股骨大转子

尾骨

耻骨联合

坐骨

闭孔

耻骨下支

股骨小转子

骨盆后面观

骨盆入口的骨盆缘在男性和女性身体里表现为不同形态，女性为椭圆形，而男性为心形。

4）股骨

a. 头

b. 颈

c. 大转子

d. 小转子

e. 臀肌粗隆

f. 粗线

g. 内侧髁

h. 外侧髁

i. 内上髁

j. 外上髁

骨盆及其相关的关节与韧带

1. 耻骨联合：微动关节，是由纤维软骨组织构成的关节盘，连接于2块耻骨之间。

2. 骶髂关节（SI Joint）：双关节，连接髂骨和骶骨，对中轴骨骼和附肢骨骼之间的重量转移起重要作用。如果这些关节没有良好的形封闭和/或力封闭作用，极其容易导致下背疼痛。

3. 髋关节：球窝关节，股骨头在髋臼窝内与3条主要的韧带相连：耻股韧带，坐股韧带和髂股韧带。

4. 骶结节韧带：自骶骨外侧边缘连接至坐骨结节，和其他骶骨韧带的纤维束混合在一起。

5. 骶棘韧带：从骶骨到坐骨棘，对抗骶骨向后、向上的动作。

6. 髂股韧带、耻股韧带、坐股韧带：绕着股骨头旋转，对抗股骨伸的动作，但在股骨屈时放松。

7. 骶髂韧带：髂骨和骶骨的前后侧的众多韧带。

8. 髂腰韧带：连接第5腰椎的横突至髂嵴。其在未老化状态下，含有较多的肌纤维。

9. 腹股沟韧带：连接髂前上棘至耻骨，管状形态，男性的输精管被包含于其中。

骨盆及其相关的肌肉与筋膜

骨盆的肌肉和筋膜形成了骨盆出口的骨盆底和骨盆壁。盆骨出口处的内部，盆骨底正下方，是会阴所在的位置，它的底部由皮肤和筋膜组成，顶部是骨盆底。从上方看，会阴呈菱形（钻石状），上方的耻骨、下方的尾骨和左右两个坐骨结节构成了菱形的四角。

1. 肛提肌，其包括以下肌肉。

♦ 耻尾肌：从耻骨连接到尾骨。

♦ 髂尾肌：由髂骨连接到尾骨。

♦ 耻骨直肠肌，髂骶肌，耻肛肌，耻骨阴道肌（女性），前列腺提肌（男性）。

♦ 尾骨肌：从坐骨棘连接到尾骨（是动物摇尾巴的肌肉）。

2. 盆壁由以下部分组成。

♦ 骶结节韧带。

♦ 骶棘韧带。

♦ 肌腱弓（闭孔内肌）：肌腱般的厚筋膜，位于盆壁内侧，耻尾肌和髂尾肌附着处。

♦ 梨状肌：骨盆内碗状肌群后侧的一部分。

♦ 髂肌：填充骨盆的两侧。

3. 会阴：会阴的菱形边界由耻骨联合、坐耻骨支、坐骨结节、骶结节韧带组成。会阴可以被两块坐骨之间的连线，切分成两个三角形，俗称"尿殖三角"和"肛三角"。

4. 尿殖三角：男性的尿殖三角包括尿道、阴茎和阴囊，而女性是尿道、阴蒂和阴道。尿殖三角也包括尿殖膈肌，由会阴深横肌、会阴浅间隙构成，内有坐骨海绵体肌和球海绵体肌。这些肌肉可帮助阴茎和阴道的勃起。

会阴浅横肌稳定会阴体，扮演尿殖三角和肛三角分隔线的角色。

5. 肛三角：包括肛提肌、肛门、坐骨直肠窝以及经由肛尾骨韧带巩固在后的肛门外括约肌。

6. 阔筋膜：大腿的筋膜在浅筋膜下，包裹大腿外侧。

7. 髂胫束：阔筋膜特别厚的部分，位于大腿外侧，连接髂嵴与胫骨，是膝部问题产生的主要原因。

8. 股三角: 与缝匠肌、长收肌和腹股沟韧带连接,耻骨肌和髂腰肌在这个三角下深层。

骨盆与骨盆底肌的功能性动作

耻骨联合、骶髂关节(2个)和骶尾联合形成骨盆的4个关节,呈闭链。如果其中一个关节发生动作,另外3个关节也同时发生动作或受其影响。

骶骨与尾骨相连也形成了一个关节,因此尾骨移动时骨盆底肌会产生张力变化。以闭链条件下的运动,如站姿为例。

● 坐骨结节相互靠近时,髂前上棘远离。

● 坐骨结节相互远离时,髂前上棘靠近。

● 腿伸直(伸髋伸膝),坐骨结节靠近。

● 腿弯曲(屈髋屈膝),促进坐骨结节分开。

屈膝时:

● 骶骨点头;

● 坐骨结节分开;

● 髂前上棘互相靠近。

伸膝时:

● 骶骨反向点头;

● 坐骨结节互相靠近;

● 髂前上棘分开;

● 右侧髋骨旋前,促进脊柱左旋转;

● 左侧髋骨旋前,促进脊柱右旋转;

● 腿伸直时,股骨内旋,髋骨相对于股骨外旋;

● 腿屈曲时,股骨外旋,髋骨相对于股骨内旋。

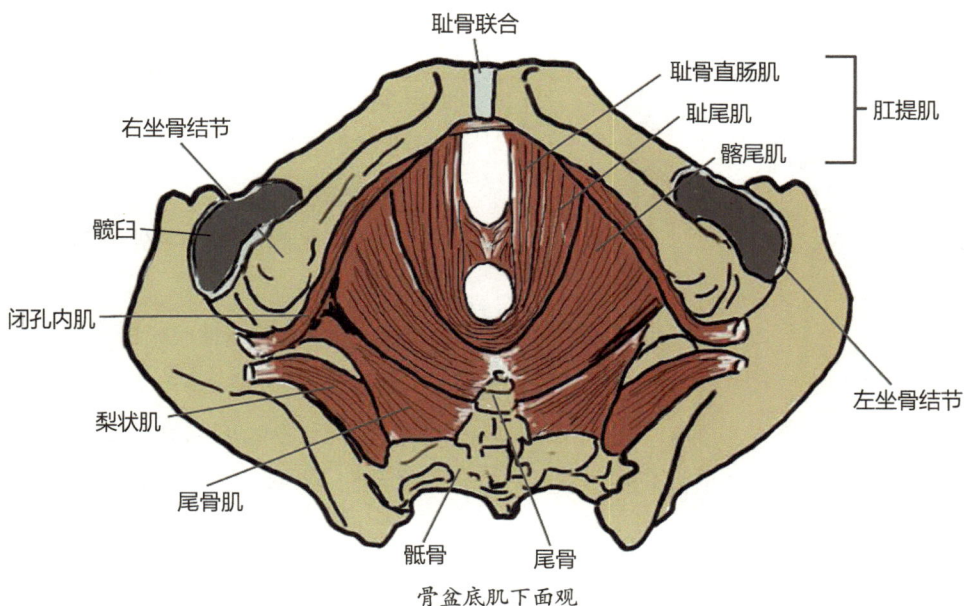

骨盆底肌下面观

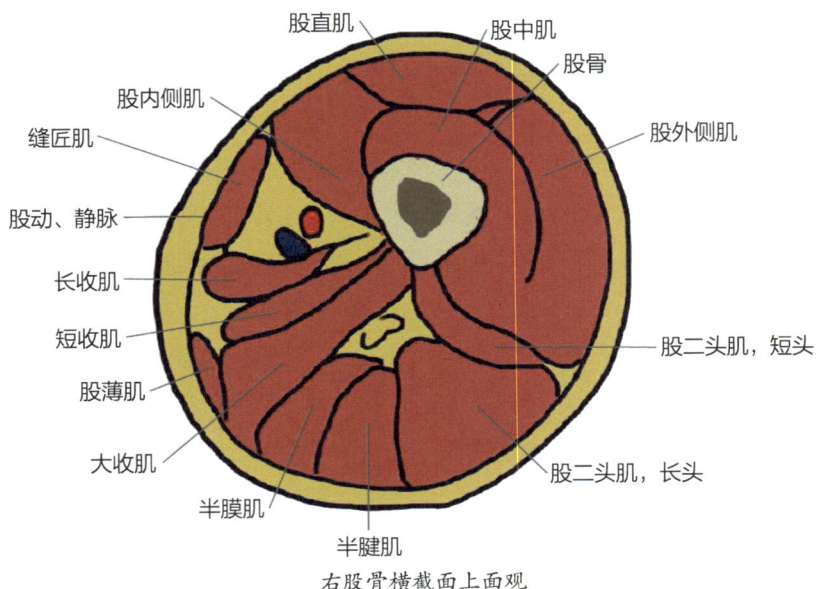

右股骨横截面上面观

骨盆相关的肌肉、大腿肌肉

1）阔筋膜张肌

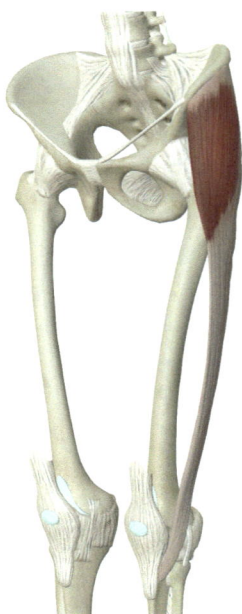

肌肉的附着点

- 髂嵴，髂前上棘正后方。
- 连接髂胫束一直到胫骨外踝。

动作

- 股骨屈曲、内旋和外展。在走路时稳定伸直的膝盖。

2）臀大肌

肌肉的附着点

- 髂后上棘和骶骨下外侧到骶结节韧带。
- 髂胫束和股骨臀肌粗隆。

动作

- 髋伸时股骨外旋，协助髋外展，而深层纤维（臀肌粗隆）则协助内收。

4）臀小肌

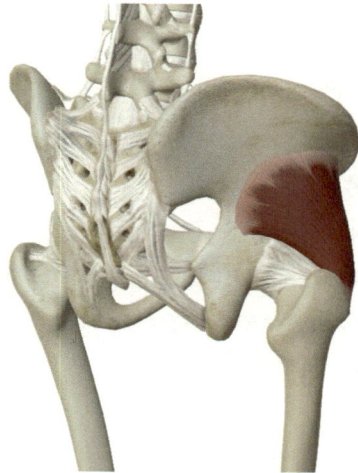

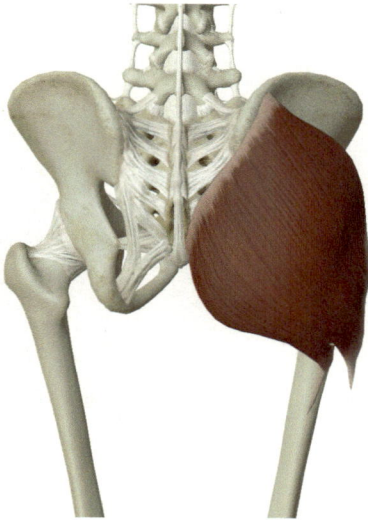

3）臀中肌

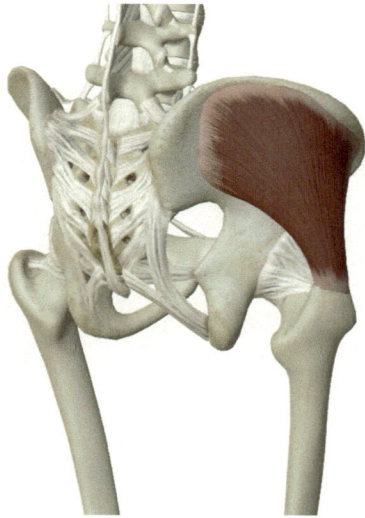

肌肉的附着点

♦ 髂嵴正下方，髂骨外表面（臀中肌下方）。

♦ 股骨大转子前表面。

动作

♦ 股骨外展和内旋。

5）梨状肌

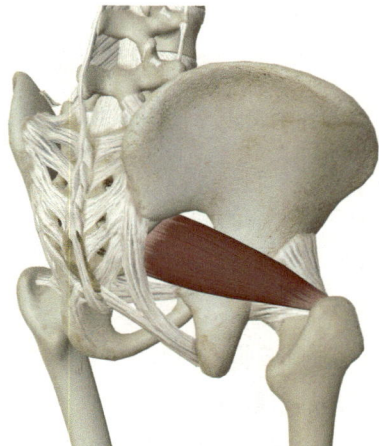

肌肉的附着点

♦ 髂嵴正下方，髂骨外表面。

♦ 股骨大转子外表面。

动作

♦ 股骨外展和内旋。

肌肉的附着点

♦ 骶骨前表面。

♦ 股骨大转子的内侧上方。

动作

♦ 股骨外旋。

备注

♦ 6个深层髋（外）旋肌群之一，也是其中唯一连到骶骨的。梨状肌可能会压迫坐骨神经并引发坐骨神经痛。

6）上孖肌

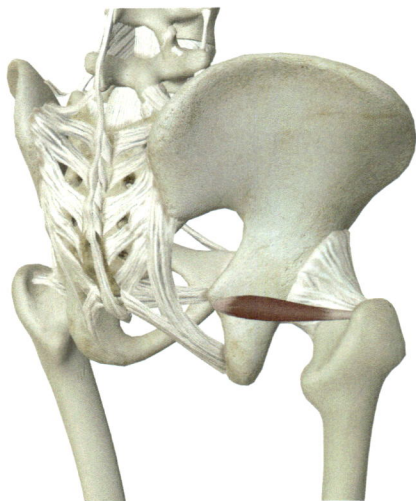

肌肉的附着点

♦ 坐骨棘。

♦ 大转子后表面。

动作

♦ 股骨外旋。

7）闭孔内肌

肌肉的附着点

♦ 覆盖闭孔内侧表面，向后穿过坐骨，连接到坐骨切迹。

♦ 大转子后表面。

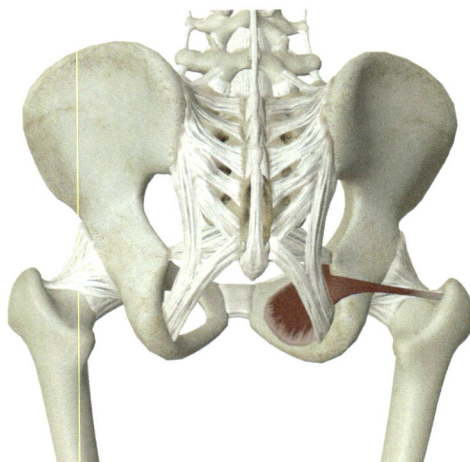

动作

♦ 股骨外旋。

8）下孖肌

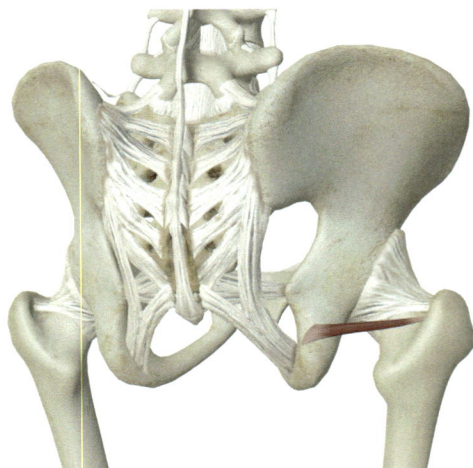

肌肉的附着点

♦ 坐骨结节上缘。

♦ 大转子后表面。

动作

- 股骨外旋。

9）闭孔外肌

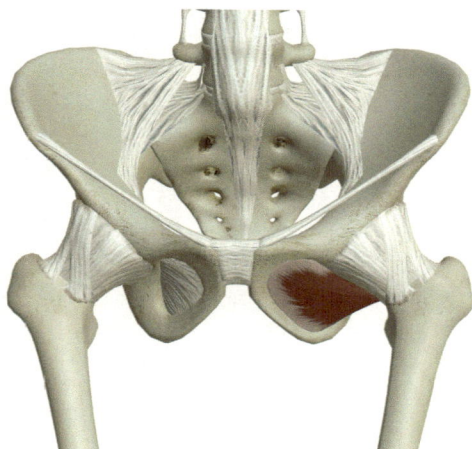

肌肉的附着点

- 闭孔外表面。
- 大转子后表面。

动作

- 股骨外旋。

10）股方肌

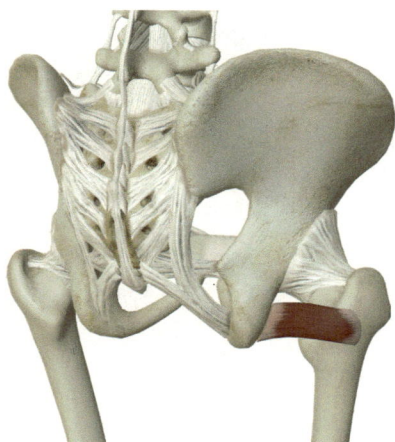

肌肉的附着点

- 坐骨结节。
- 附着于大转子后表面的最下方。

动作

- 股骨外旋。

备注

- 梨状肌、上孖肌、闭孔内肌、下孖肌、闭孔外肌和股方肌总称为6个深层髋（外）旋肌群。

11）缝匠肌

肌肉的附着点

- 髂前上棘。
- 经鹅足状肌腱附着于胫骨内表面前侧。

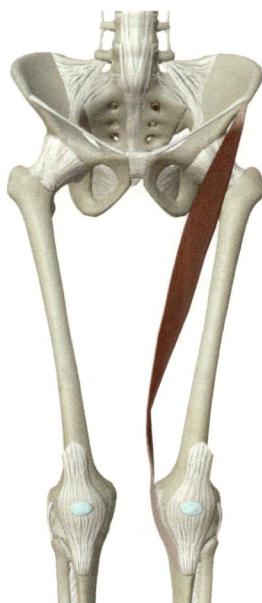

动作

- 协助股骨屈曲、外展外旋和胫骨屈

曲、内旋。

注意：

● 鹅足状肌腱是缝匠肌、股薄肌和半腱肌的共用肌腱。缝匠肌是人体最长的肌肉。

12）股直肌

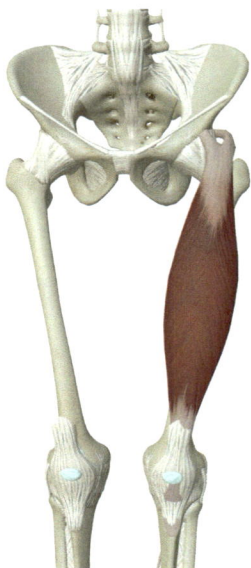

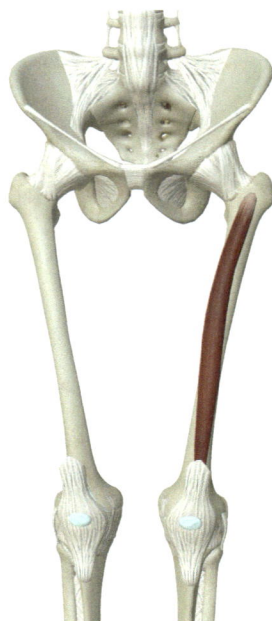

肌肉的附着点

● 髂前下棘。

● 经髌骨肌腱附于胫骨结节上。

动作

● 膝伸展，股骨屈曲。

备注

● 股四头肌中唯一穿过髋关节的肌肉。

13）股中间肌

肌肉的附着点

● 股骨近端前表面。

● 经髌骨韧带附于胫骨结节上。

动作

● 在膝关节处伸展胫骨。

14）股外侧肌

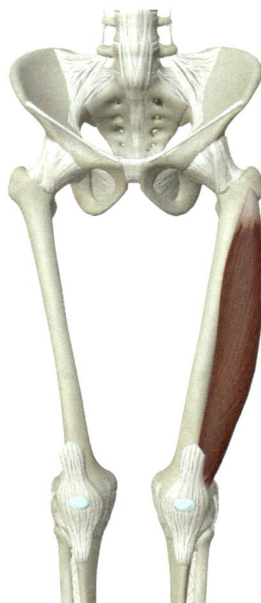

肌肉的附着点

- 股骨粗线外侧唇，臀肌粗隆。
- 经髌骨韧带附于胫骨结节上。

动作

- 膝伸展。

15）股内侧肌

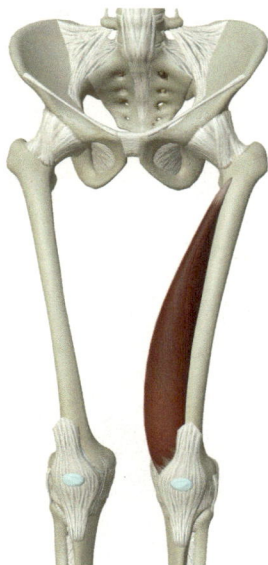

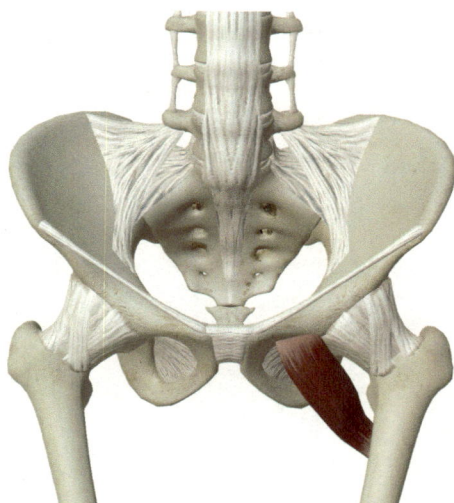

动作

- 股骨内收和屈曲，协助髋关节外旋。

17）长收肌

肌肉的附着点

- 股骨粗线内侧唇。
- 经髌骨韧带附于胫骨结节上。

动作

- 膝伸展。

16）耻骨肌

肌肉的附着点

- 耻骨上支的前表面。
- 位于小转子和股骨后侧的股骨粗线之间。

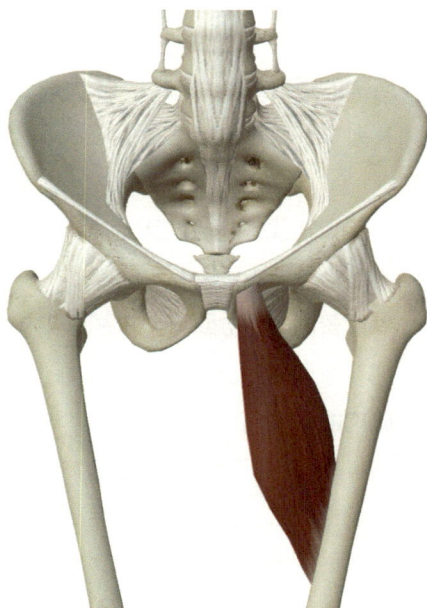

肌肉的附着点

- 耻骨结节。

♦ 股骨粗线中间1/3处。

动作

♦ 股骨内收，协助髋关节屈曲及内旋。

18）短收肌

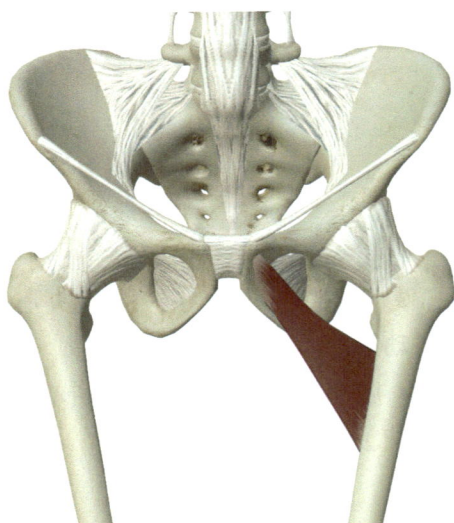

肌肉的附着点

♦ 耻骨下表面的前表面，在长收肌正下方。

♦ 股骨粗线、长收肌正上方。

动作

♦ 股骨内收，协助髋关节屈曲和内旋。

19）大收肌

肌肉的附着点

♦ 连接耻骨下支到坐骨结节。

♦ 前面部分：股骨粗线的全长。

♦ 后面部分：股骨的内收肌结节。

动作

♦ 股骨内收和内旋，协助髋屈曲和伸展。

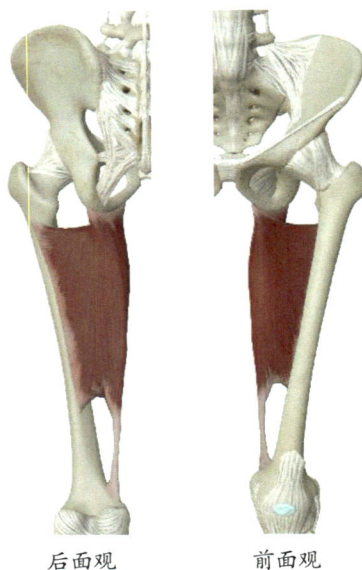

后面观　　　　前面观

20）股薄肌

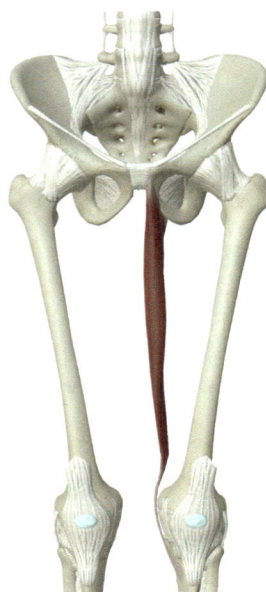

肌肉的附着点

♦ 耻骨下支内缘。

♦ 经鹅足状肌腱附于胫骨内侧面前方。

动作

- 股骨内收，协助屈膝及屈膝时内旋。

21）股二头肌

肌肉的附着点

- 长头：坐骨结节。
- 短头：股骨粗线的中间。
- 腓骨头。

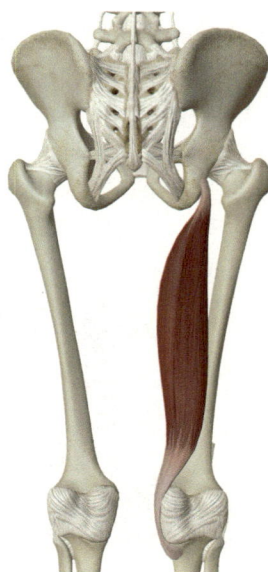

23）半腱肌

动作

- 屈膝时胫骨外旋。伸膝时股骨伸展。

22）半膜肌

肌肉的附着点

- 坐骨结节。
- 胫骨内髁的后侧。

动作

- 屈膝时胫骨内旋。伸膝时股骨伸展。

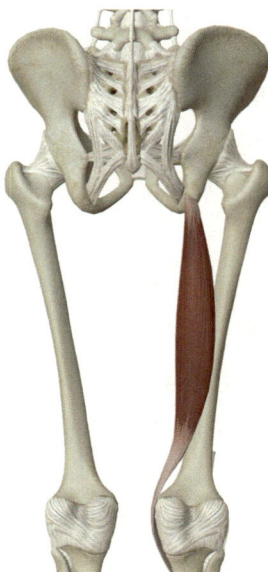

肌肉的附着点

- 坐骨结节。

♦ 经鹅足状肌腱附于胫骨内侧前表面。

动作

♦ 屈膝时胫骨内旋。伸膝时股骨伸展。

24）腰大肌

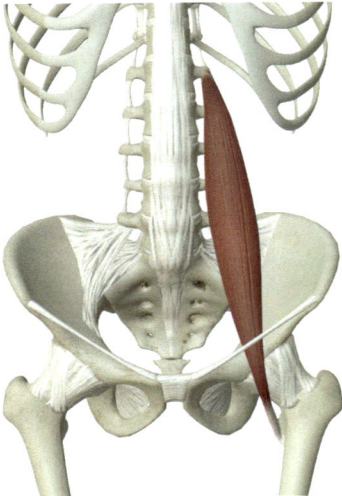

肌肉的附着点

♦ 所有腰椎横突及椎体的前侧表面。

♦ 股骨小转子。

动作

♦ 股骨屈曲和协助股骨内旋或外旋。

25）腰小肌

肌肉的附着点

♦ 第1腰椎的椎体和横突。

♦ 耻骨上支。

动作

♦ 腰小肌协助腰椎维持向前的曲度。

备注

♦ 大约40%的人有腰小肌。

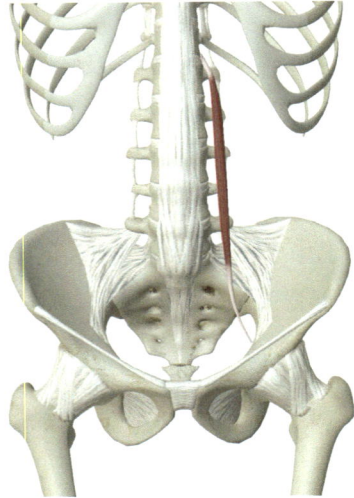

26）髂肌

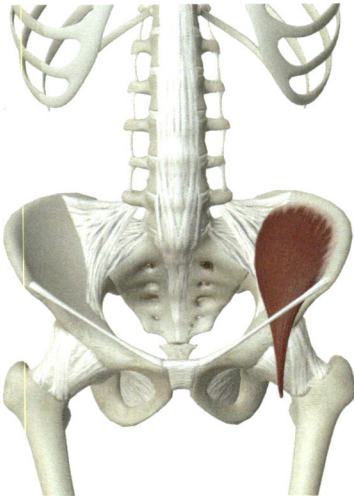

肌肉的附着点

♦ 髂骨内侧面。

♦ 股骨小转子。

动作

♦ 股骨屈曲和协助股骨内旋或外旋。

备注

● 股直肌也是髋屈肌之一，经常会被过度使用。

● 腰大肌的紧张和缩短是许多背部问题出现的主因。

5.8 ▶ 胸廓和腹部

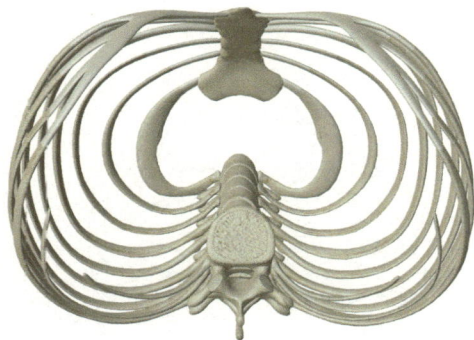

胸廓及其相关的骨骼

1）胸骨

a. 胸骨柄（拉丁文原意为剑柄）。

i. 锁骨切迹（胸锁关节）。

ii. 颈静脉切迹。

b. 胸骨体。

c. 胸骨角（路易斯角）：连接第2根肋骨。

d. 剑突。

2）肋骨

a. 肋头——与胸椎相连。

b. 肋体——肋骨的主体。

i. 肋角——肋骨弯曲的地方。

ii. 肋结节——位于肋头旁，与胸椎横突肋凹连接。

c. 肋软骨——连接肋骨与胸骨。

3）胸廓

a. 包含肋骨、胸椎、胸骨和肋软骨。

b. 第1到第7对肋骨称为真肋。

c. 第8到第10对肋骨称为假肋。

d. 最后两对（第11和第12对）肋骨称为浮肋，与胸廓不相连。

4）胸腔入口

a. 肋廓即胸廓的顶端，也称为胸腔出口。

b. 胸腔入口包括：锁骨、斜角肌、舌肌、臂丛神经、头臂动脉、食管和气管。

c. 许多腕管的问题其实是胸腔出口的问题。

胸廓及其相关的关节和韧带

1）第2到第9根肋骨每根都有3个关节连接点位于后方。肋结节与相应的胸椎横突组成肋横突关节，肋头的半关节与其上、下两节椎体组成肋头关节。这样的排列使得第2胸椎到第9胸椎的旋转幅度减小。

2）第1、10、11和12肋骨各有2个关节连接：肋结节与横突，肋头和椎体。

3）胸骨通过附着在前纵韧带上的结缔组织壁与脊柱相连。

4）肩胛胸壁关节（ST）并不是一个真的关节，而是筋膜贴附肩胛骨与胸廓在上背部组成的关节。

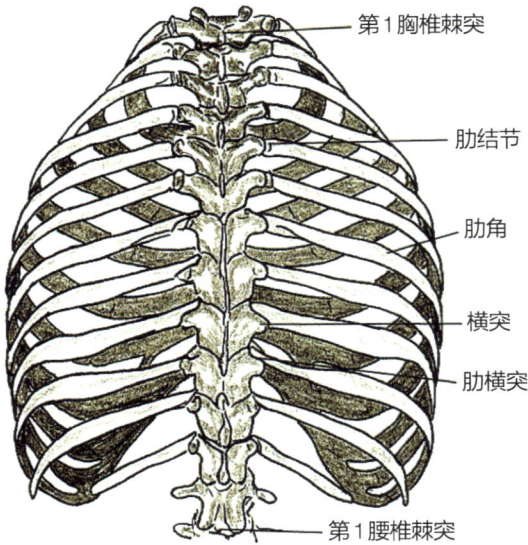

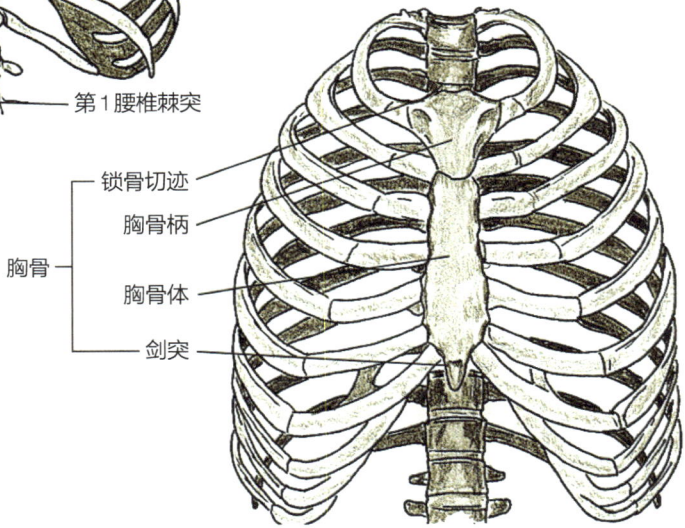

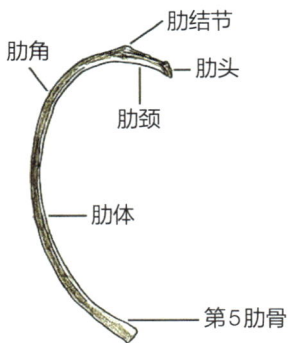

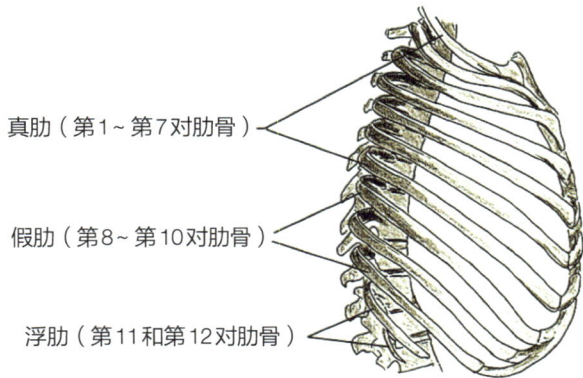

第1胸椎棘突

肋结节

肋角

横突

肋横突

第1腰椎棘突

锁骨切迹

胸骨柄

胸骨　　胸骨体

剑突

肋结节

肋角　　　　肋头

肋颈

肋体

第5肋骨

真肋（第1～第7对肋骨）

假肋（第8～第10对肋骨）

浮肋（第11和第12对肋骨）

胸廓

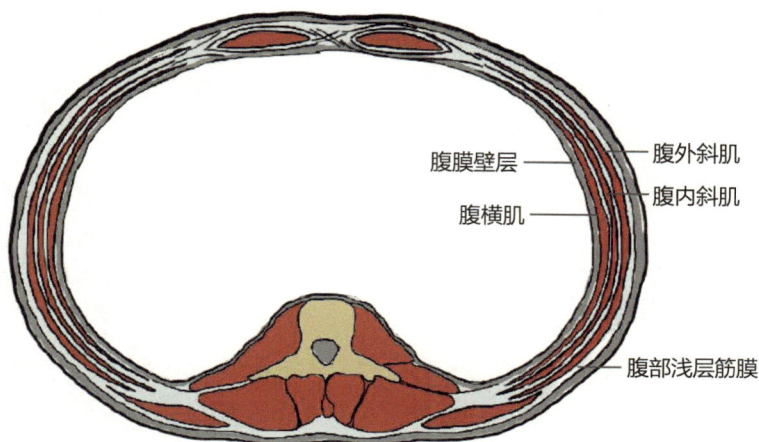

腹膜壁层 —— 腹外斜肌
腹横肌 —— 腹内斜肌
—— 腹部浅层筋膜

腹部横截面上面观

腹部肌肉与筋膜

1）腹肌腱膜

a. 厚厚一层肌腱包覆着整个腹部内壁。其末端卷起，构成腹股沟韧带。

b. 包含3块腹肌的结缔组织。

c. 腹白线：垂直的、厚厚的腱膜，从剑突到耻骨联合。

2）腹外斜肌

肌肉的附着点

♦ 下端8根肋骨的外侧表面，和前锯肌及背阔肌交错。

♦ 髂棘前部和腹肌腱膜到腹白线。

动作

♦ 双侧：躯干屈曲及压缩腹腔内部。

♦ 单侧：躯干侧屈及朝对侧方向旋转。

3）腹内斜肌

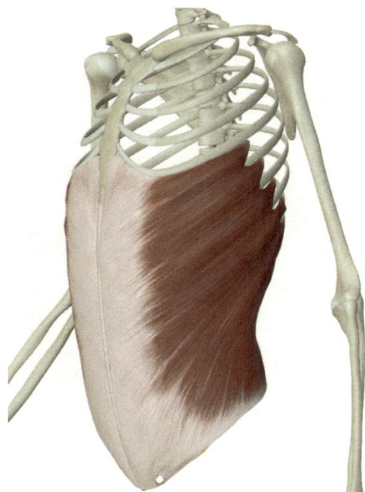

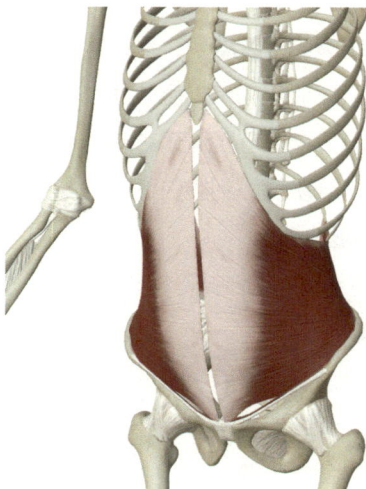

肌肉的附着点

♦ 腹股沟韧带外侧髂骨棘和胸腰筋膜。

♦ 最下端4根肋软骨，腹肌腱膜到腹白线。

动作

♦ 双侧：躯干屈曲及压缩腹腔内部。

♦ 单侧：躯干同侧旋转。

4）腹横肌

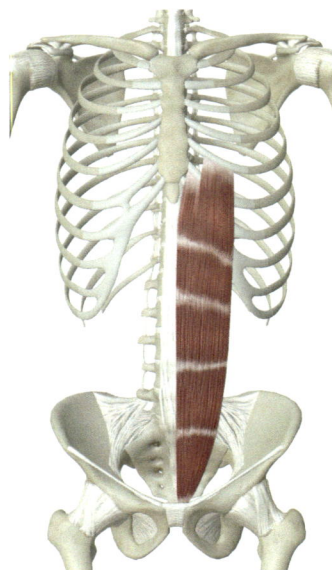

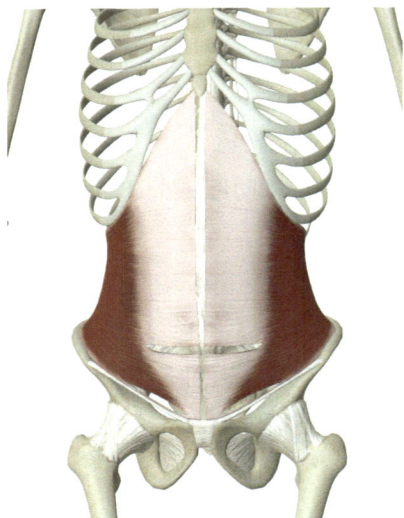

动作

♦ 屈曲脊柱和压缩腹腔内部。

备注

♦ 稳定脊柱和伸展脊柱的重要肌肉。

胸廓及其相关的肌肉

6）肋间外肌

肌肉的附着点

♦ 腹股沟韧带外侧，髂嵴，胸腰腱膜及胸廓下缘（与横膈膜交错）。

♦ 腹肌腱膜到腹白线。

动作

♦ 压缩腹腔内部。

5）腹直肌

肌肉的附着点

♦ 耻骨棘和耻骨联合。

♦ 剑突和第5、6、7肋骨的肋软骨。

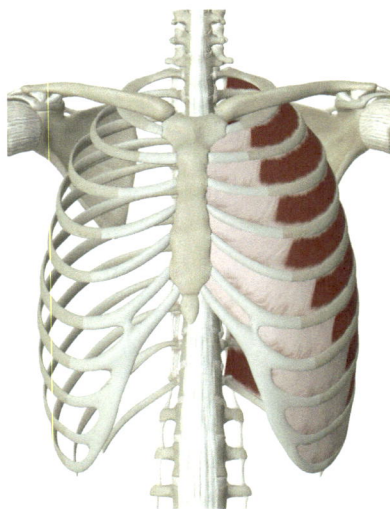

a. 最外层。

b. 肌纤维走向和腹外斜肌相同。

c. 上提肋骨。

7）肋间内肌

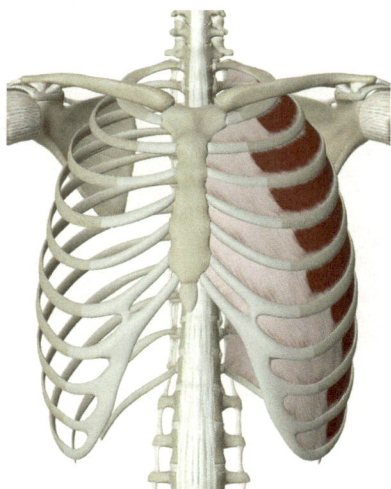

a. 中间层。

b. 肌纤维走向和腹内斜肌相同。

c. 肋骨下沉。

8）肋间最内肌

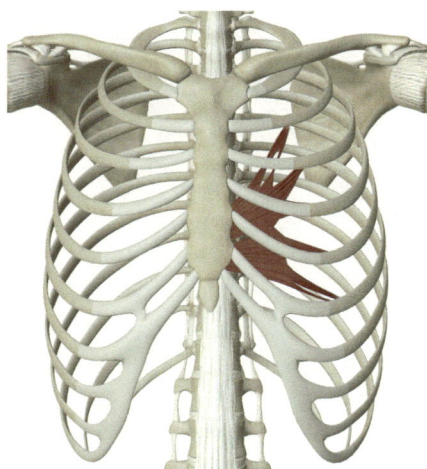

a. 最深层。

b. 事实上由以下3组肌肉组成。

i. 胸横肌：连接胸骨与第2至第6肋骨，如扇状。呼气时帮助肋软骨下沉。

ii. 肋间最内肌：位于主要肋体的下面，帮助肋骨下沉。

iii. 肋下肌：位于肋角下面，同样可帮助肋骨下沉。

9）横膈膜（膈肌）

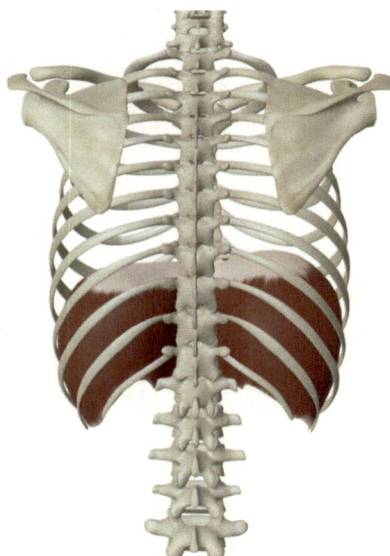

肌肉的附着点

♦ 肋弓，剑突，第1至第3腰椎前侧及第11、12肋骨。

♦ 膈肌中心腱。

动作

♦ 拉平中心腱以增加吸气时的胸腔容积。

♦ 辅助吸气。

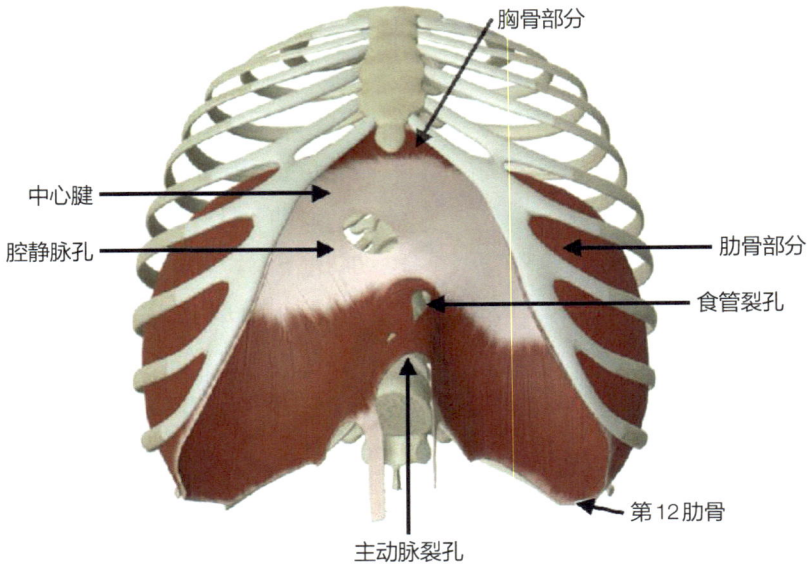

胸骨部分

中心腱

腔静脉孔

肋骨部分

食管裂孔

第12肋骨

主动脉裂孔

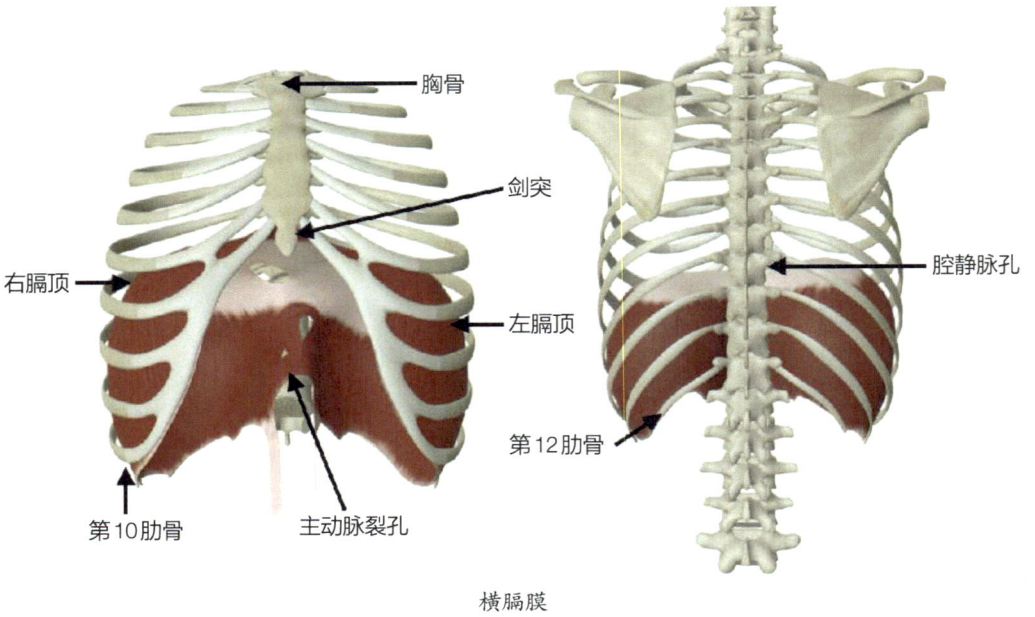

胸骨

剑突

右膈顶

左膈顶

腔静脉孔

第12肋骨

第10肋骨

主动脉裂孔

横膈膜

备注

♦ 分隔腹腔与胸腔。

10）上后锯肌

肌肉的附着点

♦ 第7颈椎与第1至第3胸椎的棘突。

♦ 第2至第5肋骨。

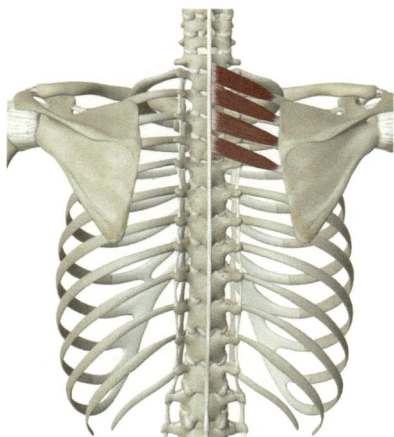

动作

♦ 肋骨上提，辅助呼吸。

11）下后锯肌

肌肉的附着点

♦ 第11~12胸椎棘突至第1~2腰椎的棘突。

♦ 第9至第12肋骨。

动作

♦ 肋骨下沉，辅助呼吸。

备注

♦ 后锯肌的上部和下部可以都被看作竖脊肌的支持带。

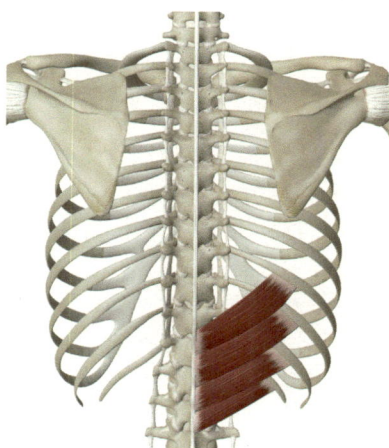

12）肋提肌

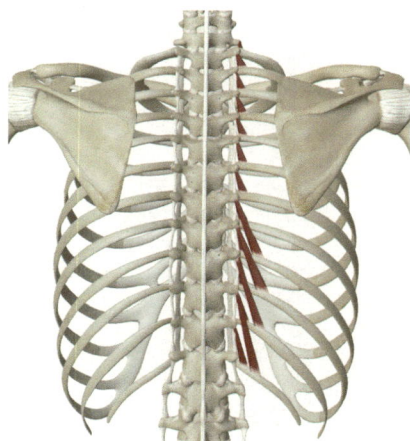

肌肉的附着点

♦ 第7颈椎到第11胸椎的横突。

♦ 下方肋骨结节外侧的肋骨上缘。

动作

♦ 可以在吸气时上提肋骨，或使脊柱旋转及侧屈。

5.9 ▶ 脊柱

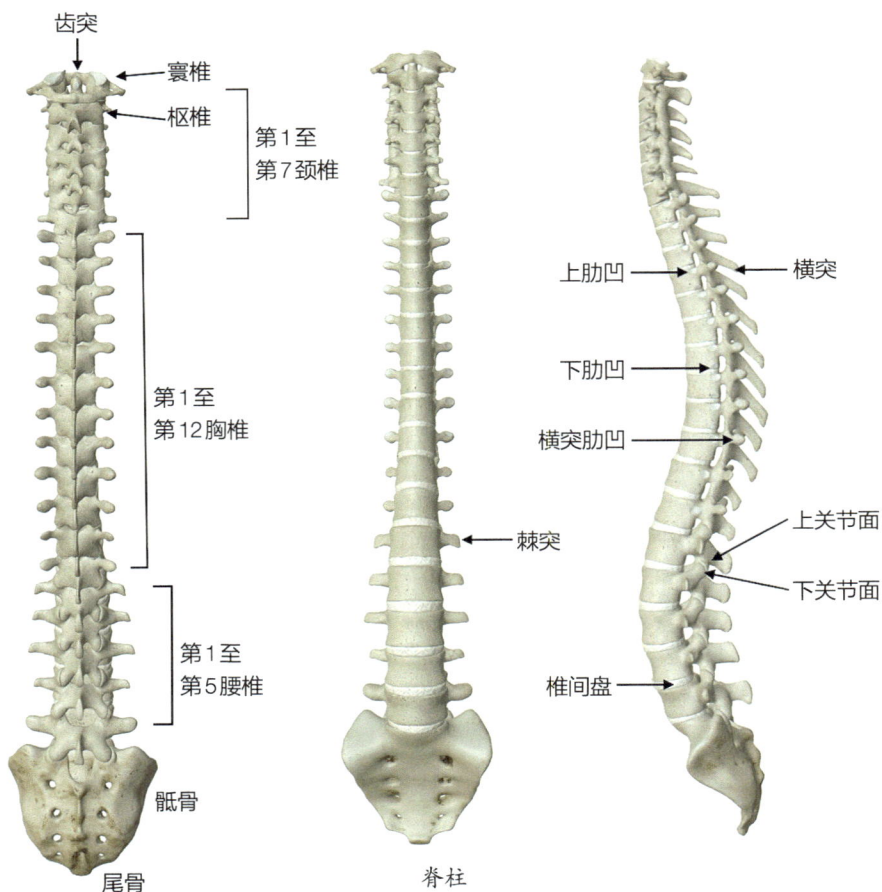

齿突
寰椎
枢椎
第1至第7颈椎
第1至第12胸椎
第1至第5腰椎
骶骨
尾骨

上肋凹
下肋凹
横突肋凹
椎间盘
横突
上关节面
下关节面
棘突

脊柱

脊柱简介

1. 颈椎（7节）：第1到第7颈椎。棘突短，因而在做伸展动作时，有较大的活动范围。横突的存在，则限制了侧屈范围。第1到第7颈椎，每个横突孔都有椎动脉和椎静脉通过。

第1颈椎，俗称寰椎。

第2颈椎，俗称枢椎。

颅骨的屈曲和伸展主要依靠颅骨和寰椎的连接（寰枕关节）来完成。

颅骨的旋转则通过寰椎在枢椎（寰枢关节）上旋转完成。

2. 胸椎（12节）：第1到第12胸椎。每块胸椎都有一对肋骨和它连接，可做旋转、伸展和屈曲，但由于棘突较长并位于下方，所以伸展幅度有限。

椎骨比较

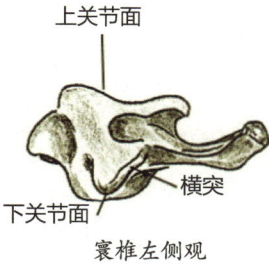

寰椎左侧观

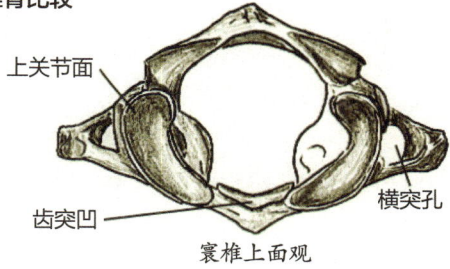

寰椎上面观

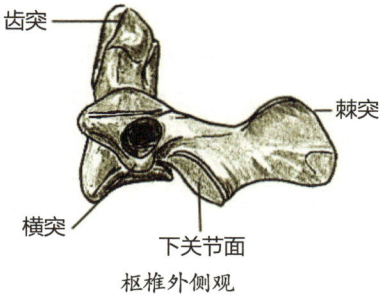

枢椎外侧观

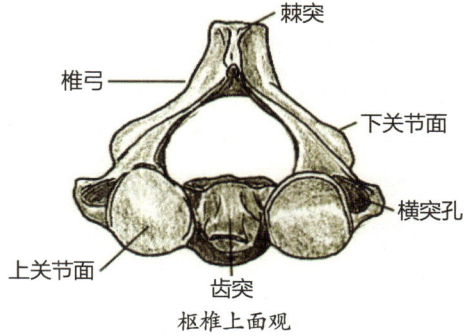

枢椎上面观

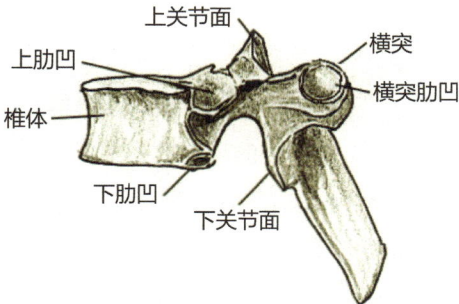

第6胸椎外侧观

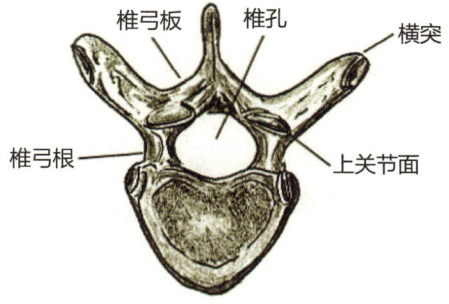

第6胸椎上面观

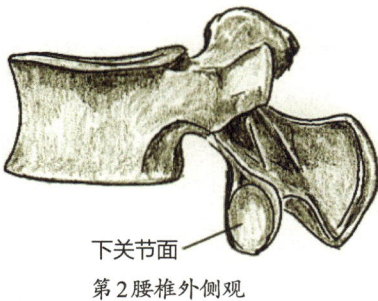

第2腰椎外侧观

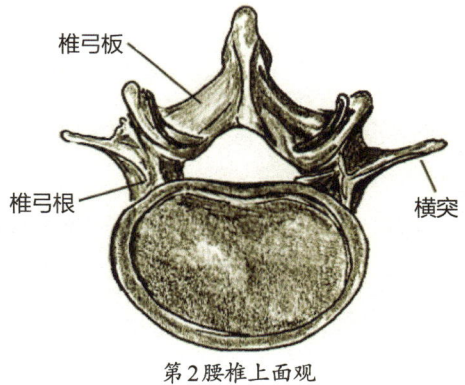

第2腰椎上面观

3. 腰椎（5节）：第1至第5腰椎，是体积最大的椎块，可承受在来自上方的重量，可屈曲、伸展和侧屈，但旋转范围有限。

椎骨

1. 椎体：主要的圆柱体部分，叠在椎间盘上。

2. 椎弓/神经弓：位于椎体后侧。

3. 椎孔：由椎骨的椎体和椎弓围绕而成，内有脊髓穿过。

4. 棘突（SP）：椎骨后面的突起。

5. 横突（TP）：椎骨侧面的突起。

6. 横突孔：仅颈椎可见，椎动脉、椎静脉由此通过。

7. 椎板：在横突和棘突之间的空间或窝，椎旁肌肉由此穿过。

8. 椎骨切迹：椎弓根处的拱形，脊神经经过之处；椎间孔由上下切迹所组成。

9. 椎弓根：椎弓和椎体相连处。

10. 关节面：表面平坦的骨骼突起，与相邻椎体连接；每节椎体有上下2对关节面。

半面关节面：仅胸椎可见，与肋骨连接。

11. 椎间盘：位于上下椎体之间的减震装置。

纤维盘：纤维软骨外环（像甜甜圈的面团）。

髓核：胶状的中心（像甜甜圈中间的果酱）。

椎间盘承受了压力，使我们晚上比早上矮。

脊柱弯曲

1. 原始弯曲——脊柱后凸。

a. 脊柱向后凸出的曲线。

b. 婴儿在子宫时脊柱是后凸的。

c. 胸椎和骶椎的弯曲。

2. 继发弯曲——脊柱前凸。

a. 脊柱向前凹的曲线。

b. 人出生后脊柱才前凸。

c. 颈曲是婴儿学会抬头时形成的。腰曲是婴儿学会爬行和走路后形成的。

3. 脊柱侧弯。

a. 脊柱向侧面弯曲。

b. 必然与脊柱旋转同时出现。

c. 如果是在胸椎区域产生的，会有肋骨旋转的情形。

脊柱的关节和韧带

1. 棘上韧带：连接胸椎和腰椎的棘突后侧，对抗屈曲的动作。

2. 棘间韧带：连接胸椎、腰椎区域相邻椎骨的棘突，填满棘突间的空隙，对抗屈曲的动作。

3. 项韧带：这个风帆状韧带，从枕外隆凸到第7颈椎的棘突，是棘间韧带和棘上韧带的延伸。

4. 横突间韧带：连接相邻椎骨的横突，对抗脊柱向对侧的侧屈。

5. 前纵韧带：从枕骨到骶骨连接整个椎体前表面。

6. 后纵韧带：在椎孔里，后纵韧带连接全部椎体的后侧表面并牢牢连接椎间盘，在达到腰椎区域时渐渐变窄，因此腰椎区域容易出现腰凸。

7. 黄韧带：黄韧带连接邻近椎骨的椎弓。

颈部的骨骼

1）颈椎

a. 第1颈椎也称寰椎。

没有椎体，呈弓状。

有1个小的棘突，称为棘突结节。

b. 第2颈椎也称枢椎。

枢椎的齿突向上凸起，和第1颈椎连接。

齿突与颅骨相连，用于转动头部。

c. 所有椎骨都有横突孔，以便椎动脉穿过。

2）枕骨

a. 构成颅骨后侧底部的骨头。

b. 枕骨大孔：枕骨底部，脊髓穿过的地方。

c. 枕髁：枕骨大孔两边凸出的表面，和寰椎连接。

d. 枕外隆凸：枕骨后侧正中间的突起。

3）舌骨

a. 喉咙里的骨头。

b. 悬空，与舌头、嘴巴和颈部肌肉连接。

颈部的关节与韧带

1）寰枕关节

a. 在枕骨和寰椎间的关节。

b. 没有椎间盘。

c. 髁状关节。

d. 可屈可伸。

2）寰枢关节

a. 寰椎和枢椎间的关节。

b. 枢椎的齿突穿过寰椎的环。

c. 可进行旋转。

3）项韧带

a. 风帆状的韧带。

b. 从枕骨的枕外隆凸到第7颈椎的棘突。

c. 是棘上韧带和棘间韧带的延续。

颈部及其相关的肌肉

后部浅层

1）斜方肌

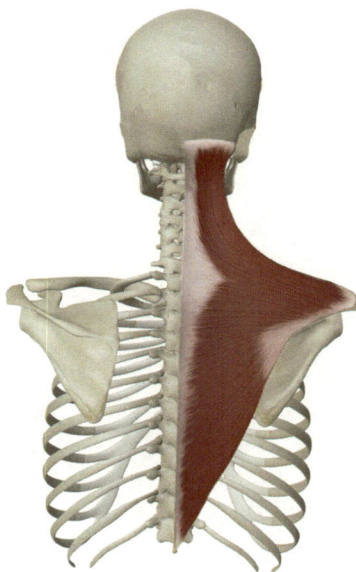

肌肉的附着点

♦ 枕骨，项韧带和第7颈椎到第12胸椎的棘突。

♦ 斜方肌上束：锁骨外侧及肩峰。

♦ 斜方肌中束：肩胛棘。

♦ 斜方肌下束：肩胛棘根部。

动作

♦ 斜方肌上束：肩胛上提和上旋。

♦ 斜方肌中束：肩胛后缩。

♦ 斜方肌下束：肩胛下沉和上旋。

备注

♦ 可稳定肩胛，发挥中立肌的功能。姿势不良时，如长时间保持坐姿，斜方肌会紧张，严重时会造成头痛。

2）肩胛提肌

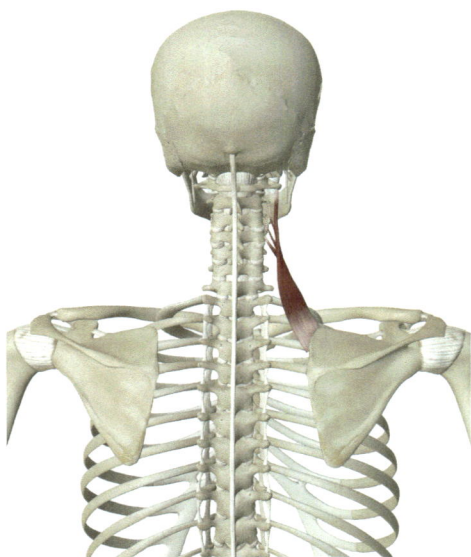

肌肉的附着点

♦ 第1颈椎到第4颈椎的横突。

♦ 肩胛上角。

动作

♦ 肩胛上提和下旋。

3）夹肌

a. 头夹肌

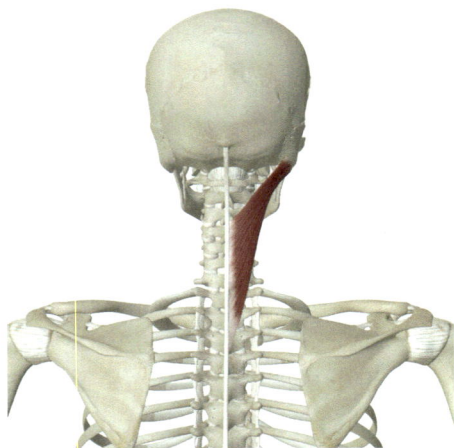

肌肉的附着点

♦ 项韧带和第7颈椎到第3胸椎的棘突。

♦ 乳突（胸锁乳突肌下方）和上项线。

动作

♦ 双侧：颈椎伸展。

♦ 单侧：头向同侧旋转。

b. 颈夹肌

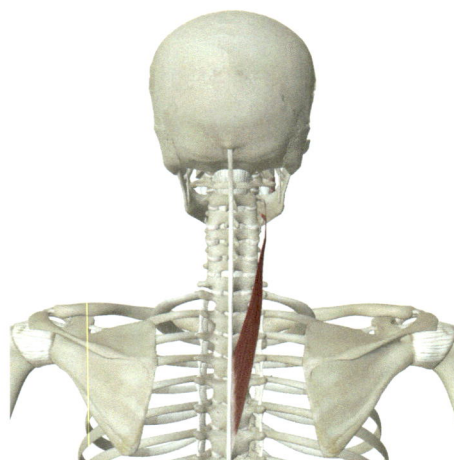

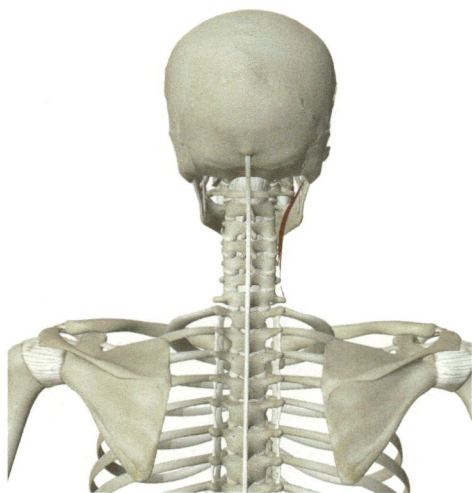

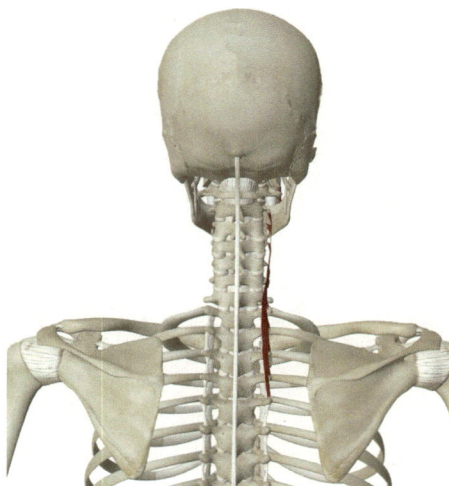

肌肉的附着点

♦ 第3胸椎到第6胸椎的棘突。

♦ 第1颈椎到第3颈椎的横突。

动作

♦ 双侧：颈椎伸展。

♦ 单侧：头向同侧旋转。

备注

♦ 颈夹肌包覆竖脊肌上段（绷带状的肌肉）。

4）最长肌

a. 头最长肌

肌肉的附着点

♦ 第5胸椎到第4颈椎的横突。

♦ 在乳突深处与夹肌连接。

动作

♦ 双侧：头部伸展。

♦ 单侧：头向同侧旋转。

b. 颈最长肌

肌肉的附着点

♦ 第1胸椎到第6胸椎的横突。

♦ 第2颈椎到第7颈椎的横突。

动作

♦ 双侧：颈伸展。

♦ 单侧：颈侧屈。

后部深层

1）横突棘肌群

斜向上连接横突与棘突，较深层的肌肉跨过1或2块椎骨，次深层的肌肉则跨过较多椎骨。

a. 半棘肌

i. 头部

肌肉的附着点

♦ 第4颈椎到第6胸椎的横突。

♦ 枕骨。

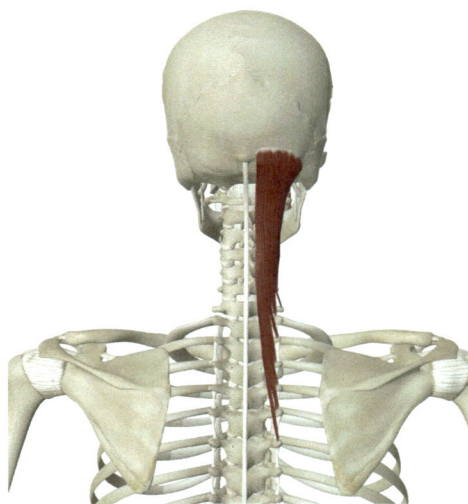

半棘肌

动作

♦ 双侧：头伸展。

♦ 单侧：头向对侧旋转。

ii. 颈部

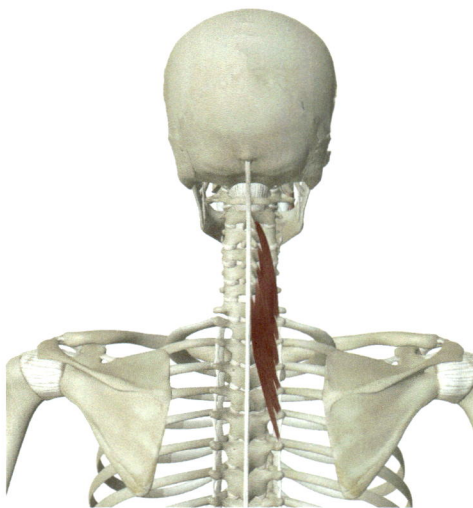

肌肉的附着点

♦ 第1胸椎到第6胸椎的横突。

♦ 第2颈椎到第6颈椎的棘突。

动作

♦ 双侧：颈伸展。

♦ 单侧：颈向对侧旋转。

b. 回旋肌和多裂肌

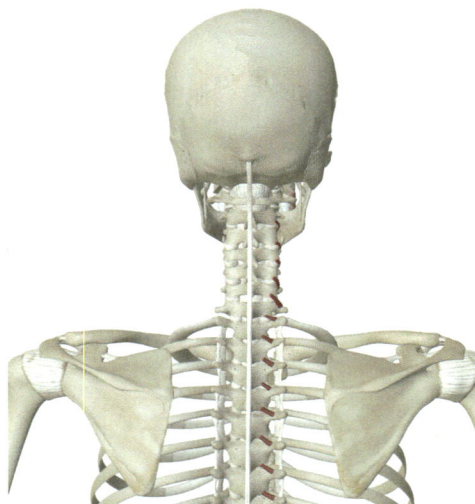

回旋肌

i. 在半棘肌下深层。

ii. 肌肉填满椎弓槽。

iii. 除了头半棘肌之外，回旋肌、多裂肌和颈半棘肌的排列从背后看就像是圣诞树。

透过夹肌、最长肌和半棘肌的位置可以看出，颈部肌肉几乎延伸到胸腔区域的中段。

多裂肌对脊柱的稳定很重要，受到抑制则稳定性会变弱。

属于"局部核心控制"肌群的组成部分，穿过骶髂关节。

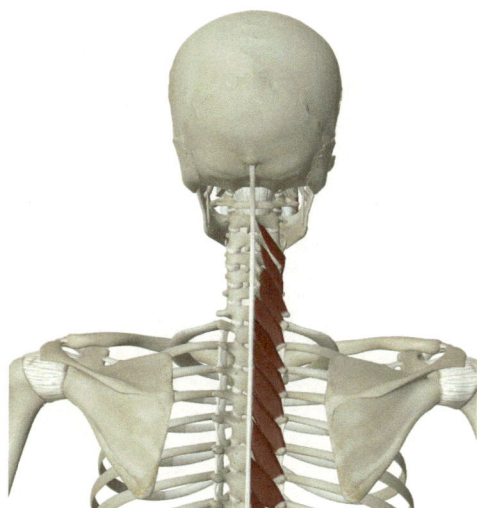

b. 头后小直肌

多裂肌

2）枕下肌群

a. 头后大直肌

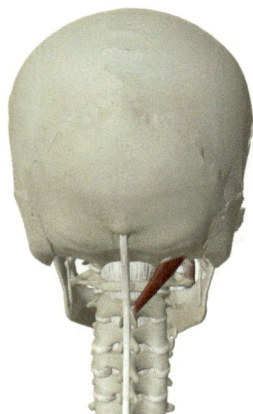

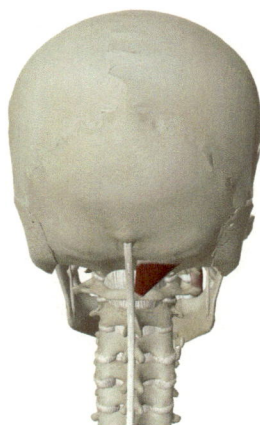

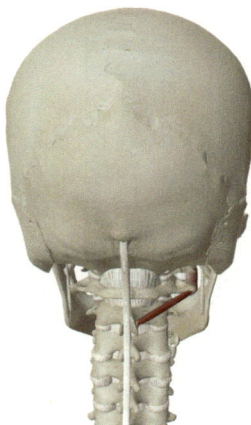

肌肉的附着点

♦ 寰椎结节。

♦ 枕骨底，头后大直肌的内侧。

动作

♦ 头部伸展。

c. 头下斜肌

肌肉的附着点

♦ 枢椎的棘突。

♦ 枕骨底，头后小直肌的外侧。

动作

♦ 双侧：头伸展。

♦ 单侧：头向同侧旋转和侧屈。

肌肉的附着点

♦ 枢椎的棘突。

♦ 寰椎的横突。

动作

- 双侧：头伸展。
- 单侧：头向同侧侧屈及寰枢关节的

同侧旋转。

d. 头上斜肌

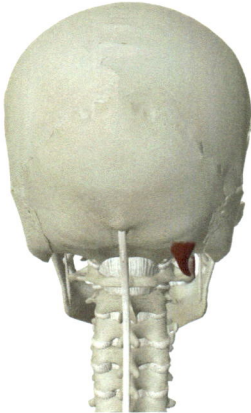

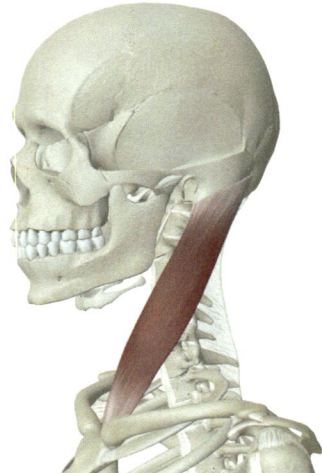

肌肉的附着点

- 寰椎的横突。
- 枕骨底，头后大直肌的后面。

动作

- 双侧：头伸展。
- 单侧：头向同侧侧屈。

除头下斜肌之外，枕下肌群更接近于姿态稳定肌而非主动肌。

枕下肌群和眼睛紧密连接，主导头和身体。

侧部浅层

1）颈阔肌

肌肉的附着点

- 胸肌筋膜。
- 下颌骨的下边。

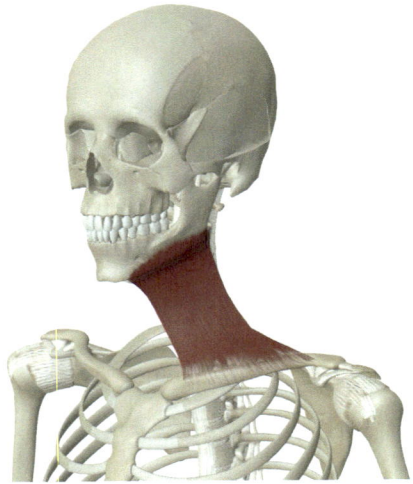

动作

- 下拉下唇和嘴角。

2）胸锁乳突肌

肌肉的附着点

- 胸骨柄和锁骨内侧。
- 颞骨乳突。

动作

- 单侧：头向对侧旋转。

🔸 双侧：头屈或伸，视其他肌肉运动情况而定。

如果椎前屈肌无法正常工作，胸锁乳突肌就会参与颈伸。如果胸锁乳突肌和其他的颈屈肌群合作（例如颈长肌），其则会执行头屈的动作。

中层

斜角肌（前、中、后）

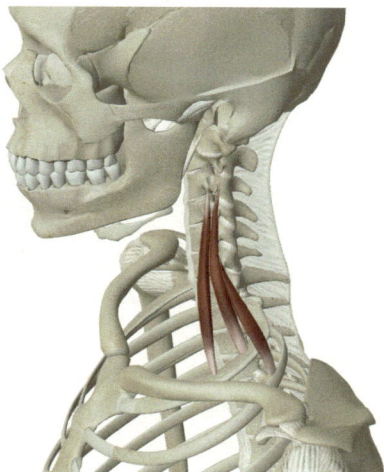

肌肉的附着点

🔸 前肌：第3颈椎到第6颈椎的横突前结节。

🔸 中肌：第3颈椎到第7颈椎的横突后结节。

🔸 后肌：第5颈椎到第7颈椎的横突后结节。

🔸 前肌：第1肋骨上斜角肌结节。

🔸 中肌：第1肋骨上表面，锁骨下动脉沟之后。

🔸 后肌：第2肋骨外侧。

动作

🔸 将上面的肋骨向上提。

🔸 单侧：颈屈。

🔸 双侧：颈向同侧屈。

备注

🔸 臂丛神经穿过前/中斜角肌，对战斗还是逃跑做出反应。

深层

1）头前直肌

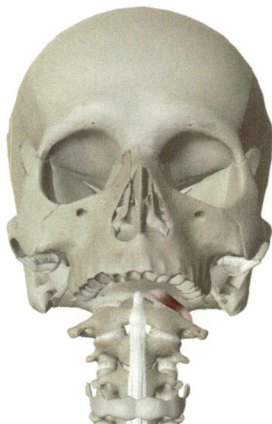

肌肉的附着点

🔸 寰椎前侧表面。

🔸 枕骨前髁突的基底部分。

动作

🔸 头屈曲。

2）头外侧直肌

肌肉的附着点

🔸 寰椎的横突。

🔸 枕骨外侧底部至枕骨髁突。

动作

🔸 头向同侧侧屈，稳定头部于枕骨上。

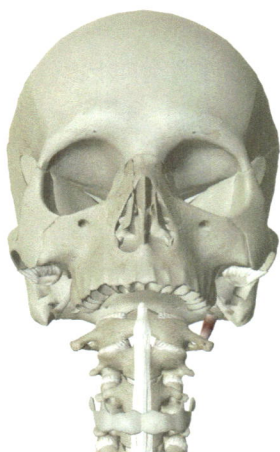

3）头长肌

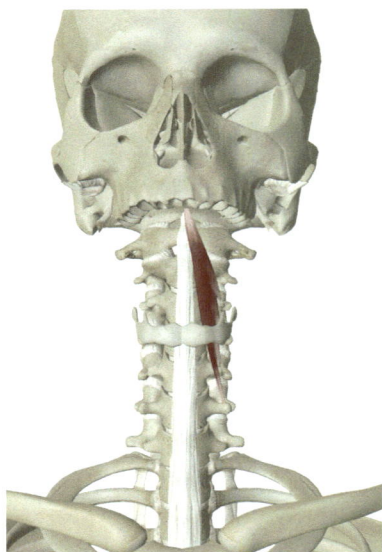

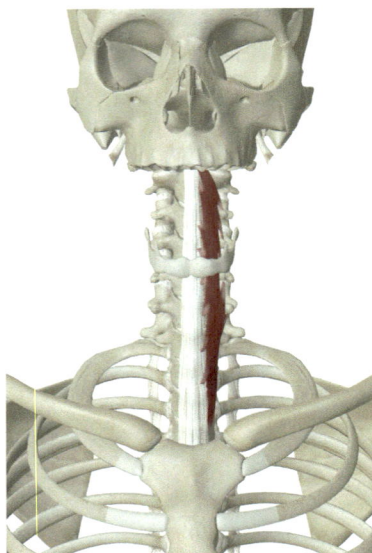

肌肉的附着点

♦ 第3颈椎到第6颈椎的横突前侧表面。

♦ 枕骨底前侧至枕骨大孔。

动作

♦ 稳定头部。

♦ 双侧：颈椎和头的屈曲。

♦ 单侧：颈椎和头的同侧侧屈。

4）颈长肌

肌肉的附着点

♦ 颈椎的椎体前外侧表面和横突。

动作

♦ 双侧：颈椎屈曲。

♦ 单侧：颈椎向同侧侧屈和旋转。

脊柱下段、中段、上段肌肉

最浅层

1）背阔肌

肌肉的附着点

♦ 胸腰筋膜从第7胸椎到髂嵴。

♦ 肱骨近端前骨干（在大圆肌和胸大肌之间）。

动作

♦ 肱骨伸展、内收和内旋。

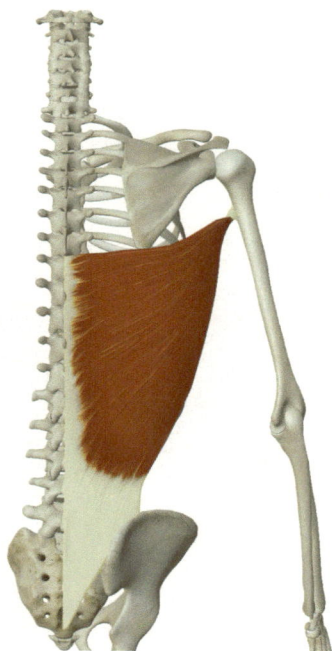

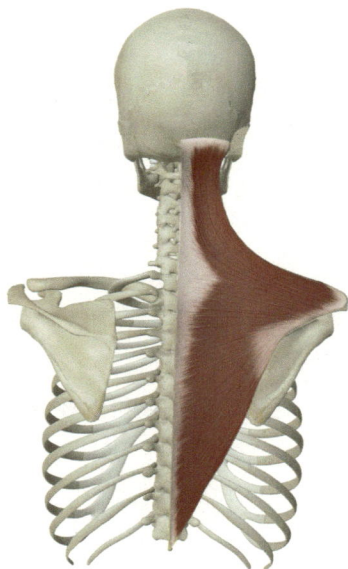

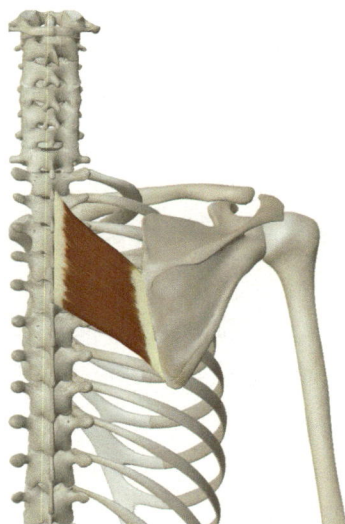

肌肉的附着点

♦ 枕骨、项韧带和第7颈椎到第12胸椎的棘突。

♦ 斜方肌上束：锁骨外侧及肩峰。

♦ 斜方肌中束：肩峰。

♦ 斜方肌下束：肩胛冈。

动作

♦ 斜方肌上束：肩胛上提和上旋。

♦ 斜方肌中束：肩胛后缩。

♦ 斜方肌下束：肩胛下沉和上旋。

备注

♦ 可稳定肩胛，发挥中立肌的功能。

浅层

1）大菱形肌

备注

♦ 组成腋窝的后壁部分。

2）斜方肌

肌肉的附着点

♦ 第2胸椎到第5胸椎的棘突。

♦ 在肩胛冈和肩胛下角之间的肩胛内侧缘。

动作

♦ 肩胛回缩和肩胛下旋。

2）小菱形肌

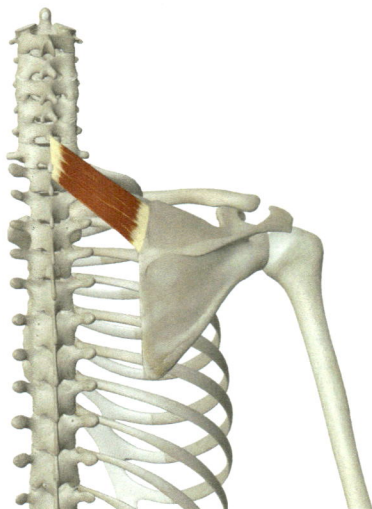

肌肉的附着点

♦ 第7颈椎到第1胸椎的棘突。

♦ 肩胛内侧缘的上部，与肩胛棘同高。

动作

♦ 肩胛回缩和肩胛下旋。

备注

♦ 位于斜方肌深层，其变弱、变紧的原因常为姿势不当导致斜方肌过度使用（如肩往后拉）。

3）肩胛提肌

肌肉的附着点

♦ 第1颈椎到第4颈椎的横突。

♦ 肩胛上角。

动作

♦ 肩胛上提和下旋。

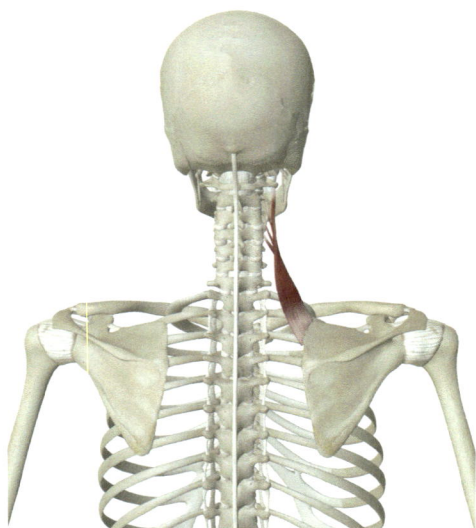

4）上后锯肌

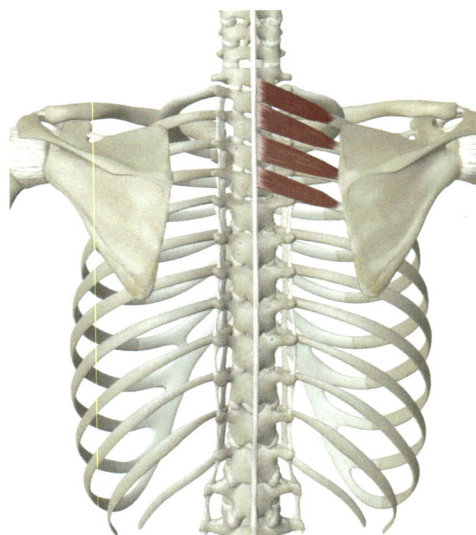

肌肉的附着点

♦ 第7颈椎和第3胸椎的棘突。

♦ 第2至第5肋骨。

动作

♦ 肋骨上提，辅助呼吸。

5）下后锯肌

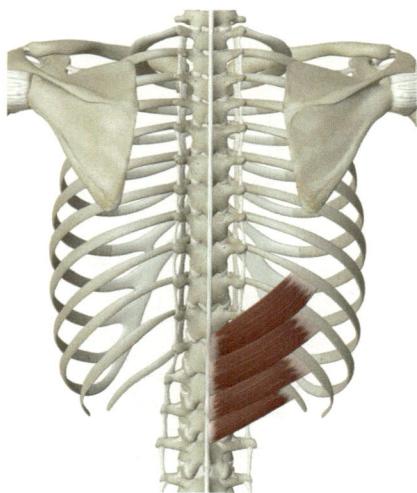

肌肉的附着点

♦ 第11~12胸椎至第1~2腰椎的棘突。

♦ 第9至第12肋骨。

动作

♦ 肋骨下沉，辅助呼吸。

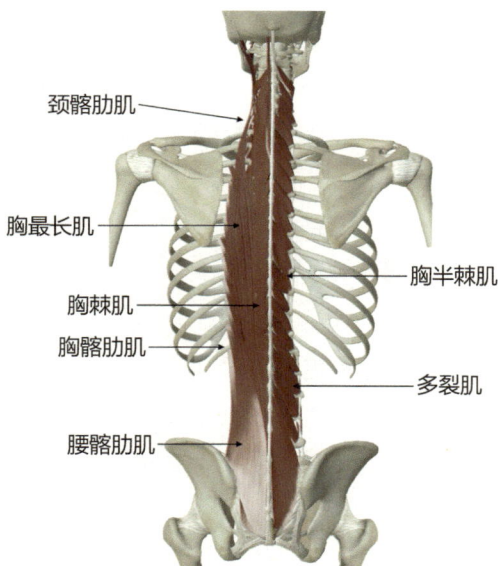

颈髂肋肌

胸最长肌

胸棘肌

胸髂肋肌

腰髂肋肌

胸半棘肌

多裂肌

中层

1）竖脊肌

a. 腰髂肋肌、胸髂肋肌和颈髂肋肌

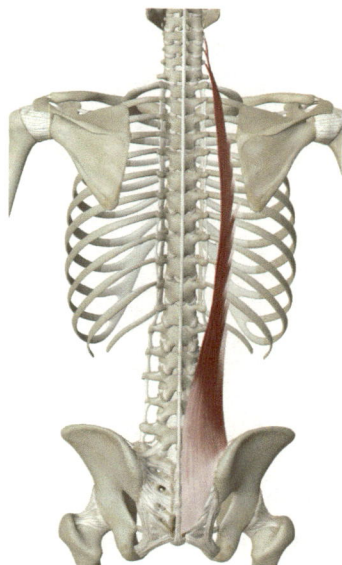

肌肉的附着点

♦ 胸腰腱膜和肋骨后侧。

♦ 第1至第12肋骨的后侧，第4至第6颈椎的横突。

动作

♦ 双侧：伸展脊柱。

♦ 单侧：侧屈脊柱。

备注

♦ 竖脊肌群最外侧。

b. 胸最长肌、颈最长肌、头最长肌

肌肉的附着点

♦ 胸腰腱膜和胸椎横突。

♦ 颈椎和胸椎的横突，乳突和第4至第12肋骨。

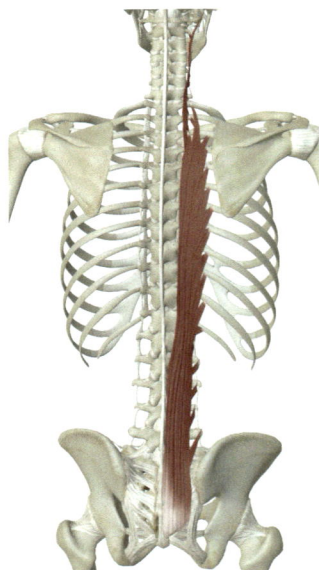

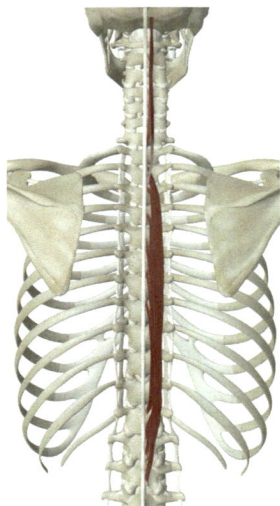

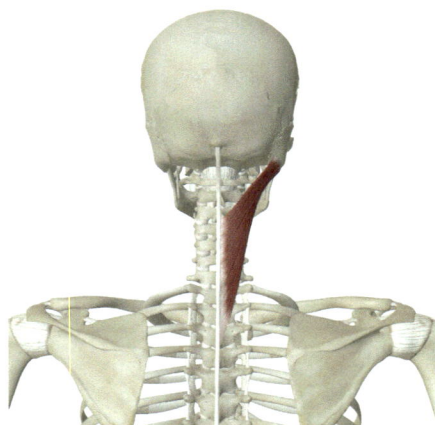

肌肉的附着点

♦ 胸椎和上段腰椎的棘突。

♦ 颈椎和胸椎的棘突和枕骨。

动作

♦ 双侧：脊柱伸展。

♦ 单侧：脊柱侧屈。

2）夹肌

a. 头夹肌

动作

♦ 双侧：脊柱及头伸展。

♦ 单侧：脊柱及头侧屈。

备注

♦ 竖脊肌的中间肌群。

c. 胸棘肌、颈棘肌和头棘肌

肌肉的附着点

♦ 项韧带和第7颈椎到第3胸椎的棘突。

♦ 乳突（在胸锁乳突肌下）和上项线。

动作

♦ 双侧：颈椎伸展。

♦ 单侧：头向同侧旋转。

b. 颈夹肌

肌肉的附着点

♦ 第3胸椎到第6胸椎的棘突。

♦ 第1颈椎到第3颈椎的横突。

动作

♦ 双侧：颈椎伸展。

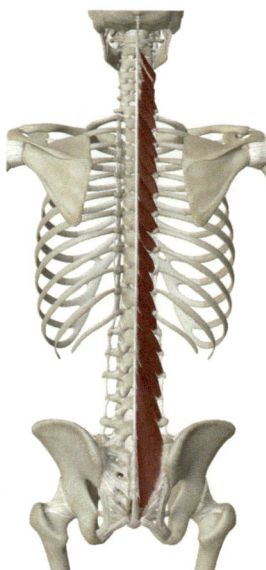

肌肉的附着点

🔻 胸椎和颈椎的横突。

🔻 覆盖棘突和枕骨（跨越3~6块椎骨）。

动作

🔻 双侧：脊柱和头伸展。

🔻 单侧：脊柱和头对侧旋转。

b. 多裂肌

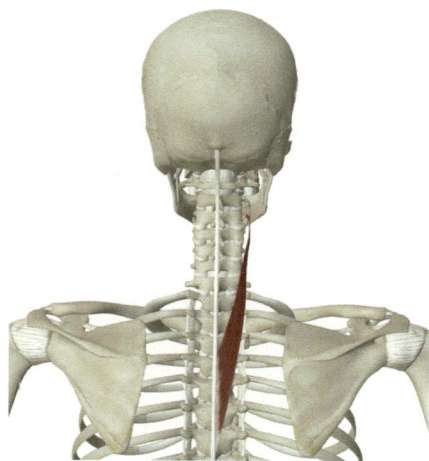

🔻 单侧：头向同侧旋转。

深层

1）横突棘肌

横突与棘突之间（斜向上），较深层的肌肉跨过1或2块椎骨，相对浅层的肌肉则跨过较多椎骨。

a. 胸半棘肌、颈半棘肌、头半棘肌

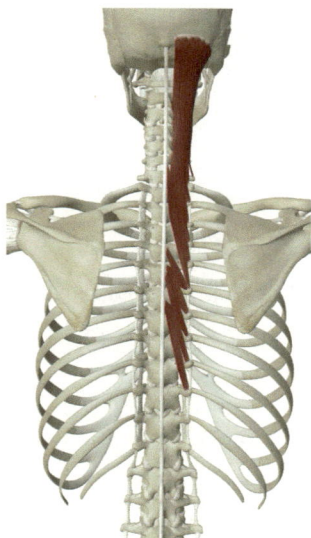

肌肉的附着点

🔻 骶骨和所有脊椎的横突。

🔻 所覆盖的脊椎的棘突（跨越2到4块椎骨）。

动作

🔻 双侧：颈椎伸展。

🔻 单侧：脊柱向对侧旋转。

c. 回旋肌

🔻 所有脊椎的横突。

🔻 所覆盖的脊椎的棘突。

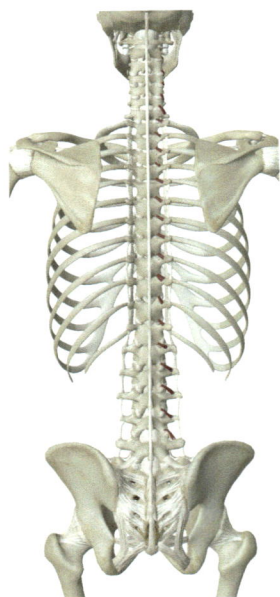

动作

♦ 脊柱的对侧旋转和伸展。

2）横突间肌

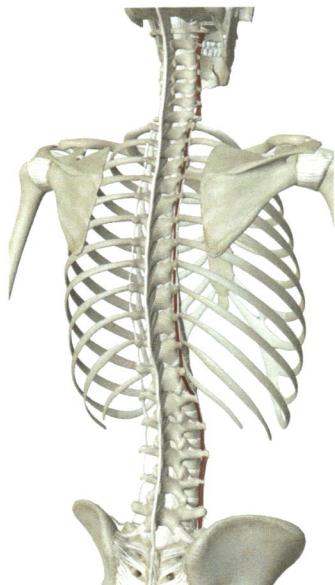

肌肉的附着点

♦ 颈椎，第10至第12胸椎和腰椎的横突。

动作

♦ 脊柱侧屈。

备注

♦ 这些肌肉垂直分布且仅分布于单块椎骨上。

3）棘间肌

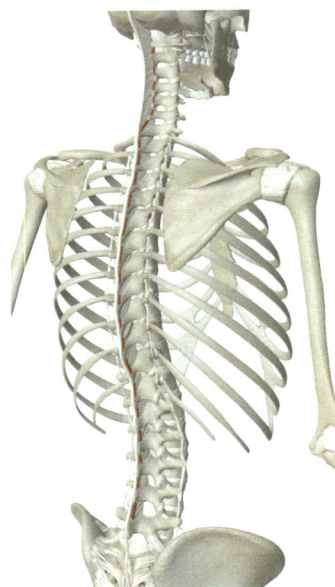

肌肉的附着点

♦ 颈椎，第1、2胸椎，第11、12胸椎和腰椎的棘突上。

动作

♦ 脊柱伸展。

备注

♦ 仅跨越单块椎骨。

4）肋提肌

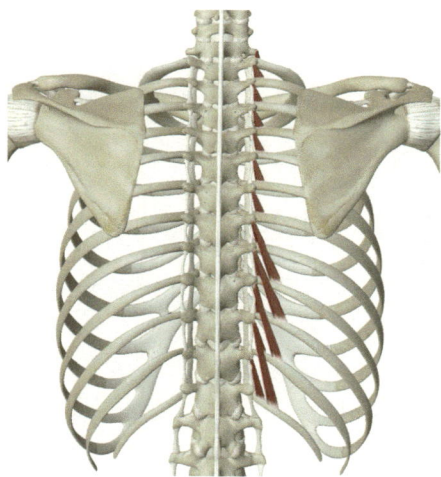

肌肉的附着点

♦ 第7颈椎到第11胸椎的横突上。

♦ 下方第一节肋骨（短肌）或下方第
二节肋骨（长肌）。

动作

♦ 吸气时适度上提肋骨，或使脊柱向
对侧旋转及侧屈。

5）腰方肌

肌肉的附着点

♦ 髂嵴后侧。

♦ 第12肋骨和第1至第4腰椎的横突。

动作

♦ 单侧：躯干侧屈。

♦ 提髋并在吸气时稳定第12肋骨。

备注

♦ 与急性背痛有一定程度的关系。

♦ 竖脊肌、夹肌、横突棘肌、横突间
肌和棘间肌总称为脊侧肌群。

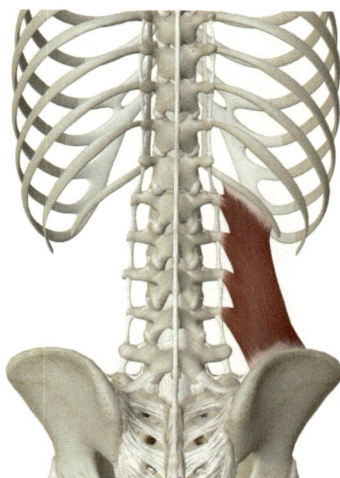

♦ 多裂肌、回旋肌、棘间肌和横突间
肌等深层短肌群主要作用为稳定脊柱/躯
干，从而支撑大肌群完成大部分运动的
工作。

5.10 ▶ 膝、小腿及足

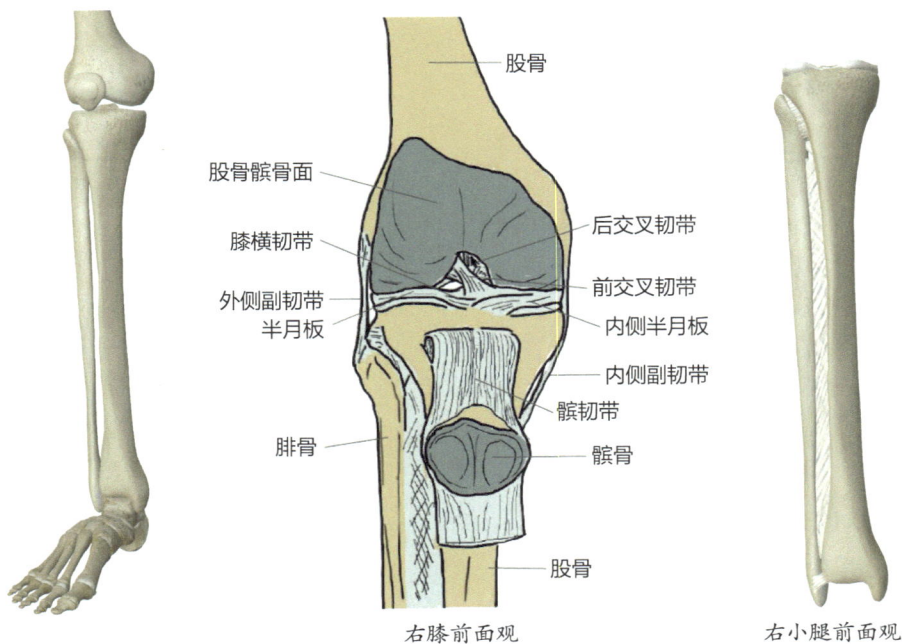

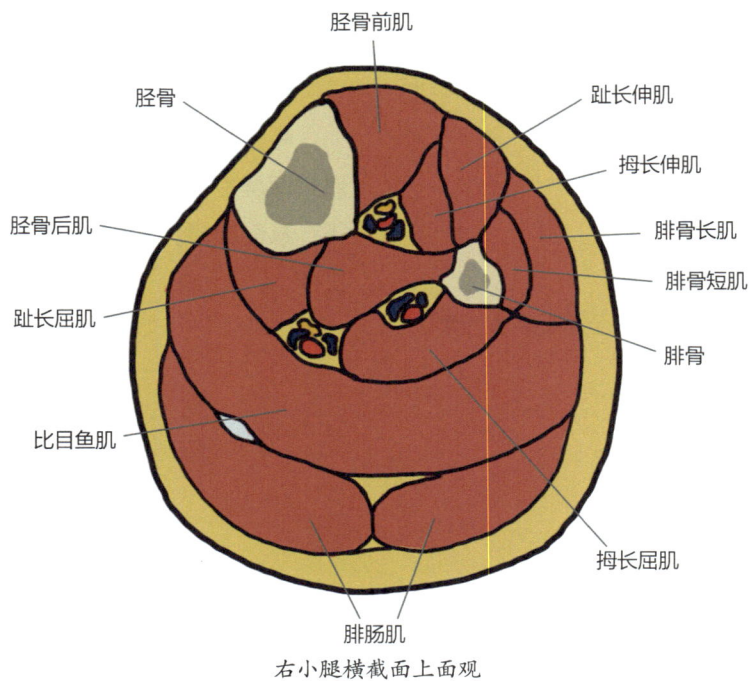

股骨

股骨髌骨面

膝横韧带

外侧副韧带
半月板

腓骨

后交叉韧带

前交叉韧带

内侧半月板

内侧副韧带

髌韧带

髌骨

股骨

右膝前面观

右小腿前面观

胫骨前肌

胫骨

趾长伸肌

拇长伸肌

腓骨长肌

腓骨短肌

腓骨

拇长屈肌

胫骨后肌

趾长屈肌

比目鱼肌

腓肠肌

右小腿横截面上面观

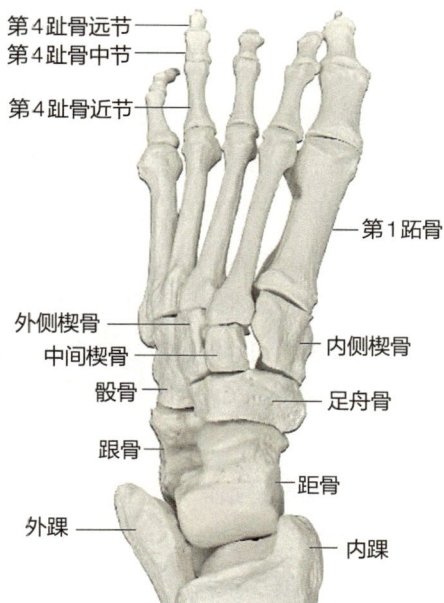

第4趾骨远节
第4趾骨中节
第4趾骨近节

第1跖骨

外侧楔骨
中间楔骨
骰骨
跟骨
外踝

内侧楔骨
足舟骨
距骨
内踝

左脚上面观

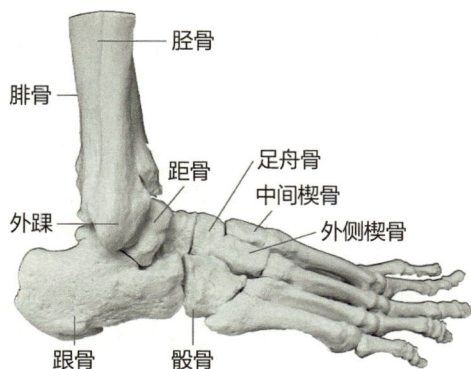

胫骨
腓骨
距骨
外踝
跟骨
足舟骨
中间楔骨
外侧楔骨
骰骨

右脚外侧观

小腿和足的骨骼

小腿

1. 胫骨

a. 胫骨体

b. 胫骨平台（内侧髁和外侧髁，髁内结节）

c. 胫骨结节

d. 内踝

2. 腓骨

a. 腓骨头

b. 腓骨体

c. 外踝

足

1. 跗骨

a. 跟骨

b. 距骨

c. 足舟骨

d. 楔骨——第1、第2、第3楔骨（内侧、中间、外侧楔骨）

e. 骰骨

2. 跖骨

a. 第1至第5跖骨

b. 跖骨底——骨近端

c. 跖骨头——骨远端

d. 籽骨，两块小而圆的骨，位于第1跖骨的表层下方，协助分散重量，作用相当于拇长屈肌肌腱的腱鞘。

3. 趾骨

a. 拇趾

b. 第2至第5趾骨

膝和小腿的关节与韧带

1. 膝关节：连接股骨与胫骨

a. 髌骨：属于籽骨，连接股骨，位于股四头肌肌腱中。

b. 外侧及内侧半月板（两个）：两个橘瓣状的纤维软骨，位于股骨髁和胫骨髁之间。其主要扮演减震的角色，和内侧副韧带、腘肌和半膜肌的肌腱连接。

c. 内侧和外侧副韧带：膝伸时收紧以协助稳定膝盖，膝内旋时放松，膝外旋时收紧。外侧韧带不是关节囊的一部分。

d. 前后交叉韧带：位于膝关节外面。前交叉韧带的作用是防止胫骨相对于股骨前移，而后交叉韧带则防止胫骨后移。两条韧带在膝外旋时放松，膝内旋时收紧，在膝关节屈伸过程中保持收紧的状态。

2. 胫腓关节

a. 上关节是滑车关节，允许轻微的关节活动。

b. 下关节是纤维关节，将两块骨头衔接在一起。

c. 小腿骨间膜：位于胫骨、腓骨之间的一片结缔组织，作用是连接胫骨前肌、胫骨后肌和拇长伸肌。

足部

足部包含了26块骨，拥有超过100条韧带，同时还有29条肌肉，其中10条起源于足外（外在肌肉）、19条只附着于足上（内在肌肉）。

1. 足弓

a. 内侧纵弓：跟骨，距骨，足舟骨，3块楔骨，3块足内侧的跖骨。

b. 外侧纵弓：跟骨，骰骨，第4、5跖骨，负责支撑全身。

c. 横弓：3块楔骨和骰骨，负责减震。

2. 胫距关节

胫骨、腓骨和距骨上表面之间构成的关节。

3. 距跟关节和距跟舟关节（距下关节）

距跟关节由跟骨及位于其上方的距骨构成。距跟舟关节则由距骨头、足舟骨后表面的窝、跟舟足底韧带的上表面（弹簧韧带）、载距突以及跟骨关节面相连形成。这里正是足内翻和足外翻发生的地方。

4. 跗横关节（中跗关节）

a. 距舟关节

b. 跟骰关节：跟骨外侧面和骰骨后表面的S形联结。

外翻（外展加足背屈）：距下关节和横跗关节处，通常会产生旋前。

内翻（内收加跖屈）：距下关节和横跗关节处，通常会产生旋后。

旋后：踝部足跖屈，距下关节内翻，前足内收，足固有肌收紧。

旋前（扁平足）：踝部足背屈，距下关节外翻，前足外展。

5. 韧带

a. 跟舟足底韧带：俗称弹簧韧带，连接跟骨载距突到足舟骨，帮助支持距骨头。

b. 足底长韧带：从第2到第5跖骨底，协助支持两个纵弓。

c. 足底短韧带：从跟骨到骰骨。

小腿的肌肉与组织

1. 小腿筋膜：小腿深层或内层筋膜，是大腿阔筋膜的延续。

2. 肌间隔：小腿筋膜的延续，属于腿

的深层组织，分隔大肌群。

3. 支持带（屈肌，伸肌，与小腿外侧即腓侧连接）：小腿筋膜变厚的部位，位于踝关节附近，构成了其下肌腱的鞘。

4. 腱鞘：肌腱穿过的组织，让肌腱可以很容易地在支持带下滑动。

小腿前侧

1）胫骨前肌

动作

♦ 趾伸，协助足背屈。帮助支持足外侧弓。

3）拇长伸肌

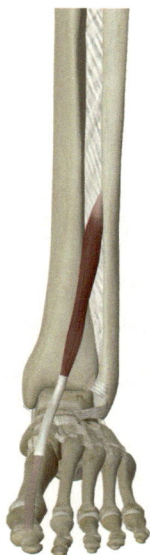

肌肉的附着点

♦ 胫骨体外侧面和骨间膜。

♦ 第1跖骨底和第1楔骨。

动作

♦ 足背屈及内翻，帮助支持内侧足弓。

2）趾长伸肌

肌肉的附着点

♦ 胫骨外踝和腓骨体前侧2/3处。

♦ 第2至第5脚趾的中节和远节趾骨。

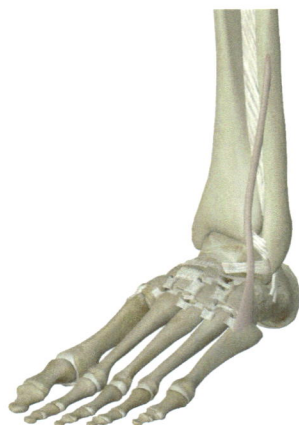

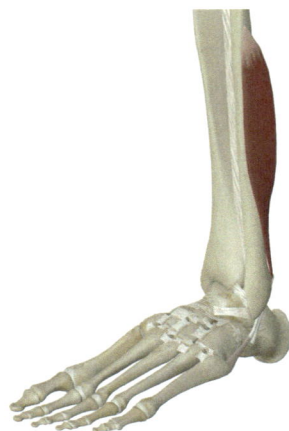

肌肉的附着点

● 腓骨前侧体和小腿骨间膜。

● 拇趾远节趾骨底上方。

动作

● 拇趾伸和协助足背屈。

4）第三腓骨肌

肌肉的附着点

● 腓骨远端前侧。

● 第5跖骨底。

动作

● 足外翻，协助足背屈，支撑外侧足弓。

小腿外侧

1）腓骨长肌

肌肉的附着点

● 腓骨体外侧上端2/3处。

● 足底面的第1趾骨底和第1楔骨的底部。

动作

● 足外翻和跖屈，帮助支撑横弓。

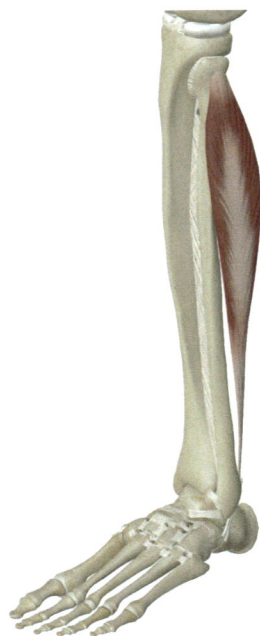

2）腓骨短肌

肌肉的附着点

● 腓骨体外侧下端2/3处，被腓骨长肌包覆。

● 第5跖骨外侧结节。

动作

♦ 足外翻，跖屈，协助支持外侧足弓。

小腿后侧

1）腓肠肌

肌肉的附着点

♦ 腓肠肌附着于股骨内上髁和外上髁后面。

♦ 经跟腱连接跟骨。

动作

♦ 跖屈或协助膝屈。

2）比目鱼肌

肌肉的附着点

♦ 胫骨近端后侧，腓骨头和腓骨体上端。

♦ 经跟腱连接跟骨。

动作

♦ 跖屈。

备注

♦ 腓肠肌和比目鱼肌俗称小腿三头肌。

3）腘肌

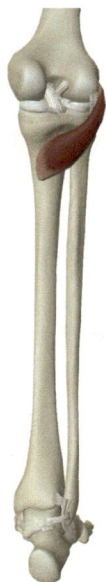

肌肉的附着点

● 股骨外上髁。

● 胫骨内髁。

动作

● 膝关节屈曲，内旋以"解锁"膝盖。

备注

● 膝后最深层的肌肉。

4）跖肌

● 足底面的许多骨头，包括3块位于中间的跖骨。

动作

● 足内翻和跖屈，帮助保持内侧足弓。

2）拇长屈肌

肌肉的附着点

● 股骨外上髁。

● 经跟腱连接跟骨。

动作

● 协助跖屈和膝屈。

小腿后深层

1）胫骨后肌

肌肉的附着点

● 胫骨、腓骨和小腿骨间膜后面。

肌肉的附着点

♦ 胫骨体后侧。

♦ 拇趾的远节趾骨。

动作

♦ 拇趾屈曲和协助跖屈。

备注

♦ 肌腱从跟骨载距突下经过，这对支撑内侧足弓至关重要。

3）趾长屈肌

肌肉的附着点

♦ 胫骨体后侧。

♦ 足底面的第1至第4节远节趾骨。

动作

♦ 脚趾屈曲，协助跖屈，协助保持内侧足弓。

备注

♦ 胫骨后肌、趾长屈肌和拇长屈肌俗称"Tom，Dick 与 Harry"肌肉。

小腿的重要肌群

1）"冰钳"

腓骨短肌和胫骨前肌：支持外侧和内侧足弓。

2）"箍筋"

腓骨长肌和胫骨前肌：支持内外侧纵弓和横弓。

3）吊带

腓骨长肌和胫骨后肌：楔骨和骰骨挤在一起以支持内外侧纵弓和横弓。

有8块肌肉向下拉腓骨。

♦ 腓骨长肌

♦ 腓骨短肌

♦ 胫骨后肌

♦ 拇长伸肌

♦ 趾长伸肌

♦ 比目鱼肌

♦ 拇长屈肌

♦ 第三腓骨肌

有1块肌肉向上拉腓骨。

♦ 股直肌

5.11 ▶ 力臂

我们可以假设杠杆是一根有支点（或轴心点）的棍子，可以在某个施力点对其给予一定的力，来移动固定重量。

人体的杠杆组成部分如下。

1. 杠杆：骨骼。

2. 支点：杠杆的轴心点，通常是关节。

3. 肌肉力量（肌力）：将相反两端肌

群拉向一起的力。

4. 对抗力：身体外产生的和肌力相对抗的力（例如地心引力、摩擦力等）。

5. 转矩（力矩）：力在某个支点上旋转一个物体的角度。

人体大部分的肌肉和关节的关系是第三类杠杆原理。理解杠杆原理对锻炼效果与安全性很重要。

第一类杠杆

投石机：更多的机械力学优势，更少的动力输出。

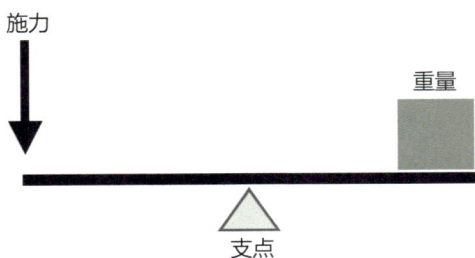

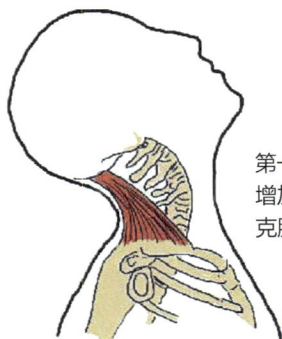

施力　　　重量

支点

第一类杠杆
增加速度，
克服阻力

第二类杠杆

手推车：相对于配重而言，动力输出更多。

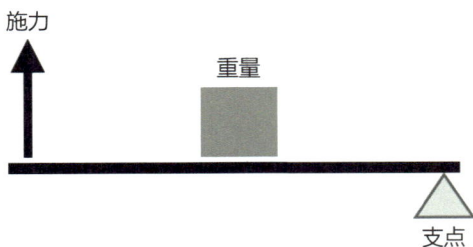

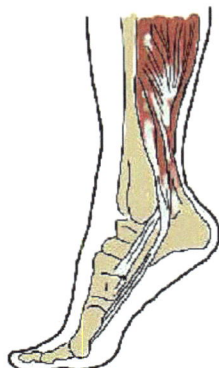

施力　　　重量

支点

第二类杠杆
克服阻力

第三类杠杆

钓鱼竿：更少的机械力学优势，更快的速度。

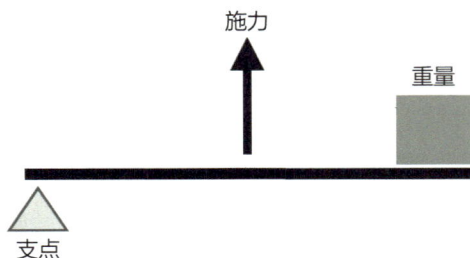

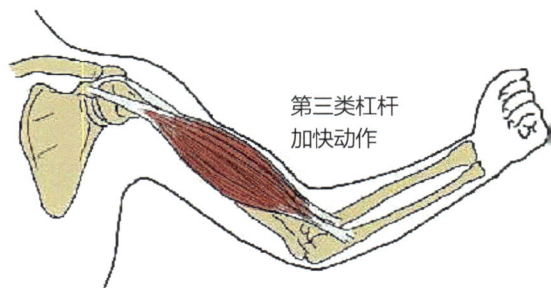

施力　　　重量

支点

第三类杠杆
加快动作

5.12 形封闭与力封闭

形封闭

两个表面可以彼此附着或紧靠在一起。每个表面的形状会影响形封闭的程度。拱形建筑的楔石（拱顶石）是个好例子。人体里每个关节都存在着不同程度的形封闭。

力封闭

力封闭的形成依赖于施加在邻接表面的力量。以拱顶石为例，重力让力封闭成为可能，而人体则是以重力和肌力实现的力供给。因为无效的形封闭和力封闭而引发关节问题，常见于骶髂关节。它承接人体上半身的力（重量）和由地面经双腿回传的反作用力。

第6章

练习的方法

6.1 运动原理及在训练中的应用

肌肉移动骨骼以产生运动。产生最佳的运动取决于环境、情绪和身体因素，这些因素整合了身体的所有系统。

我们可以将事情简化到这样的程度，即我们主要关心的与局部和整体肌肉、肌筋膜和关联的子系统等相关的"最佳"同步的"最佳功能运动"涉及如下：

♦ 肌肉启动模式的顺序（主动肌、拮抗肌、协同肌、稳定肌和中立肌）

  ♦ 筋膜系统的平衡

  ♦ γ 和 α 神经肌肉革新的平衡

  ♦ 个体本体感受力

  ♦ 就运动潜力而言，身体的结构完整性

动作训练应该既考虑以上因素，又考虑基本结构和动作原则，以确保高效地运动。在需要考虑到所有因素的动作训练中，身体可以被看作是独立的功能单元的整合。

让我们在罗曼娜·克雷扎诺夫斯卡（Romana Kryzanowska）提出的6个原则的基础上更新或扩展内容。这6个原则分别是专注、控制、中心、流动、精准和呼吸。

为了在上述6个原则的基础上给出不同的观点，我们对这6个原则进行了修改或重命名，以产生术语的变化。通过不同的名字，我们可以用不同的方式来看待这些原则。

功能单元对位

头部、肩带和胸腔，以及骨盆、下肢和足的对位，常常被认为是四大功能单元的排列对位。不同的功能单元由水平走向的横膈加以区分，并维持身体结构的完整性以及上下对正的关系。任何一个功能单元的对位不齐都会导致上下系统的代偿运动。

功能单元对位	腰椎骨盆髋复合体	足和下肢	肩带	脊柱灵活/稳定
呼吸	脊柱灵活	地面反作用力	上肢灵活	逐节
腹部挖空	脊柱稳定	稳定性/灵活性	上肢稳定	核心控制
核心控制	髋分离	力的传递	上肢整合	
	核心控制		核心控制	

全身整合

头部

头部控制着大脑，而大脑是身体其他部分的中央控制系统。头部的位置会直接影响眼睛和前庭系统，而前庭系统和足则与整体姿势有关。头骨及其相关肌肉的张力对颈部张力和姿态有着极大的影响，"运动治疗师"通常没有治疗头部的资质。

呼吸

呼吸是持续吸气和呼气的过程，以下是常见的不同类型的呼吸常用术语。

1）腹部、肚子、深膈肌、腹膈肌。

2）水桶把手。

3）水泵把手、胸椎授权。

4）后胸腔。

5）受限、浅、辅助。

6）矛盾（交感神经）。

呼吸和局部核心肌肉组织密切相关，对全身的整合有深远的影响。呼吸直受被我们的情绪状态影响，反过来也会影响我们的情绪状态，进而影响我们的表现。所以良好地整合呼吸模式，以完成高效、安全的运动是有必要的。

随着工作量的增加，我们对稳定和更有力的呼吸的需求也增加。传统普拉提教授如何应用"侧-后呼吸"。重点关注将盆底肌向上拉起的同时保持腰部收紧，同时强调呼吸去到胸腔的后面和侧面。这带来了"下肋骨水桶把手式"的呼吸，和"上肋骨水泵把手式"的呼吸。

在负荷状态下工作时，应在吸气和呼气的同时保持腹部支撑，腹部支撑能够激活腹横肌、盆底肌、腹内外斜肌和腹直肌，以确保骨盆和脊柱的稳定。

有控制的呼吸不论在吸气时还是在呼气时都有肌肉的收缩，以训练身体在吸气、呼气或动作时保持稳定。

呼吸的力量会决定哪些肌肉被使用，在吸气时，呼吸需要缓慢而有控制，不要吸得太深或太浅：吸得太深会刺激腹部或胸部，吸得太轻不会让膈肌和其他相关的局部核心肌群参与呼吸。用鼻子吸气，嘴巴呼气。

核心控制

核心

当我们谈论核心这个术语时，核心通常指腰部周围特定的肌肉和相关的筋膜。当然，我们也可以将核心分为以下3类：

◆ 局部核心

◆ 整体核心

◆ 功能核心

局部核心

这些肌肉大多是"预期型"的肌肉，在运动发生前收缩以维持身体稳定。

局部核心包含以下部分：

◆ 呼吸膈肌

◆ 多裂肌

◆ 盆底肌

◆ 腹横肌

整体核心

这些肌肉应该在局部核心肌肉收缩之

后收缩，以帮助稳定躯干，启动或准备身体的运动。正如前面提到的，应该注意的是对大多数有疼痛或功能紊乱的人来说，问题不在于核心薄弱，而在于更多的肌肉组织不能以适当的方式有序激活。

现实是局部核心和整体核心的激活顺序，不可能通过有意识地努力而改变。然而，了解它们对于疼痛或功能紊乱的潜在影响，有助于我们帮助客户解决问题。

整体核心包含以下部分：

- 🔴 腹外斜肌
- 🔴 腹内斜肌
- 🔴 腹直肌
- 🔴 腰大肌
- 🔴 臀中肌
- 🔴 背阔肌

功能核心

功能核心任何需要提前收缩以帮助稳定指定动作的肌肉。

核心基础

在婴儿时期，人体肌肉组织很少，依赖于神经反射来协调身体。最初，脊柱下背部和颈部缺乏向前凸的曲度，而下背部与颈部向前凸的曲度是婴儿在抬头、爬行、环顾四周环境等一系列动作模式中发展而来的结果。

通过爬行，眼睛、颈部肌肉和脊柱肌肉之间的早期反射得以形成。当我们环顾四周时，相对看向的颈部肌肉会收缩。基于这个原因，你可能会考虑将任意形式的

爬行练习加入日常运动之中，而本书不涉及这部分内容。在瑜伽中，体式练习的基础原则之一是"凝视点"原则，指的是同时向外和向内寻找意识和本体感受反馈。

当我们爬行和移动的时候，支撑脊柱的肌肉也会变得更强壮，直到脊柱下方所有肌肉收缩。最终，肌肉变得足够强壮，不仅可以支撑脊柱，还可以协助身体的整体运动。

局部核心在训练中的应用

局部核心的激活取决于正确的呼吸。局部核心可以增加腹内压力和腰椎的节段性稳定。

功能性运动

当局部核心功能达到最佳状态时，腹膜内的压力会增加（类似于挤压气球），对腰椎前表面产生一个向后的力。当脊柱的固有肌肉将本体感受信息传递到中枢神经系统时，胸腰筋膜提供了额外的稳定性来帮助稳定腰椎和椎间盘的对位。

局部核心功能紊乱可能会导致疼痛、身体功能紊乱或损伤，例如扭伤、拉伤、椎间盘膨出、椎间盘突出、囊膜损伤、神经被撞击、关节炎等。

如果局部核心功能达到最佳状态，则会带来稳定的腰椎和稳定的腰椎骨盆髋复合体，能够有效地在下肢和上肢之间传递力。

然而这个系统本身并不负责运动，只是创造稳定，从而允许安全、最佳的运动

发生。局部核心的激活增加腰椎骨盆髋复合体的稳定性，但是没有产生明显的关节运动。这个系统的最佳募集被认为对其他腰椎骨盆髋复合体肌筋膜链的表现至关重要，因此被认为对许多普拉提练习非常重要，其相关训练可以被作为初学者开始进行普拉提训练的计划。

备注1：关于局部核心肌肉。

它们在运动发生前收缩（预期地）。

与眼睛、头部运动相关。

提供姿势反馈。

与呼吸系统相关。

与行走相关。

当眼睛移动时，枕下肌群在颅底收缩，从而将神经肌筋膜反馈传输到脊柱和四肢的动力链中。

局部核心在功能上依赖于腰椎骨盆髋复合体的整合程度。

备注2：关于整体核心肌肉。

这些肌肉变得虚弱或不活跃常常是其他肌肉介入类似工作导致的。

当局部核心肌肉无法推动或驱动身体时，整体核心肌肉不得不同时参与维持身体的稳定性和灵活性，这使得它们非常容易出现功能障碍。

腰椎骨盆髋复合体（LPHC）

骨盆

骨盆是由骶骨、尾骨，以及由坐骨、耻骨、髂骨组成的左右骨盆带骨组成的。身体质量重心位于骨盆，通过这一点，我们借由空间完成自我表达，同时接收、传递来自身体上、下两部分的重力与地面反作用力。

由于骨盆扮演的是连接下肢与躯干的角色，其功能障碍会同时造成身体上、下两部分的功能障碍。髋是骨盆不可分割的一部分，需要在不同处境中发挥移动或稳定的作用。骨盆底肌则是髋关节移动/稳定的重要组成部分。

骨盆在物理上直接与腰椎相连，腰椎的任何动作产生的力都传递至骨盆，反之，骨盆动作产生的力也会传递至腰椎，因此被称为"腰椎骨盆髋复合体"。这些肌肉、关节共同运作来稳定脊柱和骨盆，同时吸收、传递力量到上肢和下肢。总的来说，这个复合体也可以被称为"核心"。然而这种表述可能会被误解，因为核心肌肉组织往往指腹横肌、横膈膜、骨盆底肌和多裂肌。

在经典普拉提中，这一由不同关节和肌肉组成的复合体或系统简称为Powerhouse，意即"发电站"或"动力室"。

中立的脊柱

椎体和椎间盘创造最佳负荷转移的位置，同时使脊柱的自然曲度最大化，并允许让周围神经穿过的椎孔之间的空间最大化。

在练习骨盆和脊柱的稳定性时，中立的脊柱是一个有用的概念，可以帮助我们将意识带到身体，然而它在功能性动作模式当中没有实际用途。

足和下肢

受到重力和由此产生的地面反作用力的影响，足成为了人体的第一个功能单元。在直立站立时，力会通过足传递到全身。足底含有数以万计的感受器（连同颞下颌关节、前庭系统和眼睛），持续不断地以神经生物反馈回路通过脊柱给予大脑反馈，帮助身体在重力中调整自我。

有一个简单的经验法则值得一记：

足和踝→灵活；

膝→稳定；

髋→灵活；

骶髂关节与腰椎→稳定。

如果足部变得僵硬或不平衡，它将向上冲击整条动力链，导致膝盖成为灵活的部分，髋成为稳定的部分，下背部成为稳定的部分，从而导致功能障碍和疼痛。

肩带组织和胸腔

肩带灵活性与稳定性

肩带由锁骨和肩胛骨组成，包括胸锁关节、肩锁关节、盂肱关节和肩胛胸壁关节。这些骨骼和关节的协调，对于它们的灵活性和稳定性至关重要，有助于实现最佳运动。

肩胛骨的运动对于上肢的功能和运动的整合尤为重要。因此，肩胛骨的位置和稳定对于上肢通过肩胛骨和胸腔到核心的连接之间的最佳力的传递至关重要。

肩带与胸腔直接相连并通向髋关节。肩带的功能很大程度上依赖于胸腔相对头部和骨盆的排列。因此，当观察肩部功能障碍时，胸腔、头部和骨盆的位置不能被忽视。

我在学习普拉提时经常听到的一个术语是"肋骨外翻"。我觉得这是一个无用的术语。当人们说"肋骨外翻"时，指的究竟是什么意思呢？通常询问其他人关于这个术语的解释时，会得到"胸腔打开并卡在向前的位置上"这样的答案。假设一个人想要将手举过头顶，例如把行李箱放进头顶的储物柜里，他可能会让胸腔"打开"以促进肩带和手臂工作。如果不这样做，通常可能导致肩关节受伤或功能紊乱。

所以，合理的解释是，这个问题被错误命名了。问题的核心在于，实际上胸腔相对骨盆向前移动了，会对下背和/或颈部施加过多的压力。因此，我们应该将其命名为"胸腔相对骨盆位置前移"。在这个姿态里，横膈膜同样无法完成稳定脊柱的工作，因此出现了腰椎骨盆髋复合体的功能紊乱。请注意，问题在于肌肉和软组织是如何"组织"的，而不在于所谓的"核心力量"。

胸腔区域内的相关肌肉，可以直接将负重从上肢传递到核心肌肉组织，因此良好的肩带和胸腔的组织决定了上肢功能能够高效、无障碍地发挥。

脊柱的稳定性与灵活性

脊柱可以做屈曲、伸展、旋转和侧屈的动作，这些动作对头部位置、肩带、骨盆和下肢有直接和间接的影响。

稳定性的潜能依赖于灵活性的存在，灵活性的潜能依赖于稳定性的存在。

本书的练习原则

本书接下来将尽量遵循如下原则，以帮助读者理解并从练习中获得好处。

功能单元对位

头部、胸腔、骨盆和下肢与足。

呼吸

在功能性的呼吸模式中，骨盆底肌、躯干和膈肌会保持一定的张力，具体取决于动作的需求。

腹部挖空

一种被用来尽可能"分离"腹横肌的技术。

核心控制

它是一个整合概念，包括呼吸与腰椎骨盆髋复合体的稳定性和灵活性。

腰椎骨盆髋复合体

对髋关节、骨盆带、骶骨、尾骨和腰椎之间的连接，具有觉知力。

足与下肢

通过身体系统传递和吸收地面反作用力，有能力保持稳定、传导并提供推进力。

脊柱的灵活性与稳定性

对各椎节的移动和稳定作用，具有觉知力和控制力。

肩带

对运动及姿势保持过程中，上肢（包含手臂与肩胛骨）与胸腔之间的稳定、灵活、整合作用，具有觉知力和控制力。

整合运动

以一种有效和高效的方式将运动组合为一体。

不是原则，但是你务必知道的知识点

肌筋膜链

肌筋膜链又以"肌筋膜轨道"或"肌筋膜动力链"为人所知，由肌肉和筋膜群或系统组成。它们以链条形式串联工作，帮助平衡、稳定骨盆和中轴骨，从而产生身体功能运动或运动所需的稳定性。

托马斯·迈尔斯（Thomas Myers）解剖列车

这些肌筋膜轨道是由托马斯·迈尔斯（Thomas Myers）从结构角度构想出来的，他扩展并系统地绘制了艾达·罗尔夫（Ida Rolf）的结构整合的概念。这些概念目前被运动治疗师和相关治疗师群体广泛接受。

- 前深链
- 浅表链
- 后表链
- 前侧功能链
- 后侧功能链
- 侧链
- 螺旋链

- 深前臂链
- 浅前臂链
- 深后臂链
- 浅后臂链

Andre Vleeming（Diane lee）

从功能角度出发，这些链条在运动中对稳定骨盆和脊柱起着极其重要的作用，对骶髂关节也有重要影响。

局部核心

- 前斜链
- 后斜链
- 侧链
- 纵深链

肌肉和运动相关术语

本书并非旨在教授读者功能解剖学，但是如果能够帮助读者理解一些常见的动作术语，对于接下来的练习会有非常大的作用。

向心收缩

如果一个人举起一个物品（例如一杯水），朝向嘴巴的方向移动，那么上臂前侧的肌肉（肱二头肌）会收缩，使得杯子更靠近嘴巴。

离心收缩

如果这个人现在有控制地把水杯朝桌子上放低，肱二头肌仍然在收缩，但这次它们以拉长的方式收缩，因为水杯的重量比肌肉施加的力更大。因此，肌肉存在同时拉长和收缩两种情况。如果需要负重的是更大的重量，例如将自己的身体下降成坐姿（这里大腿前侧肌肉会收缩和拉长），此时肌肉会在拉长的同时得到强化。

重要提示

在练习本书中的动作时，通用原则是不要只想到缩短的肌肉，相反的，让自己试着去想象或者把注意力集中在拉长的肌肉或执行对抗运动的肌肉上。这和去健身房锻炼时的情况通常相反。当然很多锻炼的人都明白离心拉长训练，以及专注在肌肉收缩的离心阶段的重要性。

一般的经验法则是肌肉在向心收缩阶段产生力量，在离心阶段蓄能。

很多普拉提练习的关注点在于离心阶段的运动，而不是向心阶段的运动。

练习的方法

本书介绍的许多练习都附有二维码，你可以直接用手机或其他移动设备扫描二维码，观看练习的动作演示。

我认为初学者在练习普拉提时最常犯的错误是过于努力。是的，对于懒人们来说，这听起来太好了，简直不像真的。我常用的一个方法是让我的学生给每一次练习打分，分值为1~10。1分意味着基本没有努力，10分意味着投入了最大努力的80%以上。

实际上，从技术层面上来讲，我们需要在普拉提练习中达到的分数只有5分。因为想要良好的呼吸和运动技巧配合，只需要付出20%~30%的努力。然而，我发现这种方式带来的问题是训练强度不足，训练过程变得无趣，练习者也会觉得无聊。相反，如果强度太大，训练过程会变得太难，练习者的专注力和动作精确性也会降低，容易缺乏成就感。

我认为如果要做到平衡，一个时长为40分钟的动作序列可以包含以下元素：

- 从呼吸练习开始
- 引入温和的动作
- 练习一套包含所有动作原则的完整序列（稍后会详细介绍这些原则）
- 逐渐增加训练强度到7~8级，持续15~20分钟
- 最后做放松、拉伸和呼吸练习

记住，练习不应让你处于疲惫的状态。每个动作应该重复5~8次。专注于动作是如何完成的，而不是动作幅度，动作完成多少次。我们关心动作的质量而不是数量。虽然很多练习看起来很简单，也很容易完成，但是真正重要的从来就不是外在看起来怎样，而是内在的努力。普拉提导师迈克尔·金（Michael King）常挂在嘴边的话是"向我展示你的普拉提表情"。他指的是在保持或完成特定动作时，表情看起来轻松愉悦，但内在是相当努力的。

进一步提示

如果有左右两边都做的练习，你会看到这些练习仅仅针对单边做出了描述和演示。不存在优先选择从哪边开始练习的问题，你应该两边都练习。

6.2 骨性标记定位

你可能迫不及待地想要开始训练，但是请耐心，因为首先你仍需要理解一些重要的事。

花几分钟学习和触碰骨盆区域的一些重要的标记是非常有必要的，这会帮助你从接下来的练习中获得更多好处。

髂前上棘

在仰卧位（脸朝上躺着）将你的手掌放在骨盆上，轻柔地向上、下、前、后方向摩擦，你会留意到骨盆的左右两侧有两个完全相同的突起。使用每只手的手指来精确感知，然后进一步细化触感，将触觉范围缩小到指尖，从而找到骨盆左右两侧的髂前上棘。

髂后上棘

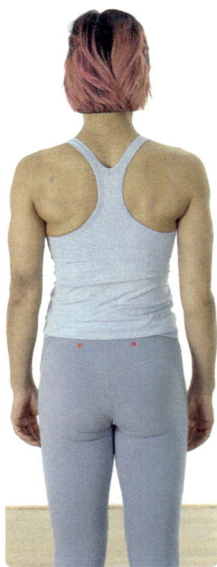

在骨盆的后侧有两个突起。为了找到这两个突起，你需要保持站姿，想象一下你的下腰背有些酸痛，把你的手放在骨盆两侧的嵴上，好像你想把拇指压向那个感觉下腰背酸痛的区域，让两个拇指相对，你会发现一种类似于在上一个动作中发现髂前上棘的突起的感觉。你可以用手指来触碰，从而找到骨盆左右两边的髂后上棘。

耻骨

左右两边的骨盆带骨在骨盆前侧的耻骨联合处汇合。仰卧，双腿伸直，把你的右手（也可以使用左手）手掌朝下平放在肚子上，拇指指向头部，慢慢让手滑过腹股沟区域，施加均匀的压力。在两条腿并拢的地方，你应该感觉到手的边缘碰到一个突起的结构，它位于腹股沟区域的中

心，连接身体的一侧到另一侧。轻轻触碰，你会发现这个结构的形状像一个木制销钉，这就是耻骨。

髋关节

你知道髋关节在哪里吗？大多数人都不知道。保持站姿，双腿分开与髋同宽，然后做几个坐或蹲的动作，把注意力放在你所感觉到的髋关节的位置。

将你的双手如下图摆放，拇指相对，放于耻骨。在下图中你会看到拇指和食指的交界处有彩色小点，这些小点的下面就是髋关节。

现在把你的食指和中指放在这个小点的位置，重复之前坐或蹲的练习。你应该可以在蹲的时候感觉到手指沉进关节里，感觉到股骨（大腿骨）的末端就像一个嵌入洞里的球，随着身体上下运动而转动。对髋关节位置的感知对以后的训练非常重要。

股骨的"球端"需要在髋臼窝里或者髋关节的"洞"里尽可能自由地转动，如果"球"被卡住或不能自由移动，那么动力链远端上的某些部分（通常是下背部）就不得不代替执行这个运动。当你走路的时候，很有可能因为髋关节不能自由移动而导致下背部承受过多的张力和压力。换句话说，是你的腿代替你的骨盆连接着你的脊柱下段，这对于移动中的身体来说可不是什么好事。

"股骨画弧"以及类似动作虽然看起

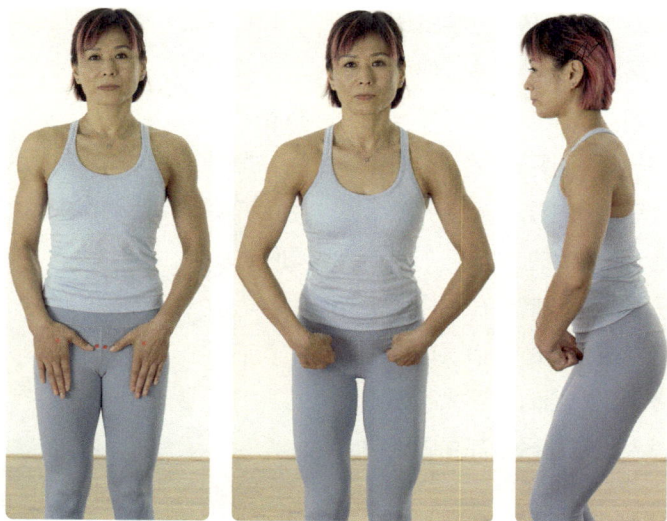

来沉闷无趣，但实际上它们具有很大的理疗价值。通过这一类动作，你将学会稳定腰椎段脊柱和骨盆，同时尽可能自由地活动髋关节，从而让下背部的紧张和压力得到释放。

这个例子也足以说明普拉提本质上是治疗性动作而非功能性动作。当然，从逻辑关系的角度来讲，治疗性动作带给身体的好处会体现在功能性环境之中，例如散步、跑步等。

6.3 教学提示技巧

所有普拉提老师都需要跟学生沟通以达到预期的教学效果。老师可以参考并使用以下教学提示。

口语提示

口语提示用于调整或改变练习及运动模式，是一种非常有效的方法。

比较以下口语提示：

"坐直"和"想象有一个巨大的气球系在头顶，慢慢向上飘浮，轻轻地把你的头、脖子和脊柱抬起成一条直线"。

好的老师会使用大量的意象提示，来帮助学生完成动作。曾有一名普拉提老师做过这样一件事：她使用超声波影像实时观察客户的盆底肌，然后她给出20种意象提示帮助对方激活盆底肌。不同的客户会在不同的提示帮助下做出反应，当一个提示被发现有用时，接下来这名客户需要做的就是通过想象口头提示是什么，来"打开"她的盆底肌。这一类提示不仅限于课堂练习，还可用于日常生活中。

然而需要小心的是，要确保意象提示与不同个体之间的适配性，即客户能够代入个人经验来完成口语表达的动作要求。举一个常见例子来说明这个问题。当你在教"桥式"这个动作时，你希望学生从左到右平移骨盆，然后反方向平移，你可以给出的意象提示如"想象你的骨盆是一台打字机，必须从一边移到另一边"。但如果这个学生从来没有使用或看过一台打字机，那么这个口语提示是无效的。

另外一个例子是，我曾经在一门课上教授寰枕关节的机械力学时，错误地使用汽车的挡位来提示，我当时看到大家面无表情，因为所有人的驾驶经验都局限于自动挡汽车。

触觉提示

触觉提示是否可以经常使用或是应该避免使用，这取决于你身处何处，也取决于你触碰的质量，以及在某些特定区域，你是否拥有触碰他人的合法资格。例如在美国和欧洲，老师给予触觉提示之前，通常需要先问"你介意我碰你这里吗？"

举个例子，这同样是我经常在课堂上使用的教学技巧。当老师问学生是否可以前屈至第4胸椎时，他们常常表示非常困难或者不可能完成，然而，老师只需要用指尖轻柔地触碰他们的第4胸椎棘突，就已经给他们带来了足够的本体感受意识，让他们知道应该从哪里动。另一个简单的触觉提示是，当学生做站立卷下时，老师用一个网球（或类似的辅具）贴着对方的棘突向下滚动。

触觉提示可以分为以下几种。

- 🔴 指导/引导
- 🔴 辅助
- 🔴 对抗

指导/引导

指导或引导触觉提示，例如，老师用手说明在特定动作中肩胛骨需要做出的动作。

辅助

在辅助提示中，老师会通过给予支持或辅助来帮助客户完成动作。例如在做"交叉练习"时，老师辅助对方完成上身的旋转，同时扶住对方的腿。

对抗

对抗提示意味着老师会给予额外的

阻力，向客户施加推力从而帮助其完成练习。例如做"戏弄者"练习时，老师不是帮助对方把腿抬起，而是给予对方脚底更多阻力，帮助对方找到正确的肌肉来完成动作。

常用的触觉动作与触觉稳定提示

接下来会介绍一些常见的触觉提示，可应用于教学场景。这些提示背后的原则是相同的，并且在应用时可以不局限于下列练习。例如，任何包含脊柱屈曲动作元素的练习，都可以使用脊柱屈曲的相关提示。

记住，老师需要同时提供触觉提示与口语提示给客户，从而帮助他们理解动作的要求是什么，为什么老师正在以这种方式触碰他们。同时客户也可以记住，这些提示有助于最大限度地获取练习带来的益处。因此，老师给予提示的方式需要满足以下标准。

- 安全
- 增强客户的本体感受意识
- 帮助提高运动表现水平

脊柱屈曲（自上而下）

老师坐或站在客户的身后，用双手轻柔地包绕住对方的两侧胸腔，拇指放在胸腔后侧第12肋骨的区域，让客户从头开始向下弯曲脊柱。当感觉弯曲到第12肋骨/胸椎时，用手做一个轻柔的挖的动作，提示客户后侧肋骨向上提起、向前移动，同时前侧肋骨向下、向内移动。

脊柱伸展（自上而下）

这个提示可以应用于俯卧位、坐姿或站姿的练习中。

老师用一只手的手指轻柔地触碰对方的锁骨和胸骨，提示锁骨、胸骨向上抬起。同时，另一只手放在对方的脊柱上，沿着每一节椎骨向下移动，帮助对方找到"向

内向下掉"的感觉。

仰卧位的屈曲

老师可以根据不同个体的需要，给予对抗提示、辅助提示或引导提示。

在这一类练习里，身体需要对抗重力完成动作，而理想的执行方式就是腹部挖空，避免由腹直肌主导完成这个动作。老师可以使用不同方法，看看不同方法分别适用于哪个类型的客户。例如，你可能会发现握住脚踝对于股直肌过度激活的客户非常有效。

在卷上、卷下的动作过程中，老师通过稳定客户脚踝给予对抗提示。

在客户做卷上的时候，老师通过从垫上拉/提起客户来（进行）辅助提示。

脊柱旋转

老师将一只手平放在客户胸腔的后侧，另一只手平放在肋骨的前侧。当客户执行旋转动作时，老师可以用手来引导客户的胸腔朝着动作要求的方向滑动。

腰椎骨盆稳定

在教授"死虫子"或类似练习时，可以沿用一个经典的教学提示。老师将一只手轻柔地放在客户腰椎上（尤其是第2、第3、第4腰椎所在的位置），另一只手轻柔地放在下腹部。手的位置可以带给客户额外的本体感受反馈，帮助他们意识到在屈髋或伸髋的动作中下背部和骨盆发生了哪些变化。

臀大肌激活

这是另一个经典的教学提示。因为臀大肌是一块非常重要同时也经常出现功能紊乱的肌肉，所以老师应用一个简单、快速的测试，去检验它是否真的被激活了。客户呈"桥式"姿势，老师试着把客户的脚从地板上垂直向上拉起来。如果臀大肌有被很好地激活，脚会留在地板上；如果客户过度使用竖脊肌或腘绳肌（认为它是臀大肌），脚就很容易从地板上被提起。

第7章

开始练习

7.1 呼吸练习

你一生中做的第一件事和最后一件事是什么？

吸气……呼气……

为什么选择呼吸作为第一个练习呢？

如果我必须选择一个练习且只练习这一个，我肯定会选择呼吸。传统的普拉提练习采用的是一种被称为"侧后式呼吸"的呼吸方式。这意味着练习者会最大限度地使用下侧肋骨提起、侧面和后面扩张的能力，在胸腔的后侧制造出更多空间，为肺部扩张创造条件。当胸腔壁被剖开，向下看肺部时，通常会发现肺部很好地处于胸腔后方的两个"空腔"里。在胸腔的前侧没有这样的空腔，这意味着人们的身体原本的设计就是使用肋骨后侧呼吸，而不是更易察觉的"前侧肋骨提起"的模式。本质上，呼吸可以分为3个部分。

膈肌下降，增加腹内压，腹壁离心对抗这种压力，即腹壁带着张力扩张。

当膈肌完成了下降，膈肌中心部分变得固定，并开始拉动连接到胸腔外侧的附着处。随着肺部的扩张以及其他相关呼吸肌群的募集，下侧肋骨（即第10、第9、第8、第7、第6肋骨）从两侧椎体附着处上提，同时胸腔体积增加，尤其是胸腔后侧的体积增加。

在吸气时，第5、第4、第3、第2和第1肋骨移动的方向略有不同，第3、第2和第1肋骨强调从前面抬起。肋骨与脊柱连接形成了一系列复杂的关节，对于脊柱的健康至关重要。肋骨的水泵式运动，可以帮助补充椎间盘的水分，从而保持脊柱的灵活性。如果椎间盘水分流失，椎骨之间的关节就会受到压迫，导致灵活性降低。灵活性的降低意味着胸腔无法充分扩张，个体无法正常呼吸，呼吸潜能的损失会导致更多脊柱灵活性的损失，由此形成一个恶性循环。

现在想想看，一个人一天呼吸（或试图呼吸）的次数为15 000~20 000次。

典型的办公室工作者每天做15~20分钟的呼吸练习，可以获得极大益处。

接下来的练习旨在改善你的自然呼吸模式。请注意这些是呼吸练习，不是你应该在日常生活中长期使用的呼吸模式。这些练习的目的是帮助你改善在非练习状态下的呼吸质量。

下面是一些你即将遇到的与练习相关的教学指导术语。

● 仰卧：脸朝上躺着。

● 俯卧：脸朝下躺着。

● 侧卧：身体朝一侧躺着。

● 三屈位：仰卧，屈髋、屈膝、屈踝，脚踩在地板上。

髂前上棘

髂前上棘（如前所述，骨盆前侧突出的部分）参见第115页。

髂后上棘

髂后上棘（如前所述，骨盆后侧突出的部分）参见第116页。

足背屈

移动踝关节改变脚的位置，使脚背向腿移动。

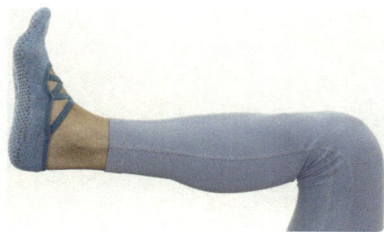

足跖屈

移动踝关节改变脚的位置，使脚背远离腿，通常也叫作"绷脚"。

抽真空

把肚脐拉向脊柱，做"向上拉入胸腔"的动作。

屏气

一段时间内不吸气（屏住呼吸）。

脊柱中立位

脊柱上所有的椎骨以最佳方式堆叠于下方椎骨之上，从而最大限度地分担脊柱的负荷，并在每块椎骨之间留出最大空间供神经通过。下图为处于"脊柱中立位"时，从侧面看，脊柱应该有的自然的曲度。

7.1.1　呼吸练习 01

鳄鱼式呼吸

益　处
改善膈肌功能，减少下腰背张力缓解交感神经紧张

原　则
呼吸

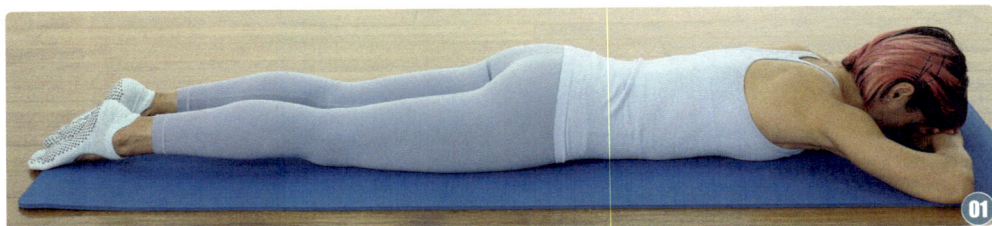

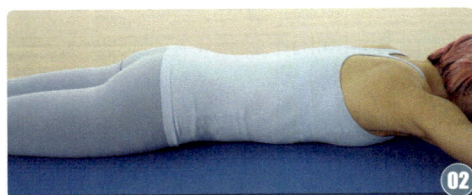

教学指令

口语提示

　　找到腹部压向地板的感觉，同时找到"触觉提示手"下方的下腰背拉长的感觉。

触觉提示

　　一只手放在骶骨上，另一手放在第12胸椎和第1腰椎处作为"触觉提示手"。

起始位置与动作

　　俯卧，双手放在额头下方，专注于呼吸中吸气的部分。感受当你吸气时腹部压向地板，骨盆"向后滚动"，使得下背部变平，拉伸下背部肌肉。这一过程有助于强化膈肌、减轻对肾脏的压力。根据中医的观点，肾脏是能量和活力的主要来源。

　　如果你愿意，可以持续大约10分钟或更长时间。

　　你能感受到是腹部还是胸腔先压向地面吗？

7.1.2 呼吸练习02

仰卧位呼吸

禁忌证与注意事项

怀孕6个月后不可以保持这个姿势太久。

起始位置

仰卧，双腿处于三屈位，与髋同宽，把右手放在肚子上，左手放在胸腔上。

动作

轻轻吸气，观察哪只手在吸气时先动；轻轻呼气，观察哪只手在呼气时先动。

继续呼吸，同时计数：

吸气数4下；

屏住呼吸数4下；

呼气数6下；

屏住呼吸数4下。

你可以像这样计数："吸，2，3，4——屏，2，3，4——呼，2，3，4，5，6——屏，2，3，4——吸，2，3，4……"

原　则

呼吸

以这种方式呼吸时，观察下肋骨的两侧和后侧在吸气时是如何向外、向后扩张并压向地板的。如果你感觉不到这个动作，那么你可能存在这个呼吸部位受限的情况，或者你可能暂时无法以"动觉"察觉这个动作。记住，普拉提练习的目标是增强一个人在空间中的内在、外在的意识。

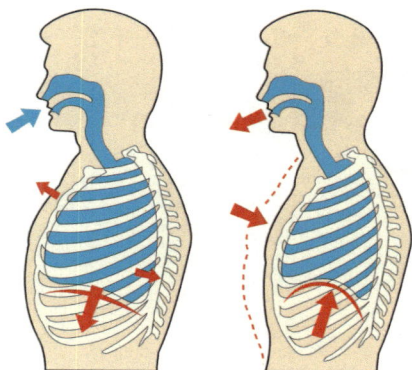

吸气

膈肌向下移动，上肋骨向上方扩张，下肋骨向侧面及后面扩张。

呼气

膈肌向上移动，肋骨放松，向下、向内回收。

在吸气时观察肋骨如何变化。即在下方肋骨动作结束之后，胸椎变平，上方肋骨向上移动。

花3~5分钟的时间观察自己的呼吸，用力要自然、轻柔。

益　处

提升对自然呼吸模式的觉察能力

为呼吸练习做准备

释放中背部的张力

放松交感神经

教学指令

口语提示

计数，吸气—保持—呼气—保持。

触觉提示

一只手放在腹部，另一只手放在胸部。

哪一只手在吸气的时候先动？

你可以感受到腹壁的活动吗？可以感受到下肋骨和上肋骨的活动吗？

呼气时哪只手先动？

如果使用腹部肌肉把空气推出，你可以决定放在腹部上的手先动。试试看能否找到在呼气时"胸腔手"和"腹部手"分别先动的区别，以及其分别带给你什么样的感受。

7.1.3 呼吸练习03

仰卧位呼吸至上肋骨和下肋骨

禁忌证与注意事项

怀孕6个月后不可以保持这个姿势太久。

益 处

改善后胸腔呼吸模式

帮助激活肋间呼吸肌

可能有助于缓解颈部和背部疼痛

原 则

呼吸

教学指令

口语提示

想象你的肋骨像百叶窗一样打开和关闭。

触觉提示

把手放在肋骨的两侧，或者试试能否把手指放在肋骨之间的间隙。

练习1

起始位置与动作

仰卧，双腿保持在三屈位，将手掌放在下胸腔的两侧，允许双手向身体中心施加轻柔的按压力。

吸气，观察肋骨如何朝着手掌的方向向外扩张，以及朝着地板方向向后扩张。

呼气，观察肋骨如何放松。

练习2

起始位置与动作

现在换一下手的位置，手掌朝上，拇指轻柔地"钩"在锁骨下面。

观察锁骨在吸气最后阶段的动作（如果有），锁骨应该以胸锁关节（锁骨和胸骨相连的地方）作为支点向上旋转和上提。

呼气时，锁骨降低，向下旋转。

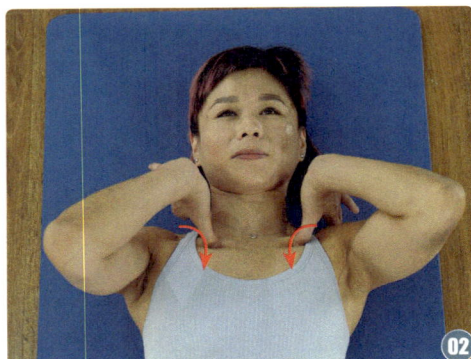

口语提示

　　想象锁骨就像摩托车的油门：

吸气表示加速；

呼气表示减速。

触觉提示

　　想象一下，当你吸气时，你可以用拇指轻轻地"旋转"锁骨。

练习1和练习2的总结

　　在完成练习1和2之后，希望你能够明确从吸气开始一次完整呼吸的不同阶段。

● 膈肌下降。

● 腹部向4个方向扩张：向前、向左、向右、向后。

● 下肋骨侧面提起并向后侧扩张。

● 上肋骨上提。

● 锁骨向上旋转和上提。

　　注意，这些动作在吸气时一起发生，它们不会一个接一个地发生。可以把这一连串的动作理解为"身体的特定部分引领其他部分共同完成一个动作的趋势"，而不是多个孤立的动作。

　　现在，重要的问题来了，具体如下。

　　尝试以不同力度呼气。

　　尝试张开嘴巴，下巴放松。

　　呼气时发出不同声音，如"嘶""啊""噗嘶"。

　　想象你正在吹气球。

　　在不同的呼气过程中，你的腹部肌肉发生了什么变化？

　　你能感觉到呼吸中的声音是如何以不同的方式激活腹部肌肉的吗？

　　我们在寻找一种有助于腹横肌和腹斜肌参与的声音。

　　当这些肌肉参与时，腰会变窄，腹部前侧会挖空，这样有助于将空气排出肺部。

7.1.4 呼吸练习04

坐姿呼吸

起始位置与动作

坐姿，双腿交盘或坐在凳子上，重复与之前相同的呼吸练习。

在坐姿下，你需注意几件事。

（1）重力：重力改变意味着腹部、后背和其他姿态肌肉需要参与维持直立姿势。

（2）意识：直立姿势意味着没有了处于仰卧位时地板给予脊柱的本体感受意识，因此确定脊柱的位置会变难。

重力和脊柱意识的变化可能会带给呼吸方式相当大的改变。观察坐姿和仰卧位下，呼吸周期各阶段的不同表现。

7.1.5 呼吸练习05

90/90仰卧位呼吸骨盆卷上

禁忌证与注意事项

孕期女性以及高血压、低血压患者应避免屏息。

起始位置与动作

仰卧，双脚踩墙，屈髋90度，用嘴含一根吸管或一个气球，或使用呼吸器，以创造呼气时的阻力。

吸气到胸腔的下部和中部，通过吸管、气球或呼吸机呼气。在呼气时专注于以下几点。

● 胸腔两侧肋骨轻柔地关闭。

● 腰部变窄。

● 腹部挖空。

● 手掌放在骨盆时，感受手掌下方组织的收缩和变紧。

重复8~10次。

现在，呼气时朝胸腔的方向卷起骨盆，这样你的臀部会从地板上轻柔地抬起，下背部轻微屈曲，当卷起至胸腔与地板的接触点时，停止上提和脊柱屈曲。

现在，做一次吸气，把注意力集中在胸腔后侧和两侧。

在这个姿势下再次吐气，然后屏住呼吸。在屏住呼吸的同时，将骨盆和脊柱卷动到起始位置。

回顾一下。

在第一次呼气时做动作。

在第一次吸气时保持这个姿势。

在第二次呼气时保持这个姿势。

屏住呼吸卷动脊柱回到起始位置。

在起始位置进行第二次吸气。

益 处

改善后胸腔呼吸模式

帮助激活腹部肌肉

可能有助于缓解颈部和背部疼痛

原 则

呼吸

教学指令

口语提示

呼气时腰部收窄。

在骨盆抬离地面之前，尾骨卷向耻骨。

触觉提示

把手指放在腰椎下方，提示椎骨逐节离开地板。

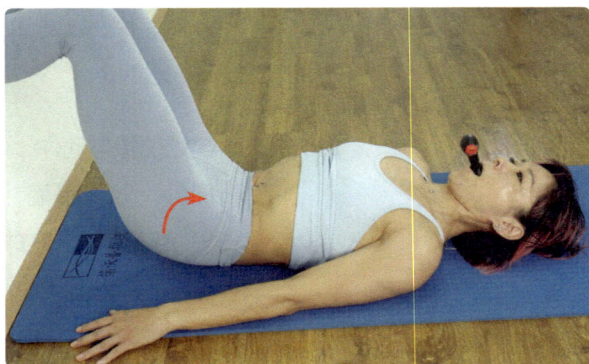

7.1.6 呼吸练习06

90/90 屏气和抽真空呼吸

如果你属于禁忌人群，你仍然可以继续这个练习，只需要忽略屏住呼吸和抽真空的部分即可。

再次提醒，练习的首要原则是遵循常识。如有疑问，请咨询一位有资质的专业人士。

禁忌证与注意事项

孕期女性在执行这个练习时，注意不要屏住呼吸或者抽真空。如果你存在任何形式的血压紊乱症状，在进行任何形式的屏息练习之前，都有必要听取医疗从业者的建议。这一点很重要。

孕期女性以及高血压、低血压患者应避免屏息。

益 处

改善膈肌功能
改善呼吸中腹部单元的使用模式
提高下腰背和骨盆的稳定性
改善侧后式呼吸模式
打开胸腔
释放盆底肌和内脏器官的多余张力
释放中上背部的张力
释放颈部的压力

原 则

呼吸

同样需要注意的是，呼吸练习应该在相对舒适的情况下进行，也就是说，你不应该使用超过30%～50%的力。如果要求"尽可能多地呼气"，那么你只需要花30%～50%的力气去完成这个动作。人们身体里的其他肌肉有能力对最大刺激做出良好反应，也就是说，如果你想要增加腿部肌肉的尺寸，那么重复进行重量训练直到举不起来为止是个好办法。但不要把这个基本原理和呼吸练习混淆了，呼吸系统不能对最大刺激做出很好的反应，如果以这种方式进行练习，反而会给身体功能的很多方面带来不好的影响。

这个练习主要分为3个部分。

第一部分：专注于呼气阶段，多感受腹横肌和盆底肌的收缩。

第二部分：把注意力带到吸气阶段。

第三部分：在屏气阶段，腹壁"抽真空"或"内缩"。

第一部分：90/90 呼气

双脚踩墙，屈髋90度，按照上面列出的90/90呼吸练习的要求，重复5～8次。双手可以放在身体两侧，或将手放于骨盆上方，摆出一个三角形。

用嘴含一根吸管、一个气球或者使用呼吸器，目的是制造呼气时的阻力。吸气到胸腔中部和下部，通过吸管、气球或呼吸机呼气。在呼气阶段专注于以下几点。

- 胸腔两侧肋骨轻柔地闭合。
- 腰部变窄。

- 腹部挖空。
- 手掌放在骨盆上，感受手掌下的组织收缩和变紧。

吸气—腹部和胸腔扩张（你可以选择掌心向下，把手放在垫子上，感受肋骨的扩张）

呼气—胸腔收缩—腹部收缩和变紧/变窄

第二部分：90/90吸气

继续呼气阶段的练习，但是注意力转移到吸气阶段。呼气后屏住呼吸，数到5，在吸气时注意像之前那样保持盆底区域的张力，但是把注意力带到肋骨向后、向外扩张到地板上。躺在地板上有助于获得更多本体感受反馈，同样也有助于你了解肋骨在两个方向上扩张的情况。如果你的日常呼吸模式是胸式呼吸，肋骨向地板方向扩张，以及向外扩张的感觉，会让你感到舒适和惊喜。这种感觉经常被描述为"好像自己被拉向地板"。

继续进行如下的呼气和吸气练习。

吸气：数到5。

屏气：数到3~4。

呼气：数到5。

屏气：数到3~4。

继续，总共做8~10组。

第三部分：抽真空

现在注意感受你是否可以激活腹横肌（TA）和骨盆底肌的组织。腹横肌就像一个束腹带包裹着你的腰，它的重要作用之一是保持腹部器官的位置。如果这块肌肉出现功能紊乱，那么位于它上层的肌肉——

腹斜肌，不能正常发挥稳定躯干的作用。

想象一下，你有一袋果冻需要包裹，如果你试着用另一个袋子包裹住果冻袋，就不能把它扎紧，否则果冻会到处冒出来。但是，如果你先用保鲜膜包裹住果冻袋，外面再套一个袋子，就可以很好地将果冻包裹起来。腹横肌就像是包裹果冻袋的保鲜膜。

在上海的工作室里，我使用一种降压方法来激活腹横肌。虽然这和传统的普拉提方法不同，但是我发现这是掌握连接核心肌群的一个重要方法，不仅有助于普拉提练习，同时也有助于我们从事任何想要从事的运动。这也是一个用于产后恢复的非常棒的练习。原因是它减少了腹内压，而不像大多数训练那样以增加腹内压为结果。腹内压减少，可以帮助激活腹横肌，避免在无意识情况下启动腹横肌上方的腹斜肌，让腹斜肌主导动作的过程。另一个好处是，腹部压力的减少会将骨盆底肌、膈肌连同腹部器官拉动向上，这对于训练

骨盆底肌和维持腹部器官健康而言，十分有效。在大多数人身上，常见的现象是骨盆底肌和腹部器官处于不健康的下沉状态，从而引发了各种疾病和肌肉骨骼功能障碍。

我可以诚实地说，我确信呼吸练习是无比重要且有价值的。如果我只有一个选项，为我的余生安排一种训练方式，那么我一定会选择呼吸练习。

抽真空练习从呼气开始，收缩骨盆前侧的组织（即我们手下方的组织），但我们不直接进入肋骨扩张、胸腔吸气的部分，而是增加了另一个部分。

呼气后立即屏住呼吸，不要吸进任何空气，用一只手捂住嘴巴，另一只手的手指捏住鼻子。现在你的呼吸道被堵住了，你应该无法吸入任何空气。接着，放松腹部（这很重要！），尝试吸气，同时保持呼吸道关闭，你会发现你的腹壁开始向着胸腔的方向向内、向上拉。腹横肌内缩也是骨盆底肌被募集，参与、执行动作的一个重要指标。

如果你只是专注在抽真空上，手不捂住嘴巴和鼻子，这对练习有什么影响呢？

吸气，数到5。屏住呼吸，数到4

呼气，数到6。屏住呼吸，放松腹部，腹部挖空，向内、向上拉入胸腔

其他有助于骨盆底肌群募集的提示如下。

给男士的教学指令

呼气收窄腰部，呼气的末端想象你在穿紧身牛仔裤，然后将你的睾丸向上提。是的，抱歉女士们，我发现这个星球上没有一个男士不懂这个暗示。作为一名瑜伽或普拉提老师，你不妨试着接受这种表达方式，或者干脆把这句话写下来让男士们自己看！

给女士的教学指令

呼气收窄腰部，呼气的末端想象你在穿紧身牛仔裤，然后将你的会阴向上提，试着将它进一步拉向你的肚脐。练习开始时，想象一个乒乓球正好放在双腿之间！现在想象乒乓球飘浮在你的骨盆里，看看你是否可以进一步把它拉向你的肚脐。以下几种方法能帮助你做出这个动作，一是快速收缩，二是维持一个持续缓慢但是相对温和的收缩。尝试这两种不同的方法，并尽可能多地使用它们。

现在你知道如何跟腹横肌一起激活骨盆底肌了，我们可以继续练习了。

在呼气（腹横肌和盆底肌收缩）的姿势下，用一只手捂住嘴巴（在实际教学场景中，可以把呼吸器放在嘴巴里），另一只手捏住鼻子数到5。

屏住呼吸数到5是一个重要步骤。它可以帮助你把注意力集中在下一步，同时也可以让身体产生对二氧化碳的耐受性，这对血液循环很有益，还有助于神经的平复、稳定。

数5下后把手放在胸腔的一侧，在保持腹部和盆底肌张力的同时，保持专注，进行深长且轻柔的吸气。

你可能会说，吸气时，盆底肌应该是向下的。这是正确的，不过你会发现实际情况是，盆底肌会往下降；但它会出现两种情况：松散地下降；带着张力、有控制地下降。还记得"离心收缩"这个术语吗？

重复练习5~10次，有可能的话，可以重复更多次。

总结如下。

吸气，数到5。

屏住呼吸，数到4。

呼气，数到6。

屏住呼吸，数到4~6。

屏住呼吸时：

放松腹部；

腹部向内、向上拉入胸腔；

吸气到肋骨的后侧。

你可能需要花4~8周去练习上述的呼吸练习，然后着手其余的练习。为了获得更大的益处，把时间花在基础练习上是非常重要的。

你也可以变换不同的姿势进行呼吸练习。如果你没有呼吸器或吸管，你可以不使用它们直接练习。你也可以不用靠墙，就在仰卧三屈位开始练习。

如果你苦于慢性肌肉骨骼功能紊乱或疼痛而带着康复的目的开始练习，你可能会非常惊讶于练习带来的益处——仅仅练习呼吸本身，就能带给身体相当大的积极变化。

那么接下来要做什么呢？

在掌握一定的呼吸技巧和核心肌群的激活技巧之后，是时候引入垫上练习了。核心肌群实际上就是你的呼吸肌，了解这一点很重要。例如，你会经常看到"平板"被用作核心训练的常规动作，这并非意味着"平板"真的能够提升核心肌力，它的实际作用是对上半身和下半身的肌肉

吸气—呼气

屏住呼吸，放松腹部

屏住呼吸的同时捂住鼻子和嘴巴，腹部挖空

吸气到肋骨的后侧

进行整合。也就是说，在尝试做平板支撑动作之前，你需要激活核心肌群。

如果你不相信，你可以在进行上述呼吸练习之前和之后，加入一组"平板"练习。你会发现，当你学会激活那些与呼吸相关的核心肌肉后，你的控制力和稳定性变好了，特别是在一开始你不具备这种能力的情况下。

循序渐进地练习

没有必要在进行呼吸练习后，立即全力以赴地完成本书中所有的练习。你可以按照自己的意愿进行练习，这样你可以在训练计划开始之前就已经拥有一定的身体意识。你也可以考虑在开始呼吸练习之前，就尝试后续练习，以对身体运动能力进行比较。

关于练习的先后顺序，可以参考下表给出的方案。值得注意的是，这样的练习序列既可以用于单节课程的动作编排，也可能拆分成多节课程，根据练习者个人的能力以及需要（例如康复或矫正练习），分阶段地进行。

练习顺序

呼吸	做好准备，增强意识，改善核心稳定性
脊柱稳定性	增强核心意识和脊柱稳定性，通过平衡和激活合适的肌筋膜关节动力链来减轻椎间盘和关节的压力
四肢	创造手臂、腿与稳定的核心之间的连接
整合	脊柱、骨盆和四肢共同参与完成更具复杂性的动作，涉及不同的难度等级

现在，让我们进入下一个练习序列，我们将尝试引入运动原则——建立脊柱、骨盆、上肢、下肢与核心的连接。我们把这一练习序列简单地命名为"预备垫上练习"。

7.2 预备垫上练习（PM）

7.2.1 PM1-骨盆时钟

禁忌证与注意事项

骨盆时钟练习不存在特别的禁忌人群，但是下腰背疼痛的患者，特别是患有脊椎前移的人士，可能会在伸展类的动作中感到不适，这与使用下腰背肌肉完成动作有关。

原 则

呼吸
腰椎-骨盆-髋复合体的灵活性
核心控制

益 处

缓解下腰背紧张
改善髋关节活动度
改善脊柱屈曲和伸展幅度
增强腰椎骨盆髋复合体的意识
增强下腹部肌肉的意识

第一部分：向前与向后

起始位置

仰卧，保持在三屈位。

将两只手的拇指和食指指尖碰在一起，拇指和食指边缘形成一个三角形。现在将双手放在下腹部和骨盆区域，这样中指或食指的指尖会触碰到耻骨。

动作

闭上眼睛，想象手上有一杯水放在骨盆上。水杯里的水是水平的，还是倾斜的呢？试着让骨盆向前移动，让想象中的水杯倾斜，这样水将会泼向脚的方向（前倾）；然后试着将骨盆向后移动，这样水会泼向你的肚子（后倾）。

继续骨盆的前倾和后倾，然后留在你觉得刚好是两个动作中间的位置。此时想象中的那杯水应该是水平的，骨盆所处位置即术语所说的"骨盆中立位"。

普拉提指导手册

骨盆中立位的注意事项如下。

● 骶骨在与地面接触时是"沉重的"。

● 耻骨和左右髂前上棘（ASIS）的骨性标志在同一高度。因此，如果你把一本书放在这三个接触点上，书会与地板平行。

● 下背部与地板之间应有空间，腰椎与地板之间形成一个扇形。

可能会有人在这种姿态下感觉轻微的不适，这是很常见的，原因与胸腔或下背部、髋部紧张有关。如果你是其中之一，可以选择在头下放1.5~2厘米厚的书或垫子，这样可以消除胸腔区域造成的紧张，并允许肋骨放松地触碰地板。

大多数人会选择将下背部在地面放平，以代偿的方式缓解这种不适，但这并不是一个好的策略。

把腰椎在地面上放平，可能产生以下后果。

● 以结构上无支撑的方式挤压椎骨。

● 脊柱变平，椎间盘向后推，久而久之可能导致神经受损。

● "夹"住骶骨和尾骨，并牵拉颈部和肩部，同时也会给髋关节带来压力，给脊髓增加不必要的压力。

从骨盆中立位开始，让想象中的那杯水像之前一样向前、向后倾斜，但是这次你有一个中心或起始位置作为参考点。

> 哪个动作看起来会让你离起始位置更远，是骨盆后倾还是骨盆前倾？

对大部分人来说，执行骨盆前倾需要使用下背部肌肉，因此骨盆后倾会比前倾更容易。

再试一次，注意使用腰大肌（深层屈髋肌）进行运动。如果脊柱是固定的，腰大肌会屈曲髋关节，移动股骨，如果股骨是固定的（在这个练习里股骨是固定的），前倾的动作表现为脊柱被拉向股骨。

如果动作做得很好，脊柱会被拉向股骨，每一节椎骨就像锁链里的扣环一样，因为相邻椎骨的活动而被牵拉向下，例如第5腰椎拉动第4腰椎，继而拉动第3腰椎、第2腰椎。这种力学关系与使用下背部肌肉给椎骨制造挤压的剪切力是截然不同的。

现在把你的注意力放在向后的动作上。

> 哪些肌肉可能参与这个动作呢？

对大多数人来说，随着胸腔和耻骨被拉向彼此，腹直肌缩短，形成骨盆后倾，每节椎骨会产生压缩力，这不是我们希望看到的结果。

如果我们想象"尾骨和骶骨像挖勺一样，从地面挖向膝盖的后侧"会怎么样？这会帮助身体后侧的每节椎骨"延长"，类似于从地板上提起、拉动一条自行车链（或珍珠项链）。

口语提示

呼气时收窄腰部。

在骨盆离地前，将尾骨卷向耻骨。

触觉提示

想象你的尾骨正在把一串珍珠从地板上一颗颗拉起。

想象你的尾骨是自行车链条的末端，把链条从地板上整条拉起。

想象一架直升机停在你的骨盆上，当它朝膝盖的方向起飞时，它会向后翻撞在你的肚子上还是向上起飞？

骨盆处于中立位

骨盆前倾

骨盆后倾

第二部分：一边到另一边

将骨盆恢复到中立位

想象你的骨盆上放了一个玻璃茶壶，你的右髋旁放了一个水杯，左髋旁也放了一个水杯，你可以把茶壶里的水倒向左边吗？右边呢？

在这些动作中，骨盆应在股骨上移动，而不是股骨在骨盆上移动。因此，股骨应该固定于某点，而不会因为骨盆倾向右或倾向左时掉到一侧。

当你把骨盆倾向左边的时候，把你的注意力集中在左膝上，膝盖是否跟随骨盆一起"往下掉"呢？或者还是处于相对固定的位置呢？事实上，由于髋关节的机械力学，膝盖不得不移动，但是相较于从一侧到另一侧的移动方式，左膝会移向左髋的方向。当骨盆倾向右侧时，右膝会移向右髋的方向，左膝会移向左脚方向。

现在想一想对角线和罗盘上的指针，北边是双膝之间的一个点，南边是肚脐，西边是左髋，东边是右髋。

将骨盆从中立位向西北方向移动，然后向东南方向移动。

现在从中立位向东北方向移动，然后是西南方向。

骨盆沿着指针所指的方向，绕过罗盘上所有的点，从中立位向各个点移动。

教学指令

口语提示

想象你的骨盆是时钟的表盘，让骨盆朝向不同的时间刻度移动。

想象罗盘上所有的标记点都围着骨盆，让骨盆朝着不同标记点移动。

想象骨盆是一个碗，它掉落在厨房的地板上，碗的边缘在地板上转圈。

骨盆倾向右

骨盆倾向左

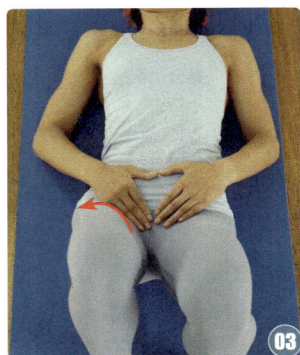

骨盆倾向右

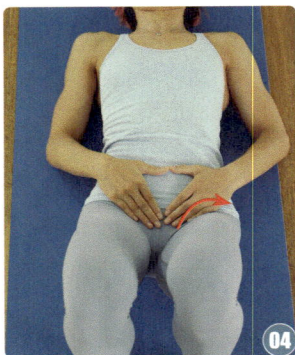

骨盆倾向左

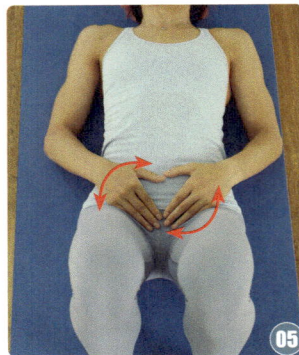

骨盆沿顺时针方向滚动

在完成"骨盆时钟"练习后，你应该有以下收获。

♦ 能区分骨盆在股骨上和股骨在骨盆上的运动。

♦ 能区分骨盆的两半。

♦ 增强腰椎伸展和屈曲的意识。

♦ 对于骨盆底肌如何影响腰椎有更强的意识。

♦ 对于核心肌肉组织如何受到影响以及如何反过来影响髋部、骨盆和脊柱有更强的意识。

♦ 提高对髋屈肌群的认识。

♦ 提高对髋伸肌群的认识。

♦ 对于骨盆如何驱动腰椎以及通过胸椎和颈椎向上连接到头部有更强的意识。

以上均有助于实现理想且高效的功能性运动模式。

7.2.2 PM2-性感的猫

禁忌证与注意事项

患有骨质疏松或者椎管狭窄的人士应该分别注意屈、伸的动作。

起始位置

四肢着地,膝盖在髋部下方,双膝与髋同宽,双手在肩膀下方。骨盆和脊柱保持在中立位,坐骨"打开"。想象你是一只小猫,尾巴伸出来,远离身体。

头与脊柱、骨盆保持在一条线上。

动作

将你的"尾巴"卷向膝盖后侧,以启动骨盆的卷曲,腹部挖空,此时下背部会变圆。

脊柱继续屈曲,眼睛看向膝盖。

现在抬起你的眼睛和鼻子,想象你的嘴巴里含着一把油漆刷,在天花板上画一条线,从而将脊柱和骨盆带到伸展的位置。

重复这个屈伸动作8次。

在伸展的姿势下,眼睛看向右脚的方向,尽可能越远越好。现在进入屈曲位,头可以低一点,保持脊柱屈曲,眼睛看向左脚。

缓慢地完成这个动作,把注意力集中在脊柱的屈曲、伸展和侧弯的质量上。

当你开始对这个动作感到舒适时,逐渐增加速度,使其成为缓慢而流畅的动作,这样你就能感受到头部在空中画出一个想象中的大圆圈,同时脊柱在三个运动平面上进行波动,包括伸展、屈曲、侧弯和旋转。

换另一侧重复这个动作,伸展时看向左边,屈曲时看向右边。

益 处

释放下背部、上背部和颈部张力

改善髋关节活动度

提升脊柱三个平面运动的灵活性

将关注点放在脊柱下段

提升胸腔灵活性

原 则

呼吸

核心控制

脊柱逐节活动

教学指令

口语提示

将"尾巴"卷向膝盖。

想象你是一只猫,你在被拎起来时,圆背做伸展。

想象气球绑在你的下背部、中背部和上背部,气球慢慢地把你拎向天花板。

让你的胸腔远离肩胛骨。

在做不同方向的脊柱逐节活动时,你能够付出的最少的努力是多少。

想象一下把你的"尾巴"朝天花板方向抬起,做伸展运动。

中立位开始

脊柱屈曲

脊柱伸展

看向右，脊柱伸展

看向左，脊柱屈曲

触觉引导提示

用身体不同部位驱动执行这个运动：　　头部引导屈曲，尾巴引导伸展；

头部引导屈曲和伸展；　　　　　　　　呼气时屈曲，吸气时伸展；

尾巴引导屈曲和伸展；　　　　　　　　吸气时屈曲，伸展时伸展；

尾巴引导屈曲，头部引导伸展；　　　　比较以上动作的组合，感觉如何？

7.2.3　PM3-狗摇尾

膝盖有问题的人士或许会在做这个动作时遇到阻碍，可尝试在膝盖下面垫填充物。

起始位置

四肢着地，膝盖并拢、对正身体中线，双手放在肩膀的正下方，骨盆和脊柱保持在中立位，坐骨"打开"，头与脊柱、骨盆保持在同一条线上。

动作

把左膝放在右膝外侧的垫子上，左腿小腿离地，左脚指向天花板。

以左膝为支点，像钟摆一样把左脚从一边摆到另一边。每次脚向左、向右摆动时转动头部和躯干，视线看向脚的方向。

原　则

呼吸
核心控制
脊柱逐节活动

益　处

释放下背部、上背部和颈部的张力
改善髋关节的活动幅度

教学指令

口语提示

想象你的尾骨处长了一条狗尾巴，左右摆动尾巴，允许双腿移动跟随。

练习前后比较一下下背部和颈部的张力有无变化。

脚摆向右边，向右看

脚摆向左边，向左看

7.2.4 PM4-胸腔旋转（坐姿/跪姿）

起始位置

在椅子上坐直，或者在垫子上进入"高跪姿"（如图所示），确保脊柱、胸腔和骨盆保持在一条线上。

把左手放在左侧胸腔下方，掌根放于肋骨的侧面，手指指向右侧髂前上棘，右手轻轻放于左手前方。

动作

右手带动左手，轻轻地将左手向右侧髂前上棘的方向滑动。滑动的同时，胸腔旋转朝右，注意胸腔旋转的速度与双手沿对角线向下滑动并跨过腹部的速度相同。允许头部和躯干一起转动，这样在动作结束时，胸腔和头部都转向右。

在这个动作里，骨盆不可以转动。

重复3~5次，换边。

原则

脊柱逐节旋转

益处

释放下背部张力
改善胸腔灵活性
提升旋转能力

教学指令

触觉提示

当手向下滑并穿过腹部时，感受手滑动的方向。

完成一侧的练习后，对照一下胸腔旋转向左、向右的幅度。

7.2.5 PM5-死虫子

禁忌证与注意事项

"死虫子"练习没有特别的禁忌证，但是你可能需要注意，腿的重量经屈髋肌作用于脊柱，导致下腰背紧张或承受过多压力的情况。脊柱如有任何疼痛及不适，都意味着核心肌肉组织缺乏足够的稳定性，无法给予骨盆和脊柱支持。

"死虫子"练习是垫上普拉提经典预备动作，练习呼吸是执行"死虫子"练习的必要准备功课。

起始位置与动作

仰卧，双腿进入三屈位，双手比一个三角形放在骨盆上。开始练习之前进行几次吸气、呼气，确保核心是稳定的，并且呼吸能够延伸到后背和肋骨两侧。

调动双手的触感和动觉意识，确保骨盆是稳定的，在练习过程中不产生移动。

慢慢抬起左腿，保持膝盖弯曲，观察骨盆是否想要活动或下背部是否存在张力。

如果腰部有张力，你需要调整自己的位置或重复几次这个动作直到没有压力。

让右腿和左腿一起悬在空中，双膝轻微分开，屈髋90度，双膝指向天花板，双膝之间分开1~2个拳头的距离，轻轻地将双脚向内压。脚的位置和膝盖之间留出的间距会激活内收肌和深层髋（外）旋肌群，对骨盆底肌也会产生一定影响。

确保膝盖是放松和屈曲的，现在慢慢以髋关节为轴将左腿往下放，看看是否可以用左脚大脚趾触碰垫子，触碰后，将左腿放回到上面的位置，右腿重复这个动作。左右交替进行。

原则

腰椎骨盆髋复合体稳定和髋分离的能力

核心控制

益处

提高腰椎骨盆髋复合体的稳定性
提高髋部灵活性

仅单腿活动

交替双腿活动，一条腿向下移动时，另一条腿向上移动

双脚并拢，屈膝，双膝盖之间留出间距

口语提示

想象一下，髋关节里有油，可以润滑髋臼里的股骨头。

利用双手带来的本体感受反馈，稳定骨盆和脊柱。

触觉提示

老师应该把一只手放在客户的下背部，另一只手放在腹部，确保对方的脊柱和骨盆保持稳定。

变式

一条腿留在地板上，另一条腿悬空。

当悬空腿向下移动时，髋内旋；当悬空腿上提时，髋外旋。

比较一下仅抬起左腿和右腿，两者之间有什么差别？

执行这个练习的变式可以感受到进阶动作和退阶动作之间的差别吗？

如果双手压向身体两侧的地面，练习是否变得不同？

将腿抬到离地更高的位置（也就是更大的伸膝幅度），在髋关节处制造一个更长的杠杆。

可以让腿伸直一半，增加杠杆长度。

两只手都放在地板上，手掌向下，压向地板。

"死虫子"练习的触觉引导提示

7.2.6　PM6-仰卧旋转（由下至上）

禁忌证与注意事项

椎间盘突出患者应该避免脊柱旋转类的动作。

起始位置

仰卧位，左腿处于三屈位，右踝放于左大腿上方，右髋屈曲和外旋。手臂向两侧伸出，与躯干大约呈60度，手掌向下。

动作

在"骨盆时钟"练习里，髋关节活动是由骨盆相对于股骨（腿）的移动来实现的。而"仰卧旋转"练习的要求是腿带动骨盆活动，之后股骨在髋关节里旋转。

首先将左腿和右腿放在垫子的左侧，左髋进入外旋，右髋进入内旋。

观察自己是不是有能力保持最小幅度的腰椎活动来完成这个动作。

让骨盆和脊柱继续旋转，直到右脚接触地面。你可以将右脚放在地板上而右肩不离地吗？

确保在这个动作中，右膝没有"掉"向地板，并且在右脚着地时，右膝与右脚踝在一条线上。

在这个姿势下观察，自己是否能让右胫骨移动超过拇趾。若能，右侧臀大肌此时应该会启动。

将胸腔拉向垫子，回到起始位置。

动作开始时，旋转为自下而上的。

回到起始位置时，旋转为自上而下的。

当双腿朝一侧移动时，骨盆保持静止

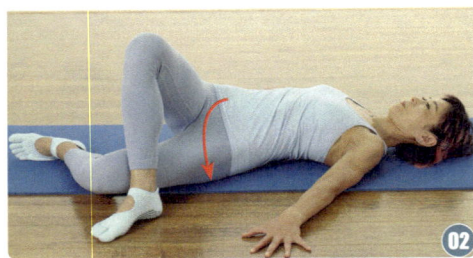

骨盆和脊柱旋转

右脚压向地面，右胫骨移动超过拇趾

胸腔带动，回到起始位置

原 则

脊柱逐节旋转

整合骨盆、脊柱和胸腔

益 处

改善骨盆、脊柱和胸腔的整合情况

释放下背部、颈部和肩膀的张力

增强胸腔的旋转能力，特别是中上段的胸椎及肋骨附着处

改善呼吸模式并去除下腰背的紧张感

提高胸腔的灵活性，此举同样有助于改善呼吸模式、放松下背部

有助于释放肩部和上胸腔前侧的张力

有助于把头部带到相对于胸腔的更好的位置，从而对颈部和肩膀也非常有益

有助于激活臀肌、改善姿势，并去除下背部张力

教学指令

口语提示

让对侧手臂（与旋转方向相反的手臂）压向地板。

想象椎骨一节一节地离开其上方的椎骨。

运动过程中保持轻柔呼吸，保持胸腔灵活性。

触觉提示

老师可以用一根手指提示客户脊柱旋转，手指向上移动提示每一节椎骨自下而上地移动。

使用身体的不同部位做旋转的动作，比较其中的异同。如果腿转向一边时，先动的是骨盆而不是股骨，感觉如何？

在这个动作中，你的肩膀和颈部感觉如何？

"仰卧旋转"练习的触觉引导提示

7.2.7　PM7-坐姿手臂按压（靠墙）

虽然看起来是一个相对简单的练习，但是坐姿手臂按压对于存在过度骨盆前倾、胸腔后移、头前移等体态问题，以及肩膀功能紊乱和肩颈问题的人士来说，是非常有帮助的动作。

起始位置

坐在凳子或椅子上，面朝墙壁，手臂向前方伸展，这样手掌可以在墙面上放平。双臂与肩同高，与肩同宽。

骨盆保持中正，脊柱、胸腔、头在骨盆上方，保持中立位。

动作

动作目标是尽可能让肩胛骨"包裹"胸腔，同时手肘保持在固定位置。也就是说，肘部既不允许弯曲也不允许伸直。

我们通常习惯于用手和手臂做出环绕身体的动作，这也是我们一直以来表达自我和接触外部世界的方式。然而，很多人都缺乏肩胛骨整合的能力，特别是在某些动作中，当双手被固定在墙上的时候，大部分人会使用肘关节而不是肩胛骨来完成动作。

大多数肩颈问题实际上都是由肩胛骨无法有效在胸腔上移动和保持稳定引起的。这导致动作代偿会出现在动力链的下游，如手臂、手腕、手肘，或者出现在肩带、肩关节（盂肱关节）、肩锁关节以及胸锁关节，进而导致多种疼痛、病症、躯干上段

和四肢的功能障碍。

想要正确地执行动作，首先需要保持双手在墙面上固定，肩胛骨向中线靠拢，过程中不要将掌根抬起。

要做到这一点，你的胸腔需要靠近墙面，并且需要保持整个脊柱固定不动，并以髋关节为支点完成躯干向墙壁的移动。如果你的膝盖相较于髋关节位置太高，就无法有效地完成这个动作。常见的错误是胸腔前移，这意味着你没有让整个脊柱朝墙面的方向移动，而是在动作让中背部前弓或伸展。胸腔前移会进一步加重脊柱的功能紊乱——因为前移发生的地方位于脊柱生理曲度从凸到凹的转折处，所以这一段脊柱的稳定性差。

如果你已经能够使用肩胛骨后缩而非胸腔前移的方式，成功地让胸腔靠近墙面，接下来你需要在不耸肩的情况下使胸腔尽可能地远离墙面。

肩颈肌肉较短的人会发现，如果不耸肩或过度圆背，这个动作就非常难完成。

试试看寻找肩胛骨在胸腔上滑动的感觉，同时脊柱保持在一个直立、中正的位置。

重复这个练习15~20次。

关于这个练习，还有一点需要特别说明：为了最大限度地获益，你应该考虑每天留出尽可能多的时间去尝试这个动作。对于整天坐在办公桌前的人来说，这是最值得设置每4小时响一次的手机闹铃来提醒

自己做的练习之一。把你的闹钟调好，转动你的椅子朝向最近的墙面，练习15~20次，再把椅子转回，继续你的工作。

进阶

在进阶动作中增加一些"弹钢琴"的元素，这会带来更多的好处。首先手臂伸直，双手放在墙上，让肩胛骨相互靠近，想象肩胛骨向后包绕胸腔。现在把右手小指抬离墙面，然后再次放回墙面，无名指、中指、食指和拇指重复同样的动作，整个动作序列重复两次。在第三轮完成拇指的移动后，深吸气，然后深呼气，有意识地放松右手手肘，你应该会发现右手臂放松并且向下去到一个更好的排列位置。比较右手臂和左手臂的感受，然后左手臂重复同样的动作。

现在你已经完成了双臂的练习，需要再做一遍同样的动作序列，但是这一次肩胛骨处于一个完全前引的位置。你可能会惊讶地发现，同样的动作在肩胛骨前引的位置做，比在后缩位置要困难得多。

原 则

肩带的组织

核心控制

上肢与核心的连接、整合

教学指令

口语提示

想象肩胛骨之间夹了一支笔。

想象你面对的是一堵很热的墙壁，你需要把胸腔移开。

想象你的脊柱像一根不能弯曲的旗杆。

触觉提示

老师用手指跟随客户肩胛骨的运动。

益 处

缓解肩颈紧张	改善胸腔前移
建立肩胛骨正确的功能性运动模式	有助于改善呼吸模式
激活前锯肌	有助于缓解下、中、上背部疼痛

分别使用吸气和呼气来完成不同的肩胛骨活动，比较其中的差别。在肩胛骨前移时（胸腔远离墙面）专注于呼吸，想象呼吸到上背部。尝试一下，将手放在不同的位置以及手臂位于不同的高度来练习。

肩胛骨向墙壁移动，胸腔向后移动

肩胛骨相互靠近，胸腔向前移动

7.2.8 PM8-仰卧手臂

起始位置

仰卧，双腿处于三屈位，手臂向上伸展，与躯干呈90度，手指指向天花板，手背互相靠着。

动作

将手臂向外伸展，与身体呈90度，但不要旋转手臂或手腕，直到手掌触地。将手臂扫向髋关节，然后抬起手臂回到起始位置。现在双手已经朝外旋转90度了，此时拇指指向彼此，手掌面向双脚。

再次将手臂以与躯干呈90度的方式靠向地板，手的边缘触碰地板。像之前一样

将手臂扫向髋关节，双手碰到髋部。

举起手臂回到起始位置，你会发现现在手掌相对。

重复手臂着地的动作，你会发现手背触碰地板。将手臂扫向髋部，小指靠近髋部。

将手臂带回到起始位置，你会发现现在手掌朝向头部。和前面的动作一样，将手臂向下带向地板，然而你可能会发现这开始变难，因为要让拇指碰到地面，肩关节不得不外旋。

现在将手臂再次扫向髋部，你可能要努力才能让手背碰到髋部。你的目标是抬起手臂回到起始位置，但是手臂彼此相触，

掌心朝外，肩内旋

手掌落在地板上

掌心朝下，来到髋旁

拇指朝向彼此

"刀片手"落在地板上

掌心朝向髋部，来到髋旁

掌心相对

掌心朝上

掌心朝上，来到髋旁

掌心朝头顶的方向

掌心朝头顶的方向，拇指朝向地板

掌心朝外，拇指着地

掌心朝外，拇指指向膝盖，肩外旋

回到起始位置，掌心朝外，肩内旋

拇指指向脚。回到起始位置，掌心朝外，肩内旋。

现在你已经完成了一组4次重复的动作，在这组动作中，手臂和手已去到了肩关节活动范围允许的所有可能的位置。

继续练习，重复5组。

禁忌证与注意事项

孕期女性在孕中期以及孕晚期应审慎对待仰卧位的练习。

患有急性肩关节疼痛，特别是肩袖损伤的人士，可能会在肩胛骨上提及肩关节外旋的动作中感到疼痛。若疼痛出现，应停止执行动作。

原　则

肩带的组织
上肢与核心的整合

益　处

释放颈肩的张力
提高肩带及肩关节的灵活性
增加颈椎的活动度
有助于缓解下背部疼痛
有助于释放上肢的张力，从而提高胸廓的灵活性

教学指令

口语提示

想象双臂被分别拴在两只漂浮的气球上，轻轻朝着天花板方向飘起，手臂是轻的。

触觉提示

老师可以将手放在客户的肩胛骨上，根据动作要求，辅助肩胛骨活动。分别使用手、肘、肩胛骨完成动作，比较异同。

7.2.9　PM9-美人鱼1

益　处
改善胸腔前移
提高脊柱侧弯的活动度
有助于改善某些椎间盘病症
有助于解决某些肩部受限的问题
有助于打开胸腔，呼吸更好地到肋骨侧面
改善胸腔灵活性，这通常对腰痛患者很有帮助

原　则
肩带的组织
核心控制
脊柱逐节侧弯

教学指令
口语提示
想象你的肋骨像百叶窗一样打开或关闭。
吸气，打开肋骨。
呼气，关闭肋骨。
触觉提示
老师用手指跟随客户每节椎骨的侧弯。

起始位置

有3种不同起始位置可供选择。

a. 坐在椅子上，屈髋屈膝，双腿尽量与髋同宽，或者间距再远一点。

b. 坐在地板上，屈髋屈膝，双腿向两侧、向外打开，保持双脚在中间并拢。

c. 动作类似选项b，但换成坐在盒子上或略高的平台上。

在上述3种不同的起始位置，骨盆都必须处于直立以及中立位状态，坐在坐骨上，双手应该是放松地或是舒适地悬挂在髋部两侧。

选择坐姿而不是站姿执行这个练习，是为了消除脚踝、膝盖和髋关节对侧弯运动的影响。如果一个人缺乏脊柱灵活性，他或她会以增加踝关节的内翻或外翻程度的方式，或者将骨盆向外推的过度代偿方式来完成这个动作。因此，这个练习通过限制骨盆和下肢的附属运动，从而将重点放在活动脊柱、减少脊椎关节和肌肉的张力上。

动作1

将肩胛骨沿着脊柱后侧向下拉，就像把肩胛骨的下角放进身体后侧的口袋里一样。你应该同时能感觉到胸部上提和打开。

双臂悬空，向外打开，位于身体两侧，手臂伸直，与肩同高，掌心朝前，然后移到身体前方大约15厘米处的位置。想象你正在张开手臂给某人一个大大的拥抱。

将右手移向左侧胸腔下方，就像"胸腔旋转"（PM4）动作的要求那样，将右手下滑并移动到右侧髂前上棘，同时让胸腔带动左手臂一起转向右侧。

注意左肩的位置没有改变，即左侧肱骨没有出现水平外展或内收。胸腔中心应该转到了对角线方向，朝向右侧。

举起右臂，此时肩胛骨重新来到了与起始位置相似的位置，保持手臂举起，旋转胸腔原路返回至起始位置。

动作2

从和动作1相同的位置开始，手臂向外举起至身体两侧，双手留在身体稍前侧

的位置，这样手臂与肩胛骨所在的平面连成了一条线。

直接将左手臂举过头顶，手掌朝向右侧。特别注意左耳和左肩之间，应尽可能留出多一些的空间。

右耳靠近右肩，开始向右侧侧弯，同时放松右侧肋骨，允许整个脊柱向右侧弯。保持脊柱的长C形，从后面看时，椎骨的位置没有过度移到侧面。

同时也要注意保持耳朵和肩膀之间的

良好空间，保持头部位于脊柱上方的最佳排列位置。

当你向右侧弯曲时，试着想象右侧的肋骨彼此靠近，左侧的肋骨被打开。你可以想象百叶窗，它的一侧打开，另一侧关闭。

深吸气到左侧胸腔，看看是否感觉肋骨进一步扩张。

把每一节椎骨从侧面拉回，一节堆叠在另一节上，回到起始位置。

"美人鱼"练习的触觉引导或辅助提示

分别用呼气和吸气做侧弯的动作，比较一下用不同的驱动方式来完成这个练习的区别。

（a）自上至下地逐节侧弯。

（b）"将尾骨摆到右边"，骨盆单侧上提、侧倾，开始进入侧弯。

把骨盆放在前倾位和后倾位完成这个练习，你注意到了什么？

7.2.10 PM10-辅助卷下

禁忌证与注意事项

屈曲练习被认为是骨质疏松症患者的禁忌。

原 则

核心控制

脊柱逐节屈曲

益 处

有助于改善骨盆上胸腔的位置

有助于激活核心

释放下背部和上背部张力

教学指令

口语提示

将尾骨卷向耻骨。

腹部挖空。

让你的脊柱像胶带一样从地板上被拉起来。

触觉提示

老师用手指提示客户椎骨的活动，跟随每一节椎骨离开、落回地板。

老师可以用拇指和食指轻柔地触碰客户，提示腹部挖空。

起始位置与动作

从坐姿开始，双脚放于身体前方的垫上，双手放在大腿后侧靠近膝盖后侧的位置，身体的重量稍微放在坐骨的后面。

双臂大致呈圆形，肩膀放松，脊柱稍做屈曲，因为此时骨盆处于稍后倾的位置，头在骨盆上方保持直立的对位关系。

在腹部挖空的同时，花点时间练习呼吸到肋骨的后面及侧面。

将你的尾骨卷向耻骨，以启动坐骨朝膝盖后方的勺状运动，感受你的骨盆开始向后滚动的感觉。

继续骨盆后倾的动作，看看你能否感觉到每一节腰椎被逐节放到了垫子上。这个练习有一个要求是手臂的位置与起始位置一致，不允许伸直或弯曲更多。

继续卷下，带着脊柱回到垫子上，此时你应该能感受到双脚慢慢离地。

继续卷下，脊柱回到垫子上，直到头部落地。

返回起始位置之前先抬头，看向膝盖的方向，然后把脊柱卷回起始位置。

> 如果以流畅的节奏完成这个动作，允许在任何时间、任何位置暂停，你可以把这个动作做得多慢？

7.2.11　PM11-站姿卷下

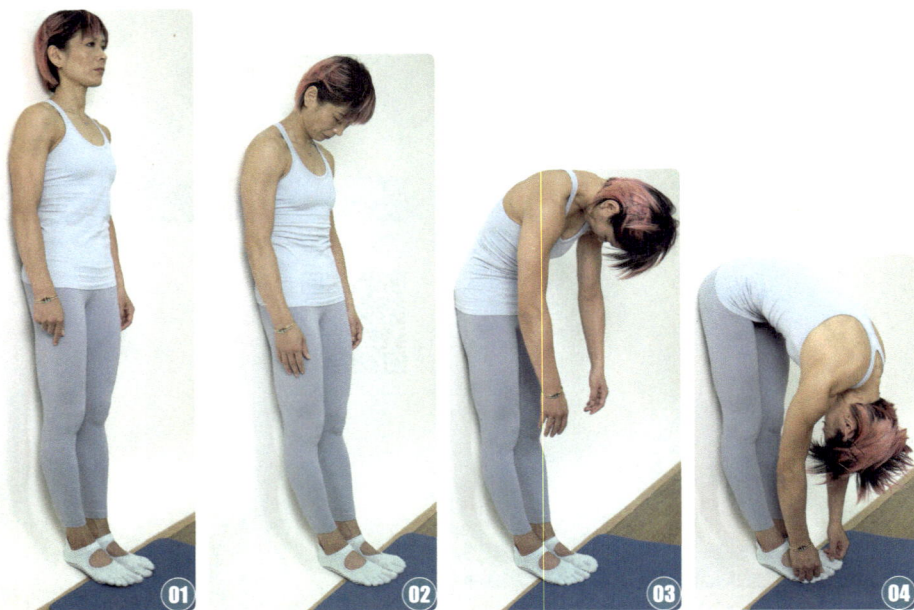

站姿卷下是一个很好的练习，可以帮助我们学习运用正确的腹部肌肉完成屈曲的动作。在日常生活中，当我们弯腰时，我们会自然地将骨盆后移，而这一动作模式经常与腹直肌的过度使用同时出现，腹直肌的过度使用则会导致脊柱被压缩、椎间盘受到损伤。因此建立有效的脊柱屈曲模式，从长远角度来看，可以让我们在日常生活中的屈曲动作里获得更高的脊柱稳定性。

禁忌证与注意事项

屈曲练习被认为是骨质疏松症患者的禁忌。有急性椎间盘问题的人应避免尝试这种练习。

练习的价值更多在于预防而非治疗，因此，任何受急性或慢性背痛困扰的人士都应该避免这一类训练。

起始位置

靠墙站立，骶骨和上背贴墙，腰椎和头部应与墙面保持1~2厘米的距离，即1~2个手指的宽度。根据自己的能力，选择把双脚放在与墙面距离适当的位置，如下所示。

15厘米：初学者。

10厘米：中阶练习者。

5厘米：进阶练习者。

双手可以放在身体两侧，也可以轻轻放在骨盆/下腹部。

动作

将腹部向内、向上拉入胸腔，想象你可以滑动并上抬你的耳朵并将其移动到头顶上方，让下巴放松，靠近自己的胸腔。当头部向胸腔方向移动时，允许锁骨以放松、柔软的方式向下移动。看看你能否感觉到，当身体前侧的肋骨相互靠近时，位于背部上方的肋骨和脊柱相互远离，身体的前侧和后侧之间是交互动作的关系。当身体前侧屈曲、靠近地板时，身体后侧应该会有上提的感觉。继续让椎骨一节一节地屈曲，想象自己像一条胶带一样从墙壁上剥落下来。

留意一下，当你向前屈曲时，你可以保持脊柱下端固定在墙上多长时间。

在脊柱屈曲靠近地板的过程中，你可以根据自己的需要延长呼吸的时间。

在原路返回之前，在屈曲姿势的末端停留3~5个呼吸，然后椎骨一节一节地堆叠、一路向上回到脊柱中立位。

你会发现这个练习的难点在于控制自己不摔倒。脚离墙越近，练习难度越高。

原 则

核心控制
脊柱逐节屈曲

益 处

改善腹肌募集模式

有助于改善骨盆上胸腔的位置

有助于激活核心

释放下背部和上背部的张力

教学指令

口语提示

腹部挖空。

把脊柱像胶带一样从墙面上剥离。

想象髋关节上方有一根电线，在你前弯时，不让腹部触碰到电线。

想象肋骨前侧关闭，后侧打开。

想象有只无形的手在你前弯的时候上提并托住你的腹部。

触觉提示

老师用手追踪客户每一节椎骨离开墙壁的位置。

老师可以用拇指和食指给予客户轻柔的触碰，提示腹部挖空。

你可以屈曲多深而不摔倒呢？

改变脚到墙面的距离，给这个练习带来了哪些影响？

7.2.12　PM12-俯卧伸展

很多人都深受下背疼痛的困扰，而原因有很大一部分在于他们的上背部和胸腔的伸展能力不足，这意味着在很多动作中他们会使用下背部代偿。胸椎伸展的能力，对于所有想要运动、改善姿态，或是对不同形式的下背部疼痛进行治疗的人群来说，都是必要的。

起始位置

俯卧在垫子上，手臂举过头顶，双手与垫子同宽。在开始练习之前，确认如下细节。

1）双脚绷脚放在垫子上。

2）双膝从垫子上抬离。

3）双脚尽可能在舒适的前提下相互靠近。

4）髂前上棘离垫子1~2指距离。

5）腹部向内收缩（想象你的腹部下方有一块冰块）。

6）头离地1~2厘米。

7）双手与垫子同宽，手的"刀刃"部分朝向地板。

动作

缓慢向上看，想象你可以将你的耳朵滑动到头部后侧。与此同时想象你的锁骨是飘浮的蝴蝶，将胸骨朝向前和向上的方向拉起，呈勺状运动，提拉胸骨离开垫子。

胸骨向上提拉的同时，手掌的边缘压向地板，手臂的下方固定在垫子上，这样有助于将胸腔进一步向上拉。

伸展的动作延续至最后一根肋骨，即动作需要在最底部的肋骨离开垫子之前停止。

保持胸腔伸展的姿势并观察。

1）骨盆区域发生了什么？如果骨盆过度前倾，双侧髂前上棘会落在垫子上，你需要将它们抬离地面，方式可参考"骨盆时钟"等练习。

2）如果在头的底部放一个球，然后放手会发生什么？它会立即向下滚动到下背部吗？或者你可以想象球滚动到上背部的中段，让它沉向地板。

3）吸气—呼气：呼气时放松肋骨后

侧，吸气时"挖"起和上提肋骨前侧。

4）想象一个球被放在两块肩胛骨之间，看看你能否充分放松肋骨，让球下沉并落在胸腔前侧。

停留在这个姿势，保持5个呼吸，然后放松返回至起始位置。

原　则

胸腔伸展（脊柱逐节伸展）

益　处

释放下背部和上背部的张力

改善胸腔伸展

缓解肩颈紧张

改善上半身的姿势

教学指令

口语提示

从眼睛向上看开始这个动作。

想象你可以将耳朵滑到头部后侧。

想象你的锁骨像两只蝴蝶那样在空中飘浮、向上飞起。

想象你的胸骨像一根羽毛一样飘走。

想象肩胛骨之间有一个球，你可以让它下沉到胸腔前侧。

使用腋下的力量，将自己向前向上拉。

触觉提示

老师用手指追踪客户脊柱的逐节活动。

老师可以轻柔地辅助，帮助客户完成胸腔向前、向上"挖"起的动作。

老师可以把手指轻轻放在客户的胸骨和胸骨柄上来提示伸展。

特别需要注意下背部，一旦你感觉动作到达了脊柱下段的椎骨，退回，停留在这里呼吸，看看你能否通过放松上背部和胸腔，使胸椎得到更大的伸展幅度。

"俯卧伸展"练习的触觉引导提示

7.2.13 PM13-坐姿胸腔画8

起始位置

坐在凳子上，屈髋屈膝，双腿应与髋同宽，双腿间距再宽一点也是可以的。

坐在坐骨上，骨盆保持直立，脊柱处于中立位，堆叠在骨盆上，两只手的手掌都放在胸骨上。

动作

先做一个右侧屈，注意骨盆固定或保持稳定，脊柱自上而下地逐节侧屈，每次允许一节椎骨离开其下方的椎骨，进入侧屈。注意在侧屈时，肋骨一侧关闭，另一侧打开。

现在开始执行旋转动作，像之前一样（PM6-仰卧旋转），但不需要让手滑动帮忙旋转，只需旋转胸腔到右侧，暂时停在这个位置。左手肘指向身体前方的左侧，右手肘指向身体后方的右侧。

保持躯干处于右旋转的位置，左侧侧屈，右肘指向身后的右侧，左手肘指向身前的左侧。从这个位置开始，保持躯干左侧屈，向左旋转。

现在保持在左旋转的位置，做一个右侧屈，紧接着右旋转，现在你应该回到了右侧屈、右旋转的位置，如下页第3张图所示。

向左做半侧屈，回到脊柱直立的位置，最后向左半旋转，返回起始位置。

将这些动作组合为一个连贯的序列，用大约1分钟执行这个序列，然后换方向重复这个序列。

原则

脊柱3个平面的逐节运动

益处

提高脊柱灵活性

提高整个胸腔的灵活性

有助于改善呼吸模式

有助于释放肩颈的张力

有助于释放下背部张力

有助于缓解下、中、上背部疼痛

教学指令

口语提示

想象你的胸腔像百叶窗，一侧打开，另一侧关闭。

想象每一节椎骨相对于它下方的椎骨做侧屈或旋转。

保持肩胛骨下角指向裤子后侧的口袋。

触觉提示

老师用手轻柔引导胸腔向合适的方向移动。

分别用吸气和呼气来完成侧屈和旋转的动作，观察吸气和呼气是如何改变动作的。

在动作中短暂停留，观察呼吸是如何影响姿势和胸肌的。

| 起始位置 | 右侧屈 | 右旋转 |

| 左侧屈 | 左旋转 | 右侧屈 |

| 右旋转 | 一半左侧屈 | 一半左旋转 |

7.2.14　PM14-打开书（自上而下）

起始位置

从侧卧位开始，肩膀上下重叠，手掌上下重叠，手臂向前伸出。

骨盆、脊柱应保持在中立位，脊柱从后面看保持在一条直线上，髋、膝、踝屈曲。

头部可以枕在厚度不超过8厘米的长枕或靠垫上。

益　处
改善胸椎旋转（特别是肋骨与脊柱中上段的连接）幅度，借此改善呼吸模式，去除下腰背张力 有助于提高胸腔灵活性，借此改善呼吸，并去除下腰背张力 有助于缓解肩、胸前侧的紧张和短缩的组织，改善头和胸腔的对位关系

动作1

右手放在左手上前后滑动3~5次，观察这个动作带给上胸腔的小幅度旋转。

现在将右手沿着左臂滑动，在左臂中间画一条线，直到手指触碰左肩关节。

然后伸展右手肘，右手指向天花板。

继续旋转胸腔，看向拇指的方向，直到到达旋转的极限。右臂返回指向天花板的位置。

维持肩关节的整合度很重要。确保胸腔旋转的过程中，没有过度伸展肩关节。

返回时依然是从胸腔开始旋转，让右侧肋骨下角向左侧髂前上棘移动（参考PM4-胸腔旋转），回到起始位置。

动作2

左侧卧，抬起右臂，让手臂来到空中并扫向另一边，就好像用画笔在墙上画一笔，跨过天花板，然后又在对侧的墙上画一笔。在整个动作过程中，视线看向右手的拇指和食指，在动作结束时，朝向右侧。

这个练习的要求在于保持双腿的髋、骨盆和脚踝重叠，且动作过程中固定不动。你应该能感觉到自己的腰部和右侧上胸腔得到舒适的伸展。

将右臂、右手放回起始位置，持续将注意力放在胸腔的活动以及胸椎的逐节活动上，确保每节椎骨都能相对于其下方的椎骨进行旋转。如果你不知道胸椎有多少节椎骨，可以试着数一下。

动作1

手沿着下面的手臂前后滑动

手向后滑动到手肘　　　　　　　　　　手停在肩关节处

手臂伸向天花板　　　　　　　　　　胸腔旋转，手臂下放找地板

胸腔旋转，回到起始位置　　　　　　　　返回时手臂保持伸展

动作2

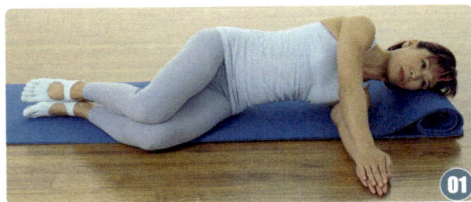

起始位置

上方手臂抬离下方手臂

上方手臂来到空中，约与地面呈90度

胸腔旋转，使手臂下放去找地板

胸腔旋转，回到起始位置

原 则

胸椎逐节旋转

脊柱和胸腔的整合

益 处

有助于骨盆、脊柱和胸腔的整合

缓解下背部、肩部、颈部的紧张

改善胸椎旋转（特别是肋骨与脊柱中上段的连接）幅度，借此改善呼吸模式，释放下腰背张力

提高胸腔灵活性，借此改善呼吸模式，释放下腰背张力

有助于缓解肩部、上胸腔前侧紧张和缩短的组织

有助于改善头部和胸腔的对位关系

激活臀肌，因而有助于改善姿势、释放下背部张力

教学指令

口语提示

想象你右手拿着画笔，用它画一个大圈，从右手旁边的墙面，跨过天花板，去到对侧的墙面。

触觉提示

老师坐在客户的右侧，面朝对方的头部，轻柔地触碰，帮助对方找到旋转时的本体感受。

试试看吸气时向外旋转，呼气时回到起始位置。

试试看呼气时向外旋转，吸气时回到起始位置。

在动作的最大幅度即动作进入尾声时停留，做多次吸气和呼气。

留意上述所有动作的变式带给你的感觉。

动作1和动作2的区别是什么？

"打开书"练习的触觉引导提示

7.2.15　PM15- 头抬起

禁忌证与注意事项

这个练习可能会导致颈椎病恶化，包括但不限于强直性颈椎病或椎间盘相关病症。

益　处

强化颈部深层肌肉，从而帮助稳定头部和颈部

有助于缓解颈部疼痛

有助于缓解头痛

改善头部和胸腔的对位关系，有助于改善肩颈问题

为后续的普拉提垫上练习打下坚实基础

有助于激活臀肌，从而有助于改善姿势，释放下背部张力

起始位置

仰卧在垫子上，双腿进入三屈位，手放身体两侧。如果你在这个姿势里感觉颈部不太舒服，可以选择把一只手放在头后。

动作

首先将下巴抬向天花板，然后让下巴沉向胸腔，做头部的前倾、后倾，找到头的中立位，并在这个位置停留。

想象有一个球放在头顶所在位置的地板上，试着拉长脊柱，将想象中的球推走，这时头会抬离垫子或手。

头部抬离地面不要超过1.5~2厘米。

你应该感觉到位于颈部前侧的深层屈

肌启动支撑头部的重量，让头部抬离地面。

下巴轻轻靠向胸腔，就好像下巴和胸腔之间夹着一个超大的网球。

保持这个姿势，慢慢数5下，然后慢慢将头部放到地板上。

在进行下一次重复练习之前，可以留出30~60秒的休息时间，轻微转动头部来放松颈部肌肉。

重复3~5次，让头部保持在抬起的位置，数5下。

重要提示

练习的目标肌肉是深层颈屈肌，如果做得不对，你会过度激活胸锁乳突肌，这会让你感觉很不舒服。胸锁乳突肌位于颈部左右两侧，很容易找到，当深层肌肉没有得到正确使用的时候，胸锁乳突肌在颈部的左右两侧会突出。为了方便观察到胸锁乳突肌的活动，你可以试着把头转向一侧，然后抬头，施加非常轻的阻力。

警告

这个练习的目的是训练颈部前侧的深层肌肉。不论你认为自己的健康水平如何，首次尝试都不应该重复超过3次。对于很多人来说，颈部是一个非常脆弱的部位，所以首次练习时，颈部肌肉感到不适或疼痛是很常见的。动作本身不会让你受到损伤，但如果肌肉没有得到适当的训练，很有可能第二天，你会感觉到颈部存在一定程度的酸痛或疼痛。

头部放松，放在垫子上

用颈部深层肌肉抬起头部

原　则

功能单元对齐

肩带稳定

颈椎逐节屈曲

教学指令

口语提示

想象有一只球放在你的头顶，试着移动这只球。

想象一下，你可以将耳朵滑动到头顶和面部。

感觉颈部和上胸腔伸展，肋骨下沉到垫子上。

想象你的下巴和胸腔之间夹着一个超大的网球。

触觉提示

老师可以用一只手稳定客户的下巴，同时另一只手提示头部抬起。

分别尝试在吸气时抬头，以及在呼气时抬头，体会区别。

你能分辨出什么时候表层肌肉参与工作，什么时候深层肌肉被激活吗？

在抬头时，如果没有出现下腹部的预收缩，会发生什么呢？

7.2.16　PM16- 胸椎卷起

这个练习可能会导致颈椎病恶化，包括但不限于强直性颈椎病或椎间盘相关病症。患有骨质疏松症的人禁止做屈曲类练习。

起始位置

仰卧，双腿处于三屈位。

手指交扣，手放在颈部后侧颅骨底部，用手掌帮助头部抬起，轻微拉伸颈部。

手肘应离地足够高，这样可以用眼角的余光看到它们。手臂可以支撑头部和拉长颈部。

动作

想象有一根软管从你的嘴巴插入喉咙，从抬头开始这个练习。双手放在颈部后侧，在颅骨的底部支撑头。

确保你的手肘从侧面抬起，手肘位于头部稍前的位置，这样你可以用眼角的余光看到它们。开始卷起头部，接着胸部从地板上离开，注意以下细节。

◆ 想象每节椎骨逐节活动，好像每节椎骨都是从下方的一节椎骨上剥离开来一样。

◆ 感受颈部和上背部后侧被拉长。

◆ 把注意力放在想象的软管上，确保它不会扭结，如果管道内有气流或水流，确保管道内的气流、水流不会出现减少的情况。

◆ 当头部和上胸腔从地板上抬离时，寻找腰部收窄、腹部肌肉挖空的感觉，同时骨盆和下腰背保持稳定。想象下腹部有一杯水，当你抬起头的时候，注意不要将水洒掉。

◆ 当胸腔抬起时，允许出现一点点骨盆后倾，然而你需要确保自己的下背部没有变平、压在地板上。

用脊柱逐节卷起的方式，继续抬起头和胸部，直到你再也不能抬得更高，或者你感觉到腹部开始鼓起，这说明腹部肌肉已经失去了挖空（凹陷）的能力。在理想情况下，动作结束时大部分胸椎离开地板，而你仍然能感觉到最下方的2~3根肋骨的后侧和地板保持接触。

保持在胸腔抬起的位置，做3个深呼吸，呼吸到肋骨的后侧，尽可能多地扩张胸腔后侧。

益 处

改善腹肌募集模式

强化深层颈部肌肉，帮助稳定头颈

有助于缓解颈部疼痛

有助于缓解头痛

改善头部和胸腔的对位关系，这将有助于缓解颈部和肩部问题

为后续的普拉提垫上练习打下坚实基础

原 则

功能单元对齐

肩带稳定

脊柱逐节屈曲

分别使用吸气或呼气来完成抬头的动作，呼吸方式不同是否让动作变得不同？

你能保持耻骨和肋骨底端之间的距离吗？

教学指令

口语提示

想象有一根软管插进你的嘴巴直到喉咙，当屈曲脊柱的时候，不要使软管拧结。

吸气，呼气，放松眼睛、鼻子、下巴、喉咙、锁骨和肋骨。

屈曲卷起时，感受肋骨后侧打开，肋骨前侧关闭。

胸腔离开地板时，想象在你的下巴和胸部之间夹着一个网球。

卷起胸腔向上，看向你的膝盖。

触觉提示

老师可以用手指给予客户触觉提示，用一只手提示胸骨，另一只手提示脊柱上段。

"胸椎卷起"练习的触觉引导及辅助提示

7.2.17　PM17-跪姿髋拉伸

这大概就是"每个人都在做"或者可以说是"每个人都应该做"的练习之一。长期久坐的生活方式使骨盆离开了属于它的最佳位置，被缩短的肌肉拉向前方，并且严重破坏髋部、下背部和脊柱的关系，造成脊柱自下而上、一直延续到颈部和头部的高张力。

这是我们每天至少要花10分钟完成的功课之一！

禁忌证与注意事项

存在膝盖疼痛的人士可以把厚的垫子或者卷起的毛巾，垫在膝盖下方，以帮助缓解膝盖疼痛或紧张。

益　处

改善整体姿势

有助于改善头部、胸腔和骨盆的对位关系

有助于缓解下背部紧张

提高髋伸动作的灵活性

起始位置

左腿站立在前，屈髋屈膝90度，右膝跪姿，屈髋屈膝90度。

左膝正对左脚踝，右膝在右髋正下方，脊柱是直立的。右手置于右侧臀部上方，左手放在右侧骨盆下方区域。

备注：如果在这个位置较难找到平衡，你可以扶椅子或者其他支撑物。

动作

第1部分

将你的臀部向后送出，以髋关节为支点前倾骨盆和脊柱，然后尽可能地收缩你的右侧臀部，缓慢回到起始位置。你可以用你的右手感受肌肉是否被正确地募集，在这个位置你应该感觉到自己有一个像石头一样坚硬的臀部。

维持臀部收缩状态3秒，骨盆和脊柱应该处于中立位，脊柱应该尽可能地保持笔直。

你会感觉到拉伸发生于以下几个区域，这取决于你的柔韧度。

- 右大腿的前侧
- 右髋的前侧
- 右大腿和右髋的前侧

以流畅的方式前后移动，重复8~10次，每次都需要保持臀部收缩，数3下。

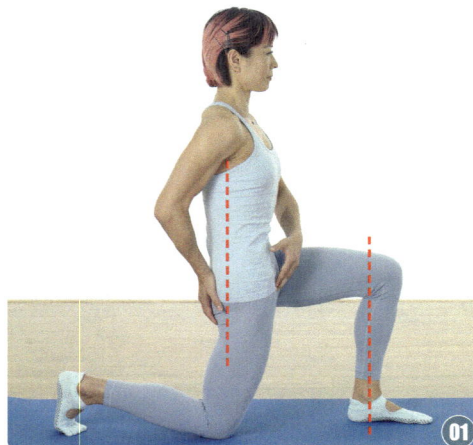

起始位置

臀部向后

臀部前移并收缩

第2部分

左脚向前移动25厘米。

骨盆前移，确保脊柱和右大腿保持在一条线上。

重复这个动作8~10次。

保持这个姿势，腹部尽可能地挖空、向上拉，进入胸椎伸展的姿势，头向上看。

保持这个姿势5个呼吸。

脚向前移

骨盆前移

脊柱伸展

"跪姿髋拉伸"练习的触觉引导提示

原 则

功能单元对位

核心控制

腰椎骨盆髋复合体的灵活性和稳定性

你觉得哪里的拉伸感最强烈?

教学指令

口语提示

尽可能收缩臀部。

想象在你的腰椎和骶骨之间有一把尺子,保持笔直,不要弯曲。

在最后一个动作里,把你的锁骨尽可能拉离你的尾骨。

触觉提示

老师把一只手放在客户的"臀部手"上,另一只手放在对方的"腹部手"上,以监测腰椎骨盆髋复合体的稳定性以及是否出现了不必要的动作。

7.2.18 PM18-骨盆提

这个练习也被称为"臀部练习之母"。用"母亲"二字来形容它，不是因为动作有多难，而是因为这是可以帮助你激活臀大肌的练习，它也有很多变式。

起始位置

仰卧，双腿处于三屈位，与髋同宽，骨盆和脊柱在中立位置，手臂放在地板上，稍稍远离身体。

注意，这是一个需要使用特定呼吸模式来完成的练习。

> **益 处**
>
> 释放下腰背张力，缓解下背疼痛，强化臀部肌肉
>
> 如果使用手臂离地的方式完成这个练习，可以极大地提高脊柱稳定性

动作

先吸气，然后用力呼气，在呼气中随着腰部的收窄，把骨盆底肌向上拉，你会产生一种骨盆底肌被拉向肚脐的感觉。

在下一次吸气时，保持骨盆和腰部的稳定，同时将骨盆朝向天花板抬起，双脚牢牢压地。骨盆和脊柱应作为一个单元抬起，不做屈曲或伸展。在动作的最高点，从侧面看，大腿和脊柱应与肩膀连成一条线。在这个动作里常见的错误是尝试用背部肌肉抬起骨盆，这会迫使背部拱起，将肋骨推向天花板。

在动作到达顶点时停留片刻，如果需要，在这里重新调整一下胸腔的排列位置，确保肋骨没有被推向天花板。

在这个位置进行5个呼气和吸气，专注于：

- 骨盆、脊柱稳定性；
- 臀部肌肉的收缩，将双脚压向地面；
- 胸腔相对于骨盆的位置；
- 吸气到胸腔后侧和两侧。

放松锁骨和胸骨，让肋骨的后侧带着椎骨一起沉向地板。最后一次呼气时回到起始位置。两个常用的意象如下。

想象你的脊柱就像一串珍珠，被固定在这个位置，现在允许珍珠一颗一颗地落回地板，直到骨盆回到起始位置。

想象一下脊柱就像一条被拉紧的自行车链条，放松链条上的每一节椎骨，让它们一个接一个地放回地板上，直到骨盆回到起始位置。

确保骨盆回到中立位。

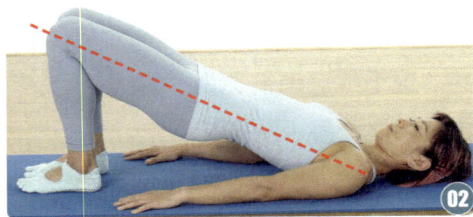

原　则

功能单元对位

核心控制

腰椎骨盆髋复合体的灵活性和稳定性

脊柱逐节活动

教学指令

口语提示

把脚压向地板。

保持骨盆和肋骨的连接。

想象脊柱是一串珍珠，允许珍珠一颗一颗地放回地板上，直到骨盆回到起始位置。

想象脊柱是被拉紧的自行车链条，

放松每一节椎骨并让它们一节一节地放回地板上，直到骨盆回到起始位置。

触觉提示

老师把一只手放在客户的骨盆或脊柱下，另一只手放在对方的腹部或肋骨上，在整个动作过程中提示骨盆和脊柱的活动。

使用不同的呼吸策略完成骨盆向上、向下的动作，有什么不同？

把手和手臂放在不同的位置上进行这个练习，如手在骨盆上和手在身体两侧，有什么区别？

"骨盆提"练习的触觉引导提示

"骨盆提"练习的触觉对抗提示，测试臀大肌是否被激活

7.2.19　PM19–骨盆卷起

益　处

强化臀肌

强化腘绳肌

强化及平衡腹部肌群

释放下背部张力

有助于恢复健康脊柱应有的关节活动度

"骨盆卷起"可被视为"骨盆提"的变式。两个练习的不同之处在于，骨盆提强调的是骨盆和脊柱在动作抬起阶段的稳定性，而骨盆卷起强调的是骨盆和脊柱的灵活性。

起始位置

仰卧，双腿处于三屈位，双脚与髋同宽，骨盆和脊柱在中立位，手臂放在稍微远离身体的地面上。

动作

呼气时将尾骨卷向耻骨（骨盆底肌激活）。

卷动尾骨，紧接着骨盆朝向膝盖后侧向上、向前卷起，直到脊柱被拉紧成一条直线。

确保双腿用力压向垫子，臀肌夹紧。

在动作到达顶点时停留片刻，如果需要，在这里重新调整一下胸腔的排列位置，确保肋骨没有被推向天花板。

在这个姿势下进行5个呼气和吸气，专注于：

♦ 骨盆和脊柱的稳定；

♦ 臀部肌肉收缩，将双脚压向地面；

♦ 胸腔相对于骨盆的位置或排列；

♦ 吸气到胸腔后侧和两侧。

呼气时，放松锁骨和胸骨，允许肋骨后侧带着椎骨一起沉向地板。

确保骨盆回到中立位置。

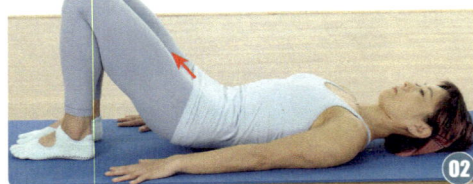

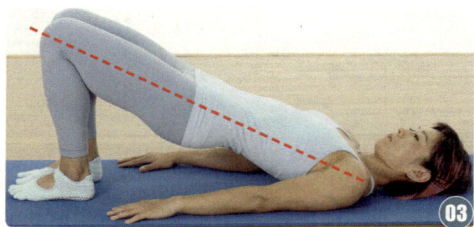

教学指令

口语提示

把你的脚压向地面。

将你的尾骨卷向你的耻骨。

骨盆朝向膝盖后侧卷起。

触觉提示

老师把一只手放在客户的骨盆或脊柱下方，另一只手放在对方的腹部或肋骨上，在整个动作中提示骨盆和脊柱的活动。

原 则

功能单元对位

核心控制

腰椎骨盆髋部复合体灵活性和稳定性

脊柱逐节活动

使用不同呼吸策略完成骨盆和脊柱向上、向下的动作，有什么差异？

把手和手臂放在不同的位置上完成这个练习，如手在骨盆上，手在身体两侧。处于这两个位置时，动作的区别是什么？

7.2.20　PM20-胸椎卷起与骨盆卷起

禁忌证与注意事项

颈部病症如脊柱炎或椎间盘相关病症，可能会因执行这个练习而加剧。

骨质疏松症患者须避免执行屈曲的动作。

孕期女性在第二阶段后应审慎执行这个练习。

起始位置

仰卧，双腿处于三屈位，双手在颅骨底部及颈部后侧交叉，手肘位于头部的稍前方。

动作

双脚坚实地压向地面，同时将尾骨"挖"向膝盖后侧，继续用"挖"的力量

帮助骨盆向上、向前卷起，脊柱逐节卷上直到来到"桥式"。

保持这个姿势，呼气时将头和胸腔从地面抬起，用臀部肌肉对抗上半身从地面抬起的动作，以对抗的方式降低脊柱和骨盆到地面。现在重复将骨盆抬起到桥式，但是以上半身"不情愿地"降低至地面的方式来对抗下半身的移动。

换言之，当你降低骨盆和腰椎位置时，抬头、胸椎卷上；当你降低头、胸腔、脊柱上段的位置时，骨盆和腰椎抬起。

在练习者身上常见的错误包括，为了抬起一端而降低另一端。正确的执行方式是确保先抬起一端，让另一端被动向地面下降，因为后者是由一端抬起引发的。

01 起始位置

02 抬起到桥式

03 抬头、抬胸腔

04 用下半身对抗上半身的运动

05 以对抗的方式降低骨盆

06 骨盆放回垫子上

07 骨盆用"挖"的力量向上、向前卷起，加入上半身对抗

08 抬起到桥式

09 对抗式地将上半身放到垫子上

益　处

有助于平衡脊柱和腹部肌肉

有助于缓解下背部或上背部疼痛

有助于激活腹部肌肉

有助于激活臀部肌肉

原　则

功能单元对位

核心控制

腰椎骨盆髋复合体灵活性和稳定性

脊柱逐节活动

教学指令

口语提示

将双脚压向地面。

将尾骨卷向耻骨。

骨盆朝向膝盖的后侧，卷动向上。

用臀部和下半身来对抗胸腔抬起。

用上半身来对抗骨盆抬起。

触觉提示

老师将一只手放在客户的骨盆或脊柱下，另一只手放在对方腹部或肋骨上，在整个动作过程中提示骨盆和脊柱的活动。

在哪个动作中更容易找到对抗的感觉：上半身还是下半身？

你能感觉到脊柱像摇椅的摇杆吗？

7.2.21　PM21–四足

有肩膀或膝盖病症的人士，可能会在执行这个练习的过程中感受到不适或疼痛。

益　处

提高平衡能力

有助于改善腰椎骨盆髋复合体的稳定性

有助于对侧运动的整合

"四足"练习有很多的变式，本书专注于基础的动作，强调躯干旋转时对侧肢体的稳定性。

起始位置

四肢着地，双膝垂直于髋部，与髋同宽，双手就在肩关节下方，与肩同宽。

骨盆、脊柱保持在中立位，头、胸腔和骨盆对齐。

动作

第1部分

想象有一杯水放在骨盆上，另一杯水放在肩胛骨之间，左肩屈曲，沿着垫子滑动左手指向前方，直到指尖触地。在这个位置，这两杯水是否还跟之前一样？如果你觉得有一些水洒出来了，那么可能你需要调整姿势，使想象中的水杯再次处于水平的位置。

现在让左臂离开地板，尽可能高地抬起，同时保持肩带、胸腔和脊柱处于理想的整合状态。有些练习者可能只能抬起几厘米，有些或许有能力将手臂抬起到与肩关节同高的位置。专注于动作质量，记得保持骨盆、脊柱、胸腔和肩带稳定。

将左臂带回起始位置，然后重复这个动作，但是这次手臂伸出时，做5次快速的上下拍击。

第2部分

轻轻地将左膝从垫子上抬起几厘米，不要打翻想象中的水。现在让左脚向后滑动，从髋关节处伸展左腿，注意保持骨盆稳定，同样不要打翻想象中的水。腿伸直时，留意以下几点。

左脚前脚掌应落在垫子上。

左腿伸直。

左侧的臀部肌肉和腘绳肌应处于激活状态。

骨盆保持水平，不倾斜。

骨盆没有侧提或向肩膀方向缩短。

骨盆不应旋转。

胸腔不应侧移。

胸腔不应旋转。

绷脚，足跖屈，这样脚趾可以轻轻落在垫子上。

现在左腿伸展向后，腿从地板上抬起来。与手臂离开地板的动作相同，你应将腿抬起到自己力所能及的高度，同时留意骨盆和胸腔的对位情况（可参考刚刚提到的几点注意事项）。腿抬离地板的高度，可能只有几厘米，也有可能仅仅超过地平线而已。

左腿回到起始位置。

重复腿伸展的动作，加入做5次快速的上下拍击。注意腿的活动是由髋关节驱动的。

第3部分

现在将第1部分和第2部分组合成一个动作。

需要注意的是，动作质量是值得关注的，尽可能充分地感受骨盆、脊柱、胸腔和肩带的稳定性，肱骨和股骨在关节里的活动，特别是手臂抬起时同侧肩胛骨的活动。

原 则
功能单元对位
核心控制
腰椎骨盆髋复合体的稳定性

你能感受到腹部肌肉正参与稳定工作，避免骨盆的移位吗？

如果在这个练习里允许骨盆和胸腔向侧面移动，会有什么不同？

教学指令

口语提示

想象有一根棍子穿过你的头和尾巴。

腿伸直并抬起。

避免移动骨盆。

触觉提示

老师可以将一只手放在客户的腹部下方，另一只手放在腰椎上，帮助客户找到更多本体感受反馈。

"四足"练习的触觉引导提示

"四足"练习的触觉对抗提示,测试臀大肌是否被正确激活

7.2.22　PM22－一边到一边

这个动作颇能反映出普拉提的魅力或者说它为人熟知的特点。你可能听到过这样的对话："哦，是的，练普拉提的时候，你会用上所有的小肌肉。"练普拉提时，仅从外部看，似乎没有发生什么，但是内部有很多肌肉都在工作。

这也是知名普拉提导师迈克尔会用"让我看看你的普拉提脸"来表述的动作之一，意思是练习者表面上没有表现出任何努力的迹象，而事实是有大量的工作正在其身体内部进行着。

起始位置

仰卧，双腿处于三屈位，双手放在身体两侧或下腹部。

膝盖和膝盖、脚踝和脚踝相互接触，就好像它们被胶水粘在一起了，骨盆处于中立位。

动作

呼气，激活下腹部肌肉，将双脚从垫子上抬起，双脚与垫子之间保持可以滑动一张纸的距离。

确保你的下背部没有从地板上拱起，肚子没有"弹出"。你可以尝试一下在下腹部放一个纸杯，目标是在你将脚抬离地板的时候，避免纸杯离开下腹部。

在这个姿势下，你慢慢移动双脚，把它们放到左边。

♦ 想象（或使用）一个小球被放于双膝之间。当双腿向左时，小球需要向逆时针方向滚动；当双腿向右时，小球需要向顺时针方向滚动。

♦ 腿不是动作的驱动器！所以这个动作的目标并不是朝身体一侧放下双腿，实际上你需要抬起右侧骨盆，再抬起右腿，试着让右侧髂前上棘去触碰左膝。正确的动作执行方式是通过缩短左侧肋骨下方到右侧髂前上棘的对角线来实现的。

♦ 右侧骨盆从垫子上抬起，骨盆和躯干向左旋转约30度。

禁忌证与注意事项

这个练习有助于产后恢复，但需要谨慎对待。建议孕后女性在熟练掌握基础动作之后，再开始练习进阶动作。

由于动作会对下腹部肌肉和组织造成一定压力，因此，经历过剖宫产的产后女性需要得到专业医师或专业动作教育从业者的指导，才可以尝试这个练习。

益处

有助于矫正左/右下腹部的不平衡

有助于矫正骨盆在水平面旋转导致的不平衡

强化下腹部肌肉

有助于强化骨盆底肌

有助于产后恢复

有助于稳定骶髂关节

有助于释放下背部张力

你可以用右臂下压地板，募集右侧背阔肌参与这个动作。注意，背阔肌附着于胸腰筋膜，这样右侧背阔肌收缩的同时，可通过附着点调动核心肌群参与。

回到起始位置，换另一侧练习。

进阶版的练习是增加杠杆长度，将腿部抬高至90-90度的位置（桌面腿）来完成这个动作。

起始位置

双腿向左移动

双腿向右移动

进阶练习-1

进阶练习-2

进阶练习-3

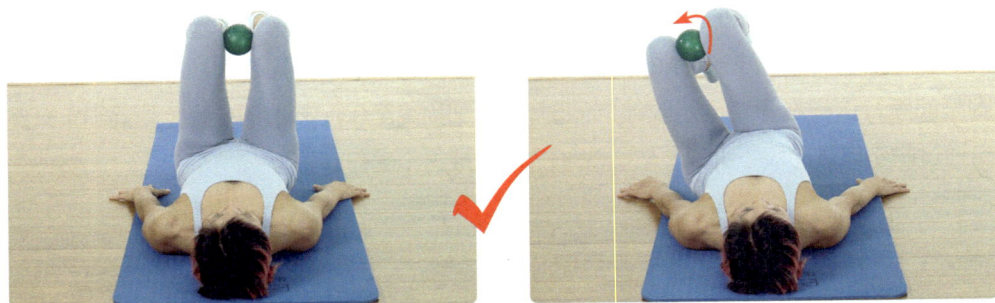

右腿向上，越过中线——小球逆时针旋转

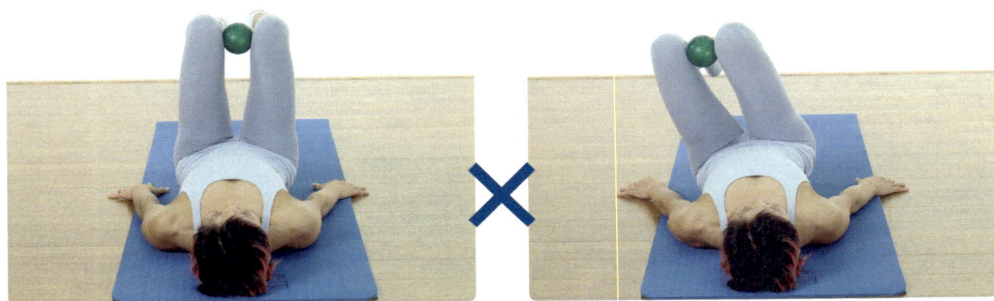

右腿"掉下去"了——球未发生旋转

教学指令

口语提示

右侧髂前上棘带向左膝。

左侧胸腔底端带向右侧髂前上棘。

不要影响你下腹部的纸杯。

触觉提示

把一个小球放在双膝之间，引导双腿的动作。

原　则

核心控制

腰椎骨盆髋复合体的灵活性和稳定性

使用手臂支撑和不用手臂支撑，有什么区别呢？

尝试一下不同的旋转角度/运动范围。当你分别进行小范围、中等范围和大范围运动时，有什么区别吗？

"一边到一边"的触觉引导提示

7.3 普拉提垫上练习（M）

7.3.1 M1-卷上

禁忌证与注意事项

孕期女性应在从事任何形式的练习之前听取医疗专业人士的建议。同时，处于孕期第24周及该阶段之后的女性应避免如下姿势：腹部挖空，仰卧，俯卧。骨质疏松症患者禁止做屈曲动作。

起始位置

"卷上"的经典执行方式是仰卧，从双臂越过头顶开始。但是这里选择从坐姿开始，双腿向前方伸展，足背屈，双腿内收。双臂在胸部高度向前伸直。

动作

将尾骨向耻骨方向卷动，进入骨盆后倾姿势。

继续卷动脊柱，以椎骨逐节运动的方式，感觉每节椎骨从脊柱上剥离开来，落

起始位置

卷尾骨，开始向后卷

脊柱卷向垫子

手臂指向天花板

手臂越过头顶

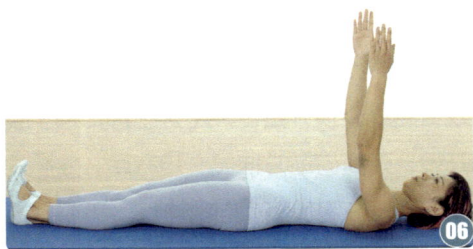

手臂回到90度

开始卷离垫子

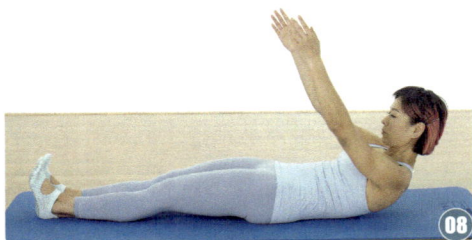

继续将椎骨从下面一节椎骨上剥离

卷起至脊柱呈C字形

脊柱逐节叠落在一起

回到起始位置

在地板上。

最后将手臂举过头顶，脊柱伸直落在

垫子上，允许腹部肌肉从两侧收紧来稳定、拉长脊柱。然后手臂越过头顶。

手臂伸展向天花板至手臂和躯干呈约90度夹角，开始抬起头和胸腔，方式与"头抬起"（PM15）和"胸椎卷起"（PM16）相同，但不需要把手放在头下辅助支撑。

继续屈曲脊柱卷起，椎骨逐节运动，感觉每一节椎骨都从下面一节椎骨上剥离。当坐起来后，继续保持脊柱屈曲呈C字形，手臂延伸向脚的方向。

在动作结束前，让椎骨一节节叠落在一起，自下而上，恢复脊柱直立的状态。

益处

增强脊柱屈曲能力

有助于激活腹部肌群

建立脊柱和骨盆的本体感受

原则

核心控制

脊柱逐节屈曲

教学指令

口语提示

尾骨卷向耻骨。

数着你的脊柱椎骨的节数，一节一节地向后卷回垫子上。

将脊柱从地面上"剥离"。

触觉提示

老师可以针对客户的腹部和椎骨处给予温和的触觉引导提示。

试试看手臂在不同的位置做这个练习，有什么影响。

从地面卷起时，保持手臂越过头顶，是否让动作变得不同？

并拢双腿，是否让动作变得不同？

头的位置在动作完成的过程中造成了什么样的影响？

"卷上"练习的触觉对抗提示

"卷上"练习的触觉辅助提示

7.3.2　M2- 单腿画圈1

起始位置

仰卧，双腿伸展，手臂靠在身体两侧或轻轻放在骨盆上。

动作

让左脚的脚底在地板上滑动，滑向左坐骨，直到左膝垂直于左髋。

伸展左腿，而不移动左髋，大腿保持垂直于地面，同时绷脚，即足趾屈。

左髋是你的"中心点"，接下来围绕这个点，用左腿画一个圆圈。

想象你的左脚是一把刷子，它在天花板上画了一个逆时针方向的圆圈。当左腿向右向下移动时，髋内旋。当左腿向左向上移动时，髋外旋，同时带着左腿离开中垂线。

重复5~8次，然后换方向。

还可以想象你的股骨是一支铅笔，在髋臼中画一个小圆圈。用腿画圈时，可以选择画出相同大小的圆圈，也可以在之后的动作中增加或减小圆圈的半径。

无论哪种方式，完成这个动作都离不开髋关节的灵活性，包括内旋和外旋。同时，整个动作过程中都应保持骨盆稳定。

为了增加稳定性，可将双臂压向地板。

注意

腘绳肌具备一定柔韧性是执行单腿画圈动作的先决条件。如果腿部后侧的肌肉

起始位置

屈膝屈髋

伸膝

向右，内旋

向下，内旋

向左，外旋

向上，外旋

不够柔韧，腿部将不能去到垂直位置，导致协同肌髋屈肌的张力过大以及骨盆稳定性降低。

开始练习前，测试腿的活动幅度是不错的办法。如果腿无法伸展并保持在中垂线的位置，应该选择降阶动作，使大腿垂直于髋关节，膝盖弯曲到适当的位置。

益　处

建立核心稳定性

有助于建立腰椎骨盆髋复合体的本体感

改善髋的灵活性

教学指令

口语提示

想象你的脚是一把刷子，在天花板上画圈。

想象你的股骨是一支铅笔，在髋臼中画一个小圆圈。

触觉提示

老师可以把一只手放在客户的下背部，另一只手放在下腹部，提示骨盆保持稳定。

老师可以引导客户的股骨在髋臼里的内旋和外旋。

原　则

控制核心

保证腰椎骨盆髋复合体的稳定性

保证髋关节相对于骨盆的"分离"活动能力

在做这个练习时，手臂放在身体两侧，压向地面，和双手轻轻放在下腹部相比，两种方式有什么区别？

开始练习前，老师在客户身上测试"单腿画圈1"所需要的腘绳肌柔韧性和骨盆稳定性。如果客户的腿不能够去到垂直的位置，那么练习时应该微屈膝盖，但是让大腿在髋关节上方保持垂直。

7.3.3 M3-单腿画圈2

禁忌证与注意事项

这个动作可能不适用于受髋关节疾病困扰的人群。

这个动作不同于"单腿画圈1"。之前的练习强调髋关节的灵活性与骨盆稳定性，然而"单腿画圈2"的动作包含了骨盆的参与、臀外侧至大腿肌群的拉伸，以及下背部向上至颈部和肩膀的拉伸。

起始位置

仰卧，双腿伸展，手臂打开约45度，放在身体两侧。

动作

滑动右腿至垂直位置，同"单腿画圈1"的动作描述。

把伸展的右腿带到身体的左侧，让右脚与地面接触，但不要将右肩从垫子上抬起。如果你做不到这一点，可以把脚放在地板上，肩膀尽可能少移动。

右腿来到身体左侧时，右股骨在髋臼中内旋。

保持右脚和地板之间的接触，右腿画圈越过左腿，来到右侧。使用胸腔执行这个动作。

将右腿带到身体的右侧，在尽可能舒适的前提下，继续向右伸展，此时股骨在髋臼中外旋。从地板上抬起右腿，保持骨盆的稳定，再次重复这个动作。

重复5~8次，改变方向。

起始位置

伸直右腿

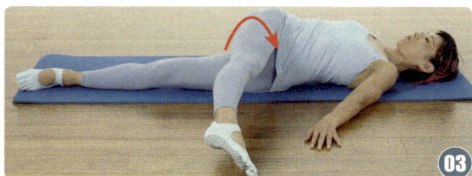

右腿来到身体左侧

右腿在地板上滑动，越过左腿

右腿回到身体右侧

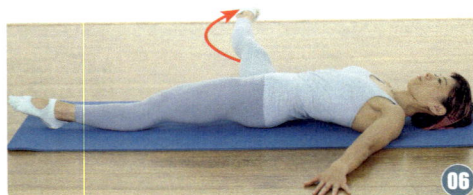
大腿内侧肌肉启动，从侧面抬起右腿

回到起始位置

在做这个动作时，手臂紧贴身体两侧下压地面，或者打开呈45度下压地面，这两种执行方式有什么区别？

益　处

释放下背部张力
提高髋的灵活性
提升脊柱的灵活性
释放腿部后侧张力
有助于增强髋部肌肉力量
整合腹斜肌和背阔肌

教学指令

口语提示

想象你的脚是一块磁铁，吸附在地面上滑过。

保持肩膀在垫子上。

手臂压向垫子。

用胸腔驱动。

用腿驱动。

感受胸腔是如何拉着腿越过另外一条腿的。

触觉提示

老师可以轻柔地给予触觉提示，带领着客户的腿画圈。

控制核心

保证腰椎骨盆髋复合体的整合和灵活性

脊柱逐节运动

保证髋关节相对于骨盆的"分离"活动能力

"单腿画圈2"练习的触觉引导提示

7.3.4　M4-滚动如球

普拉提垫上动作序列中包含了不少圆背滚动的动作形式。这些动作对脊柱在运动中的姿势控制提出了不同要求。

在"滚动如球"练习中，脊柱始终保持在屈曲状态下，而不需要转换到其他姿势。这个练习通常被认为具有脊柱按摩的益处，同时还是一个很好的准备动作，承接下一个动作——"单腿拉伸"。

禁忌证与注意事项

孕期女性应在从事任何形式的练习之前听取医疗专业人士的建议。同时，处于孕期24周及该阶段之后的女性应避免如下姿势：腹部挖空，仰卧，俯卧。骨质疏松症患者应避免做屈曲的运动。

起始位置

坐在垫子上，身体的重量放在坐骨的略后方。呼气，让尾骨卷向耻骨，腹部挖空，让脊柱形成长而深的C字形。

屈髋屈膝，膝盖靠近胸部，双手可以十指相扣，也可以放在小腿的前面。

让手臂包绕屈曲的双腿，手肘屈曲，肘关节稍稍朝外。保持手肘屈曲，仿佛抱着一个球。

头部靠近膝盖，但不接触膝盖，就像前额和膝盖之间夹着一个小球。

动作

双腿向外推双臂，同时让手臂和腿做对抗。腹部挖空的同时，脊柱屈曲，你应该立刻能够感觉到与自己核心肌群的连接。手臂向侧面扩张，好像在抱着一个在不断充气膨胀的沙滩排球，双手之间保持连接感，与想象中的沙滩排球做对抗。将尾骨卷向耻骨，加大脊柱屈曲的幅度，感受重量转移到骨盆更后侧的位置。随着重量的转移，身体开始向后滚动。

允许身体像球一样滚动，直到两块肩胛骨之间的位置接触地面。停顿一下，然后通过滚动的方式回到起始位置。

用最慢的速度练习这个滚动的动作。

在整个动作中，腿、脊柱、手臂和头部应该保持在同一个位置，你应该感觉到自己有能力在任何时间停在任意位置。

速度越慢，动作难度越高。

益 处

有助于释放背部肌肉

提高脊柱的灵活性

增强腹部控制能力

原 则

核心控制

脊柱逐节运动

以不同的速度完成这个练习，有什么区别？

如果卸掉手臂和双腿之间的对抗力量，会有什么不同？

教学指令

口语提示

想象你是一个滚动的球。

想象球（自己）可以在任何时候停止。

保持腿推手、手对抗腿的力量。

保持腿和手臂张力的同时，感受核心肌群的连接。

头部保持不动。

触觉提示

当客户进入滚动的动作时，老师可以给予温和的触觉引导和辅助提示。

老师可以用手检查客户是否做出了腹部挖空的动作。

7.3.5　M5- 单腿拉伸

单腿拉伸被认为是普拉提 "五大腹肌" 系列的第一个练习。下面介绍两个不同的版本。

版本1

起始位置

从坐姿开始，右腿向前伸展，左腿处于三屈位。用左手握住左小腿下方，右手抓住左小腿上方和膝盖部分。

动作

将尾骨卷向耻骨，脊柱逐节卷下，右腿伸展悬在空中，与地面保持适当距离（参见后文）。左腿被牢牢地拉向胸部，同时，腿也向前推，对抗手臂的阻力，感受与腹部肌群连接，类似于 "滚动如球" 的动作要求。

胸腔和头部抬起，注视膝盖远处。

吸气到肋骨的后侧和两侧，感受胸腔的扩张以及腹部的稳定。呼气，继续收缩腹部，挤压腹部肌肉。

快速而平稳地完成动作，切换双腿的位置，让左腿伸展，右腿被拉向胸部。

再次吸气和呼气，将注意力再次转移到胸腔和腹部。

起始位置

手臂和左腿相互对抗，感受腹部肌群的连接

手臂和右腿相互对抗，感受腹部肌群的连接

版本2

起始位置

从坐姿开始，右腿向前伸展，左腿处于三屈位。用左手握住左小腿下方，右手抓住左小腿上方和膝盖部分。

动作

将尾骨卷向耻骨的方向，脊柱逐节卷下。结束时，伸直右腿，让右腿悬在空中，与地面保持适当距离（参见后文）。左髋屈曲超过90度，左小腿平行于地面。

左手放在左小腿下方，右手轻轻推左膝内侧。双手分别对左腿施加相反方向的力。胸部和头部抬起，眼睛注视膝盖远处。

吸气到肋骨的后侧和两侧，感受胸腔的扩张以及腹部的稳定。呼气，继续收缩腹部，挤压腹部肌肉。将获得的感觉与版本1进行比较。

在快速而平稳的动作过程中，切换双腿的位置，左腿伸展，右腿被拉向胸部。

再做一组吸气和呼气，将注意力再次转移到胸腔和腹部。

关于"与地面保持适当距离"

在这两个版本中，伸展腿的位置非常重要。一方面，腿的位置应该足够低，从而刺激腹部肌群；另一方面，又要足够高，这样才不会因为短而紧的髋屈肌或因缺乏核心肌肉组织的支撑，而对脊柱造成压力和负担。

确定伸展腿的适当高度的测试方法，具体如下。客户仰卧，双腿伸直，脊柱接触地板或垫子。

老师用一只手将客户的伸展腿举高，另一只手则放在客户的下背部。然后，老

起始位置

左手向内推，右手向外推

左手向内推，右手向外推

师慢慢地将客户的腿向地板方向放下，留意客户在此过程中是否存在下列表现：

a. 骨盆开始向前旋转；

b. 腰椎开始从地板上抬起。

接下来，老师可以告诉客户，在骨盆即将要向前旋转、腰椎即将开始从地板上抬起的位置是伸展腿的适当位置。任何更低的位置都会导致腰、骨盆、髋的稳定性不足，给下背部造成不必要的张力。

客户仰卧，老师将一只手放在客户的下背部，另一只手抬起伸展腿

老师将客户的伸展腿放回地面，在放下的过程，寻找第一个点：骨盆向前旋或腰椎从地板上抬起

"单腿拉伸"练习的触觉对抗及辅助提示

益 处

强化腹部肌群

提高腰椎骨盆髋复合体的稳定性

帮助释放腰部的张力

帮助上肢和核心整合

原 则

核心控制

脊柱逐节运动

腰椎骨盆髋复合体稳定

教学指令

口语提示

可以使用任意与"核心"有关的口语提示。

可以使用任意与骨盆底肌有关的口语提示。

触觉提示

老师将一只手放在客户的下背部，另一只手放在对方的下腹部，感受腰椎骨盆髋复合体的稳定性。

两个版本的动作有何不同？

屈髋屈膝腿的屈髋程度，对练习有什么样的影响？

7.3.6　M6- 双腿拉伸

禁忌证与注意事项

> 连接腰椎骨盆髋复合体的杠杆长度较长，意味着该练习可能不适用于腰痛或髋关节疾病患者。这类型的练习也可能不适用于怀孕、产后（特别是直肠痉挛）的人群，以及近期做过腹腔手术的人。

双腿拉伸被认为是"五大腹肌"系列中的第二个练习。

起始位置

仰卧，双腿处于三屈位，双手放在头部底部。先做一个"胸椎卷上"。

双腿同时抬起，将膝盖拉向胸口，双手向前抱住小腿前侧。

动作

双腿在双臂带动下，被拉向胸部，同时保持腿与手臂的对抗，即双腿远离身体，对抗手臂拉力。感受与腹部的连接，类似于"滚动如球"动作的要求。

胸腔和头部抬起，注视膝盖远处。

吸气到肋骨的后侧和两侧，感受胸腔的扩张与腹部的稳定。呼气，继续收缩腹部，挤压腹部肌肉。

快速而平稳地执行这个动作：

在距离地面的适当高度，将双腿向前伸展；

头部和胸腔保持在之前的位置，上半身的高度不要降低，将手臂抬起，向头顶方向伸展。

在这个位置停留片刻。

平稳地将手臂收回起始位置，同时将腿收回起始位置，抓住小腿前侧。再来一组吸气和呼气，将注意力转移到胸腔和腹部。重复之前的动作。

准备-01

准备-02

准备-03

起始位置

伸展腿和手臂

收回手臂，保持双腿伸展

回到起始位置

益 处

强化腹部肌群

提高腰椎骨盆髋复合体的稳定性

释放腰部张力

有助于上肢及核心的整合

教学指令

口语提示

可以使用任何与"核心"有关的口语提示。可以使用任何与骨盆底肌有关的口语提示。

触觉提示

老师将一只手放在客户的下背部，另一只手放在对方下腹部，感受腰椎骨盆髋复合体的稳定性。

原 则

核心控制

脊柱逐节运动

腰椎骨盆髋复合体稳定

屈髋屈膝腿的屈髋程度给运动带来了哪些影响？

"双腿拉伸"练习的触觉引导及对抗提示

7.3.7　M7–单腿直腿拉伸

"单腿直腿拉伸"被认为是"五大腹肌"系列中的第三个练习。

腿伸直对于腰椎骨盆髋复合体而言，是一个持续的长杠杆负荷，给核心稳定性带来更大挑战。同时，单腿直腿拉伸也被认为是单腿和双腿拉伸练习的进阶练习。

禁忌证与注意事项

腰椎骨盆髋复合体的持续长杠杆负荷，意味着这个动作可能不适用于腰痛人群以及髋关节、腰背部相关疾病的患者。这类型的练习也可能不适用于怀孕、产后（特别是直肠痉挛）的人群，以及近期做过腹腔手术的人。

益　处

强化腹部肌肉

提高腰椎骨盆髋复合体的稳定性

起始位置

仰卧，双手支撑颈部和头部，双腿处于三屈位。

动作

胸腔和头部抬起，注视膝盖远处。

双腿同时抬起来，膝盖来到髋关节上方，大腿尽量垂直于地板。伸直双腿，双手握在左小腿上方近膝关节处。

双手施力，将左腿拉向胸部，腿部后侧肌群启动，对抗手臂。感受腹部的连接，腹部挖空、核心收缩以稳定脊柱。

伸展右髋，使腿移动到相对于地板的适当距离。

吸气到肋骨的后侧和两侧，感觉胸腔的扩张与腹部的稳定。呼气，感受腹部肌肉的收缩和挤压。

迅速而平稳地执行这个动作：

双腿交换位置，双手握住右腿，左腿伸展，同时保持头部和胸部的位置不变，胸腔和头部不降低。

在这个位置停留片刻，然后重复腿部动作。

原　则

核心控制

脊柱逐节运动

腰椎骨盆髋复合体稳定

起始位置

双脚并拢，膝盖分开

伸直双腿，握住左腿

拉左腿，伸展右腿

交替进行

教学指令

口语提示

可以使用任何与"核心"有关的口语提示。

同样可以使用任何与骨盆底肌有关的口语提示。

在腿和手的对抗中，建立腹部连接的意识。

触觉提示

老师将一只手放在客户的下背部，另一只手放在对方下腹部，感受腰椎骨盆髋复合体的稳定性。

留意伸展腿的高度和另一条腿的屈髋程度。

"单腿直腿拉伸"练习的触觉引导、对抗及辅助提示

7.3.8 M8-双腿直腿拉伸

"双腿直腿拉伸"被认为是"五大腹肌"系列中的第四个练习。

双腿高度的降低对腰椎骨盆髋复合体产生了相当大的杠杆负荷，从而对骨盆和脊柱下段的稳定性提出了更高要求。

禁忌证与注意事项

腰椎骨盆髋复合体的持续长杠杆负荷，意味着这个动作可能不适用于腰痛人群以及髋关节、腰背部相关疾病的患者。这类型的练习也可能不适用于怀孕、产后（特别是直肠痉挛）的人群，以及近期做过腹腔手术的人。

益 处

强化腹部肌肉

提高腰椎骨盆髋复合体的稳定性

起始位置

仰卧，双手支撑颈部和头部，双腿处于三屈位。

动作

抬起头和胸部，视线注视膝盖远方。

双腿同时抬起来，膝盖和大腿位于髋关节上方，尽量垂直于地板。

双脚向天花板伸展，绷脚（即足趾屈），大腿内侧的肌肉启动，双腿紧紧地并拢。

慢慢地将并拢的双腿向地面降低，直到感觉骨盆开始向前倾斜或向前旋转，或者是脊柱下段弓起离开地面。

在这个姿势短暂停留，做一个深深的吸气，感受胸腔向后侧和两侧扩张，然后做一个呼气来感受腹部肌肉收缩和挤压对脊柱的支撑。

勾脚，即足背屈，并将腿恢复垂直伸直的位置，同时在这个过程中尽量将胸部稍稍靠近膝盖。

在必要的情况下可以重复上述动作。

需要注意的是，如果练习过程中腹部鼓起，那意味着你可能已经失去了核心稳定性。一旦这种情况发生，就应停止让双腿伸展到更远的地方——"移动到你的身体告诉你可以移动到的地方，而不是你认为它应该移动到的地方"。

起始位置

双脚并拢，双膝分开

双腿伸直

降低腿的高度

足背屈

腿抬起

教学指令

口语提示

　　可以使用任何与"核心"有关的口语提示。

　　可以使用任何与骨盆底肌有关的口语提示。

　　腹部挖空。

触觉提示

　　老师把一只手放在客户的下背部，另一只手放在对方下腹部，感受腰椎骨盆髋复合体的稳定性。

原　则

核心控制

脊柱逐节运动

腰椎骨盆髋复合体稳定

　　以足背屈（勾脚）和足趾屈（绷脚）的方式执行动作，有什么区别？

"双腿直腿拉伸"练习的触觉辅助及对抗提示

7.3.9 M9-交叉练习

"交叉练习"被认为是"五大腹肌"系列中的第五个练习。

禁忌证与注意事项

腰椎骨盆髋复合体的持续长杠杆负荷，意味着这个动作可能不适用于腰痛人群以及髋关节、腰背部相关疾病的患者。这类型的练习也可能不适用于怀孕、产后（特别是直肠痉挛）的人群，以及近期做过腹腔手术的人。

交叉练习包含了负重下的旋转动作，不适用于椎间盘相关疾病的患者。

起始位置

仰卧，双手支撑颈部和头部，双腿处

益 处

强化腹部肌肉
提高腰椎骨盆髋复合体的稳定性

于三屈位。

动作

抬起头和胸腔直至视线几乎越过膝盖前方。

两腿同时抬起来，膝盖位于髋关节上方，大腿大致垂直于地板。

版本1

右腿伸展，保持与地板的适当距离，同时上半身向左旋转，屈左膝拉向胸腔。进行上半身的旋转时，想象一条线穿过身体中心，左肩和肘部向地板方向旋转。换另一侧重复动作。

起始位置

双脚并拢，双膝分开

上半身转向地面

上半身转向地面

版本2

右腿伸展，保持与地板的适当距离。左脚踝抵住右膝内侧，双腿向中间并拢。左脚踝"粘"在右膝内侧。

通过转动头部，视线看向左肘上方，带动上半身向左转动。当你转身看到左肘后方时，胸腔也随之转动。

在这个位置停留片刻，胸腔和左踝对抗右膝，做1秒的等长收缩。换另一侧重复动作。

起始位置

双脚并拢，双膝分开

左脚踝对抗右膝内侧，看向左肘后方，躯干旋转

右脚踝对抗左膝内侧，看向右肘后方，躯干旋转

原则

核心控制

脊柱逐节运动

腰椎骨盆髋复合体稳定

以足背屈（勾脚）和足趾屈（绷脚）的方式执行动作，有什么区别？

教学指令

口语提示

可以使用任何与"核心"有关的口语提示。

可以使用任何与骨盆底肌有关的口语提示。

腹部挖空。

触觉提示

老师把一只手放在客户的下背部，另一只手放在对方的下腹部，感受腰椎骨盆髋复合体的稳定性。

"交叉练习"的触觉引导及辅助提示

7.3.10　M10- 脊柱拉伸

屈曲类的动作可能不适用于椎间盘突出及骨质疏松症患者。

这个练习的关键信息就藏在名字里——确保你做的是"脊柱伸展"而不是"腘绳肌伸展"。

以髋关节为轴，折叠身体，再尽量向前伸展，练习的是腘绳肌拉伸。脊柱拉伸意味着整个脊柱屈曲，因此背部应该呈圆弧状，即C字形。

起始位置

坐在坐骨上，双腿向前伸展，足背屈，双腿打开与髋同宽。你的手臂应该是放松地放在身体两侧。想象你的脊柱靠在身后的一堵墙上休息。

动作

想象两腿之间轻轻地夹着一个球，大腿内侧肌群启动。

将手臂平举至视线前方，肘部伸展，刚好低于肩膀的高度。吸气到胸腔两侧和后侧，呼气时收紧身体两侧，向前卷。

首先让下巴向胸腔的方向移动。接着放松锁骨，上段肋骨向下，后侧的肋骨向上抬起。手臂伸展，朝脚的方向移动。

想象你正在把脊柱从身后的墙壁上剥离出来，一次剥离一节椎骨。看看你能不能从上到下，一个接一个默数出胸椎的12节椎骨。

起始位置，脊柱直立

手臂在身体前方

想象脊柱从墙壁上剥离出来

回到起始位置

卷动至最后一节胸椎，即第12胸椎时停止动作。理想情况是，你的腰椎仍然贴靠在墙上，腹部挖空，上背部形成并保持较大的曲度。

返回到起始位置时，将每一节椎骨叠落在下面一节椎骨上，使脊柱恢复到直立的状态。

益 处

改善胸椎活动度

释放颈部和肩膀的张力

释放腰部的张力

有助于改善侧后式呼吸模式

原 则

核心控制

脊柱逐节运动

教学指令

口语提示

腹部挖空。

让你的脊柱形成一个又大又长的C字形。

想象从墙壁上剥离脊柱。

感受椎骨一节节地离开"墙面"。

让每一节椎骨叠落在下方的椎骨上。

触觉提示

老师使用触觉引导提示，帮助客户完成头部和上胸腔的屈曲。

老师给予客户触觉辅助，帮助对方抬起肋骨后侧，闭合肋骨前侧。

以足背屈和足趾屈的方式完成这个练习，是否有区别？

内收肌启动和不启动，是否让动作执行有所不同？

如果继续屈曲腰椎会有何不同？

"脊柱拉伸"练习的触觉辅助和引导提示

7.3.11 M11－脊柱旋转

脊柱旋转的关键在于胸腔和椎骨。对于腰部疼痛的人而言，这是非常重要的练习，因为很多人缺乏胸椎活动性，过度使用腰部完成动作，从而加剧背部问题。

这个练习的重点是保持腰椎、骨盆的稳定，让旋转发生在上背部，而不是在腰椎。

禁忌证与注意事项

旋转类的动作对于椎间盘突出的患者，通常意味着禁忌。原因在于，不恰当的练习方式，即旋转发生在脊柱下段而非脊柱上段。如果在监督下正确执行动作，这种练习之于腰背部相关疾病的患者可能是非常有益的。然而，如果执行得不正确，那么这种情况可能会恶化。

患有腹直肌分离症的产后女性，通常被警告不要进行旋转。然而，这取决于腹直肌分离的方向和位置。

起始位置

坐在坐骨上，双腿伸展，放在身体前方，足背屈。想象你的脊柱靠在身后的一堵墙上。

动作

想象两腿之间轻轻地夹着一个球，大腿内侧的肌肉启动。

举起你的手臂，向两侧抬起，保持肩胛骨平面。吸气，允许肋骨后面和侧面扩张。

呼气，关闭肋骨，同时向左侧旋转。

交替使用不同的驱动方式完成动作：

- 左肩胛骨后缩驱动；
- 肋骨驱动；
- 眼睛和头驱动。

你的胸骨现在应该朝向左边，朝左旋转角度不低于30度。

回到起始位置。

起始位置，双臂抬起

旋转胸腔及脊柱上段

回到起始位置

益 处

改善胸椎的活动度
消除颈部和肩膀的紧张感
消除腰部的紧张感
有助于改善侧后胸式呼吸模式

练习时，勾脚和不勾脚有无区别？
练习时，内收肌启动和内收肌不启动有什么区别？
保持左肩胛骨处于静止状态，不后缩肩胛骨，会发生什么？
胸腔或肩胛骨驱动会发生什么？

原 则

核心控制
脊柱逐节运动

教学指令

口语提示

腹部挖空。

当你向左旋转时，可以尝试关注左侧前方肋骨打开而右侧前方肋骨关闭。

感受每一节椎骨逐一旋转，离开"墙壁"。

感受左肩胛骨的后缩和右肩胛骨的前引。

触觉提示

老师可以使用触觉引导提示，帮助客户完成头和脊柱上段的旋转。

老师可以用触碰的方式辅助客户完成旋转。

"脊柱旋转"练习的触觉辅助提示

7.3.12　M12- 锯子

"锯子"练习可以被看作"脊柱拉伸"和"脊柱旋转"的结合，另外附加了一点元素。脊柱拉伸基本上是在矢状面进行的活动，而脊柱旋转发生在水平面。如果把这两个运动平面结合起来再加上冠状面的动作，就得到了"锯子"练习。

这是一个非常好的练习，可以同时在3个平面进行肌肉拉伸。

禁忌证与注意事项

骨质疏松症患者禁忌做屈曲的动作。

起始位置

坐姿，双腿打开与垫子同宽。足背屈，脊柱直立。

手臂水平外展至身体略前方低于肩膀的高度，就像在做"脊柱旋转"练习。

益　处

提高脊柱的灵活性

拉伸腘绳肌和背部肌肉

打开上背部

激活腹斜肌

拉伸腰方肌

动作

呼气时，流畅地完成如下动作。

🔸 头和躯干向左旋转。

🔸 向右侧屈。

🔸 脊柱屈曲向前，右手小指越过左脚小趾。

🔸 左臂向内旋转，拇指指向地板——当移动到这个位置时，保持视线看向拇指。

在这个姿势稍稍停留一会儿，再次呼气，确保腹部肌群的强有力的支撑，加大动作的幅度。

回到起始位置。

起始位置

向左旋转

右手小指越过左脚小趾

呼气，快速停顿，右手去到更远的位置

回到脊柱直立及向左旋转的位置

回到起始位置

原　则

核心控制

屈曲、伸展、侧屈时，脊柱逐节运动

肩带的组织

保持左肩胛骨处于静止状态，不后缩，会发生什么？

使用不同的身体部位驱动，如胸腔、眼睛、头部、肩胛骨，有什么区别？

227

教学指令

口语提示

　　腹部挖空。

　　向左旋转时，关注左侧前方的肋骨打开及右侧前方的肋骨关闭。

　　感受每一节椎骨旋转离开其下方的椎骨。

　　旋转时，感受左肩胛骨的后缩和右肩胛骨的前引。

触觉提示

　　老师给予触觉引导提示，帮助客户完成头部和脊柱上段的旋转。

　　老师采用触碰的方式，辅助客户完成旋转。

"锯子"练习的触觉辅助或指导提示

7.3.13 M13-开腿滚动

开腿滚动将"脊柱拉伸"和"滚动如球"的运动原则结合在一起,旨在增强腹部核心稳定性,同时拉伸及按摩背部组织。并对骨盆的活动性和稳定性提出了更高的要求。

禁忌证与注意事项

屈曲类动作可能不适用于椎间盘突出或骨质疏松症患者。

起始位置

坐在坐骨后面,双脚离开地面,双手握住小腿下方。

动作

伸直双腿,握住小腿,从侧面看身体呈V字形。手臂拉着腿,腿推着手臂,使核心肌肉处于动态平衡之中,身体重量落在坐骨后方。

将尾骨卷向耻骨,从骨盆后倾开始,脊柱屈曲。继续卷起,让身体有控制地向后滚动,同时手臂握住小腿下方。继续滚动,直到肩胛骨接触地面,然后滚动回到起始位置,手臂和腿保持伸直的状态。

01 起始位置

02 握住双腿呈V字形

03 骨盆后倾

04 继续滚动至肩胛骨触地

05 屈曲,脊柱滚动

06 滚动返回,保持双腿伸直

益　处

帮助稳定中背部（胸腰结合处）

拉伸腘绳肌和背部肌肉

打开上背部

激活腹斜肌

拉伸腰方肌

原　则

核心控制

脊柱逐节屈曲

肩带的组织

保证腰椎骨盆髋复合体稳定及灵活

教学指令

口语提示

腹部挖空。

想象你的脊柱是一个大球，可以滚动。

手拉腿，腿推手。

触觉提示

老师给予触觉引提示，帮助客户稳定躯干、腹部挖空。

老师可给予辅助，帮助客户完成滚动的最后阶段，直至坐在坐骨上。

试着把手放在腿的不同位置进行练习。

练习呼气时向后滚动，吸气时回到起始位置。

练习吸气时向后滚动，呼气时回到起始位置。

尝试以或宽或窄的双腿间距，进行这个练习。

"开腿滚动"练习的触觉引导及辅助提示

7.3.14　M14- 单腿踢腿

单腿踢腿是一个非常好也非常实用的练习，可以帮助激活腘绳肌，同时抑制大腿前侧的股四头肌。这很重要，因为许多人的腘绳肌很弱，而股直肌过度活跃，导致髋关节功能障碍和腰痛。

有经验的老师会观察客户踢腿时小腿的朝向。腘绳肌是否存在短或紧绷的问题，可以通过观察踢腿时小腿肌肉是否朝内来判断。

禁忌证与注意事项

伸展类动作可能不适用于椎管狭窄患者。

起始位置

狮身人面像式，肘部在肩关节下方，双臂于前方平行。不要让躯干塌在垫子上。

手肘放在身体稍前的位置，找到一种试图把身体拉向前的感觉，使腹部肌肉参与，拉长脊柱。

身体的重量应该放在骨盆上水平于髋部的位置，或略高于髂前上棘的位置。

双腿平行，绷脚。

胸部抬起，保持头与脊柱的理想排列，眼睛注视前方约1米处。

动作

弯曲左膝，将左脚掌朝着左侧臀部的方向用力地踢出去。以较慢的速度收回左脚，让左脚去到屈膝角度略大于90度的位置。迅速改变脚踝位置，勾脚，即足背屈，然后用力地把左脚跟朝左侧臀部的方向踢出去。伸展左腿，有控制地将其保持在悬空状态，留在距离垫子10厘米的位置。

现在你已经完成了左腿的1组动作。重复5~8组，然后换右腿。也可以选择交替进行，左腿一组，右腿一组。

执行动作时需要注意以下几点。

♦ 踢腿时，要注意同侧膝盖的感觉。许多人会不自觉地把膝盖压在地板上，这是不对的。想象当你踢腿时，你的膝盖放在一朵漂浮的睡莲上，不要把睡莲推到水中。

♦ 注意你的下背部，保持腹部内收上提，这将有助于防止腰部向下塌。腰部下塌会造成腰椎的紧张甚至疼痛。

♦ 练习时加入有控制的节奏。很多老师会给出"踢—踢"的口令，伴随着打响指，然后是拉长音的"拉伸——"，示意腿可以伸直。基本的节奏是，快—快—慢。

♦ 确保脚掌朝向同侧的臀部运动，而不是向外移动，否则会导致骨盆和臀部的不稳定。

益　处

提高腰椎骨盆髋复合体的稳定性
增加伸展幅度
有助于助改善腘绳肌不平衡
释放髋前侧的张力

在不同的手臂位置下完成这个练习。手放在一起和手臂平行有什么不同？

比较慢速和快速的踢腿动作。

腿在地板上伸直和在空中伸直，两者有什么区别？

原 则

核心控制

肩带的组织

腰椎骨盆髋复合体稳定以及髋分离

教学指令

口语提示

把你的腹部抬离地板。

想象你的膝盖放在一朵漂浮的睡莲上。

踢腿时，腹部压缩。

快—快—慢。

触觉提示

老师给予触觉引导提示，帮助客户获得腰椎骨盆髋复合体稳定性的本体感受反馈。

在踢腿的过程中，老师可以针对客户的小腿及脚的位置给予触觉引导提示。

老师可以把手指放在客户的膝盖下方，提示腘绳肌收缩。

起始位置

踢腿

腿伸展，去到屈膝角度略大于90度的位置

足背屈

踢腿

伸展腿保持悬空

"单腿踢腿"练习的触觉引导提示

7.3.15　M15－双腿踢腿

"双腿踢腿"以"单腿踢腿"的动作原则为基础，把左右两边的身体后方的肌筋膜链统一在一个动作里进行锻炼。

禁忌证与注意事项

> 伸展类动作可能不适用于椎管狭窄患者。

起始位置

俯卧，双手置于下背部后方。双手十指相扣或一只手握住另一只手的四根手指。

头部转向左或转向右，一侧脸颊贴在垫子上。

动作

双腿伸展，轻轻地靠在一起，让膝盖从地板上抬起，激活臀肌和腘绳肌。耻骨轻轻压向垫子，两侧髂前上棘各距离地板约一指。

双腿向臀部做3次踢腿的动作。

第一次双腿踢腿：绷脚，即足趾屈。

第二次双腿踢腿：勾脚，即足背屈。

第三次双腿踢腿：绷脚，即足趾屈。

伸展双腿，保持与地板10~15厘米的距离，悬在空中。当你伸展双腿时，抬起手臂远离脊柱，并向上伸展脊柱，远离地板，增大胸部和肩膀前侧的空间。

在这个姿势停留片刻，将脊柱逐节向下卷回垫子上，头部转向与之前相反的方向。

在练习时需要注意以下几点。

🔻 每次踢的时候都要注意尽可能保持骨盆稳定，避免骨盆前倾和过度腰椎前凸。

🔻 在伸展脊柱之前，将手臂抬起离开身体。

🔻 进入伸展位时，想象将肩胛骨放回裤子后侧的口袋里，避免耸肩。

起始位置

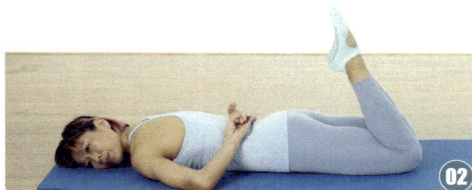

第一次，足趾屈

第二次，足背屈

第三次，足趾屈

手臂抬起、伸展，腿伸展　　　　　　　　　　脊柱伸展向上

益　处

改善腰椎骨盆髋复合体的稳定性

增强背部力量

改善腘绳肌不平衡

释放髋前侧张力

原　则

核心控制

肩带的组织

腰椎骨盆髋复合体稳定以及髋分离

脊柱逐节伸展

教学指令

口语提示

腹部离开地面。

想象你的膝盖放在一朵飘浮的睡莲上，踢腿时不要把睡莲压下去。

踢腿时，收紧腹部。

快—快—快—慢。

触觉提示

老师给予触觉引导提示，帮助客户获得腰椎骨盆髋复合体稳定性的本体感受反馈。

老师可以把手指放在客户的膝盖下方，提示腘绳肌收缩。

老师可以轻轻地把客户的骨盆压向垫子，提示臀大肌激活。

在进行脊柱伸展的同时伸展手臂，与先将手臂抬高离开身体相比较，有什么不同之处？

以足趾屈的方式完成3次动作，这与之前给出的动作序列相比有什么不同？

"双腿踢腿"练习的触觉引导提示

7.3.16 M16-天鹅

"天鹅"练习被分解为3个难度级别。这里介绍的是中级版本。

"天鹅"练习有可能会对身体后侧的姿势稳定肌施加相当大的压力，所以动作过程中特别需要保持胸腔和骨盆之间的良好排列，以保护腰部。

禁忌证与注意事项

伸展类练习可能不适用于椎管狭窄患者。腰痛人群应避免这个练习。

起始位置

俯卧，与"俯卧伸展"练习的起始位置相似。现在保持胸腔的位置不动，将双手带回到胸腔两侧。在这里检查以下细节是否已经做到位：

- 脚背放在地面上，足趾屈；
- 膝盖离开地面；
- 耻骨压向垫子；
- 左右两侧的髂前上棘距离地面一指距离；
- 腹部内收（想象肚脐下方有块冰）；
- 面朝下，鼻子距离地面5~10厘米。

动作

从胸椎伸展开始，手臂伸展，抬起胸椎，直到最后几根肋骨离开地板。

双臂贴紧胸腔两侧，不要让上半身落下。双手压向地板，进入高位脊柱伸展，直到身体重心落在耻骨或大腿上。

吸气，迅速撤掉垫子上的双手，让双手靠近你的胸腔两侧。这样做的时候，你就完成了腹部到胸部的滚动。把你的腿"抛"向天花板，尝试对抗地心引力，保持下半身远离垫子。

滚动至胸骨时，腿指向天花板，然后返回高位脊柱伸展。在这个姿势停留片刻，然后重复相同的滚动动作。

按照要求完成一定重复次数之后，进入婴儿式，放松脊柱。在这个姿势停留5个呼吸，把呼吸送到胸腔后侧。

01

起始位置

高位脊柱伸展

把腿抛向空中，沿着腹部滚动

用手减速，然后推起到高位脊柱伸展

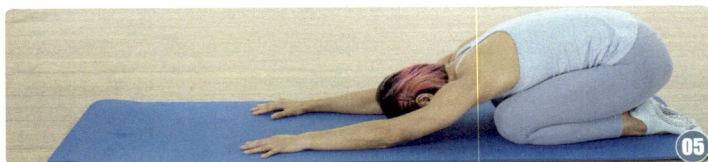

进入婴儿式，停留5个呼吸

<table>
<tr><td>

益 处

强化背部肌肉力量

释放髋前侧的张力

</td><td>

教学指令

口语提示

胸腔向下的同时，把腿"抛"向天花板。

想象把肩胛骨放到裤子后侧的口袋里。

收紧腹部，下巴和耻骨之间的身体尽可能延伸。

想象整个身体像摇椅上的摇杆一样上下摇动。

触觉提示

动作需要将腿"抛"向空中，然后顺着腹部前侧滚动到胸腔，整个过程叫作下潜。

</td></tr>
</table>

原 则

核心控制

肩带的组织

腰椎骨盆髋复合体稳定

脊柱逐节伸展

腿抬得越高，滚动幅度就越大。

老师可以给予"铲勺舀"或"挖"的触觉辅助提示，并在下潜动作过程中，帮助客户把腿"抛"向空中

7.3.17　M17–美人鱼2

禁忌证与注意事项

> 肩周疾病的患者可能会发现"美人鱼2"的版本1很难执行，他们应只练习版本2。

"美人鱼2"是一个非常有趣的垫上动作，同时它也是最著名的普拉提练习之一。然而，它并没有出现在传统普拉提垫上序列里。

"美人鱼2"动作可以使用普拉提场馆的器械来完成。在垫上普拉提教学中，常见的一个变式是从脊柱直立的位置进入动作。接下来介绍"美人鱼2"的两个版本。

版本1：窄距坐姿支撑。其更强调肩膀的稳定性。这是一个很好的准备动作，可以安排在"侧提"等进阶动作之前。动作元素涉及骨盆与腰椎的整合。

版本2：宽距坐姿支撑。这个版本的重点在脊柱的逐节侧屈上，同时强调骨盆的稳定性以及髋部的灵活性。

益　处

> 有助于提高胸椎灵活性，从而改善呼吸，增强脊柱在所有平面的逐节运动能力
>
> 拉伸背阔肌和胸腰筋膜，从而帮助缓解腰部疼痛，提高肩膀的灵活性
>
> 有助于塑造良好体态，脊柱的多平面运动能力以及肩带的稳定性和灵活性

版本1：窄距坐姿支撑

起始位置

侧坐，双腿屈髋屈膝，右手放在体侧，与右髋在同一条线上。把70%~80%的体重交给负责支撑的右臂。从前面或后面看时，骨盆与地面之间应有一个角度，脊柱垂直地"堆叠"在骨盆上方。

动作

保持脊柱与骨盆相垂直，同时慢慢地将右肘放回地面。脊柱应保持稳定，不出现侧弯、旋转或胸腔向一侧平移。

手推地板，手肘伸展，向上推至起始位置，保持骨盆和脊柱的稳定。重复8~10次。

回到手肘撑地的姿势，吸气，将左臂举过头顶。

呼气，旋转上半身，再一次吸气，感受左手指尖从上背延伸至右下背的拉伸感。

将右臂稍微向外侧移动，然后将左手臂和手肘放回地面，平行于右臂。

在这个姿势中，做5次牛式和猫式，即脊柱屈曲和伸展的动作。

伸直手臂，在这个姿势下，重复5次猫式和牛式，持续吸气、呼气。

旋转上半身，回到手肘伸展的侧坐姿势。

用左手握住左脚踝上方，吸气，做右侧反向拉伸展。

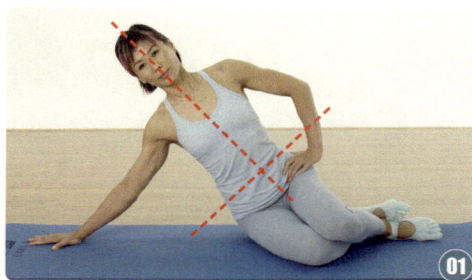

起始位置

手肘屈

手肘伸展

手肘屈，手臂向上延展

手肘屈，手臂向远处伸出

双手肘屈

牛式，脊柱屈曲

猫式，脊柱伸展

手肘伸展，猫式，脊柱伸展

手肘伸展，牛式，脊柱屈曲

回到起始位置

反向拉伸

原 则

呼吸

核心控制

肩带灵活

肩带稳定

脊柱侧屈、旋转、屈曲和伸展时，逐节运动

在伸展和屈曲的动作中分别尝试呼气和吸气，有什么区别？

你能感觉到手肘伸展和手肘屈曲放回地板时，骨盆是如何移动的吗？

教学指令

口语提示

想象把肩胛骨放回裤子后侧的口袋里。

将手肘拉向胸腔，使身体降低。

尾骨和头顶向相反的方向延展。

想象掌根处有根面条，把手掌做成杯状放在地板上。

通过5根手指均匀下压。

把你的腋窝想象成吸尘器向上吸。

想象腋下夹着一个网球。

触觉提示

老师把手指放在客户的脊柱上段，向下移动，提示脊柱伸展。

用一根手指轻抚胸骨柄顶端，提示伸展。

用两根手指轻轻推胸骨柄，提示屈曲。

双手轻轻握住并抬起下段肋骨，提示屈曲。

版本2：宽距坐姿支撑

起始位置

坐姿，右膝弯曲，右髋外旋，左膝弯曲，左髋内旋。此坐姿有时也被称为Z坐姿。

动作

双臂向两侧伸展，几乎与肩膀的高度相当。

吸气，右手着地，左臂举过头顶。

右手压向地板，保持胸腔到右肩胛骨

的连接。

左臂伸展，带动上半身旋转，让左手穿入右臂和胸腔创造的空间内。

回到侧屈，重复旋转动作5~8次。

右臂稍微向外侧移动，左臂与右臂平

行。在这个位置上做5~8个猫式和牛式，即脊柱伸展和屈曲的动作。

回到侧屈，左臂举过头顶。

左手抓住左腿踝关节上方，向左侧做侧屈，拉伸躯干右侧。

起始位置

手臂从侧面抬起打开

侧屈向右，左臂向上，把呼吸送到左肋

旋转向右

回到侧屈

从头开始旋转和从肋骨下方开始旋转，两个动作有什么不同？

你能想到其他的口语提示或动作意象，用来帮助完成这些动作吗？

脊柱旋转，做猫式和牛式

回到侧屈位置

握住小腿，侧屈向左

针对脊柱稳定性的触觉引导提示

针对肩胛骨动作的触觉引导提示

脊柱旋转的触觉辅助提示

脊柱伸展的触觉辅助提示

脊柱屈曲的触觉辅助提示

"美人鱼2"练习的触觉提示

7.3.18 M18- 侧踢

"侧踢"系列是另一个经典的、被熟知的普拉提垫上系列，它包含许多变式。不同变式之间存在微妙的差异，不同水平的练习者可以选择不同的变式进行练习。

这是一套非常重要的练习，有助于培养臀中肌和臀小肌的力量。臀中肌和臀小肌也是提升髋关节稳定性，以及让臀大肌有效启动的必要条件。基本上，臀中肌和臀小肌力量的缺乏，可能会导致臀大肌激活不足以及背部疼痛产生。

在理解这些肌肉的重要性之后，接下来就要学习"侧踢"的传统练习方式、那些同样可以作用于臀中肌和臀小肌的功能性运动，以及可以融入垫上练习的动作变体。

基础侧踢

起始位置

侧卧在垫子上，身体位于垫子后侧，脊柱平行于垫子的侧边。髋微微屈曲，这样双腿就可以在躯干的前方伸展，双脚叠放在垫子角。

上方的手臂弯曲，手掌放在垫子上以提供额外的支撑，下方的手臂伸直，头部靠在上面。在整个运动过程中，腰部始终远离地板。

动作

抬起上方的腿，直到与地板平行。腿伸直，勾脚，踢或扫向前，至大腿与髋部呈90度或略大于90度的夹角。

绷脚，腿向后扫。在这个动作中，髋伸展10~15度。然而，腿向后扫时的髋伸展幅度受限于髋关节被动延展的能力以及腿部运动时骨盆的稳定能力。

例如，一个人的髋屈肌短且紧，甚至都无法保持在中立位，即腿与脊柱一条线的位置上。缩短的髋屈肌无法满足练习要求，那么他或她必然会用脊柱来代偿，引发种种问题。

在重复向前踢腿的动作之前，先勾脚。

这个练习的名字叫作"侧踢"，要求把腿踢到身体前面，因此挑战就变成了骨盆和脊柱的稳定性对抗来自踢的冲力。

练习时需要注意以下几点。

♦ 腿应保持在与地板平行的位置移动。

♦ 骨盆应保持稳定。

♦ 勾脚向前，绷脚向后。

♦ 保持颈部和肩部相对放松，尽量避免颈部肌肉代偿。

♦ 自始至终保持腰部离开地面。

起始位置

抬起上方的腿

勾脚踢

绷脚

后扫，髋伸展

益 处	原 则
强化臀小肌和臀中肌	呼吸
提高髋和骨盆的稳定性	核心控制
使臀大肌更好地被募集	保证腰椎骨盆髋复合体的灵活性
有助于稳定骶髂关节	保证腰椎骨盆髋复合体的稳定性

口语提示

腰部抬离地板——想象一下，在你的腰部下方，留有足够的空间可以让一只老鼠跑过去。

想象此刻穿着一条非常紧身的牛仔裤，带着这种感觉保持骨盆稳定。

用你的脚在对面的墙上画一条线。

快速向前踢，慢速向后扫。

保持腿与地板平行。

触觉提示

老师将手放在客户的侧腰，提醒腰部抬离地板。

老师可以将一只手放在客户的骨盆前方，提示骨盆不要向后旋转。

老师可将一只手或手指放在客户的腿下，提示抬离地板的高度。

老师可将一只手放在客户的最大髋伸位，并要求对方在伸展动作至最大限度时，与自己的手进行对抗。

试试看下方的腿在不同的位置上，动作是否有所不同。

以不同强度和速度进行踢或扫。

试试看上方的手放在不同的位置，动作是否有所不同。

上下（髋外展）

起始位置

侧卧在垫子上，身体位于垫子后侧，脊柱平行于垫子的侧边。髋微微屈曲，这样双腿就可以在躯干的前方伸展，双脚叠放在垫子角。

上方手臂弯曲，手掌放在垫子上以提供额外的支撑，下方手臂伸直，头部靠在上面。在整个运动过程中，腰部始终远离地板。

动作

从起始位置开始，上方的髋外旋，上方的腿朝天花板的方向抬起，同时绷脚。因为髋向外旋转，膝盖也发生旋转，朝向头部。减速回落，上方的腿回到起始位置，同时勾脚。

重复抬腿的动作。改为腿上抬时，勾脚足背屈，腿下落时，绷脚足趾屈。

♦ 确保骨盆保持稳定，不随腿旋转。

♦ 保持腰部下方留有足够的空间。

♦ 骨盆抬高的位置取决于个人髋屈肌的长度。出于骨盆稳定的考虑，髋屈肌越短、越紧，意味着上下腿的屈曲程度越大。

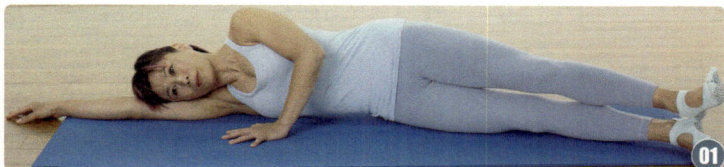

起始位置

绷脚

勾脚

益 处

> 强化臀小肌和臀中肌
> 提高髋和骨盆的稳定性
> 使臀大肌更好地被募集
> 有助于稳定骶髂关节

腿画圈

起始位置

侧卧在垫子上，身体位  于垫子后侧，脊柱平行于垫子的侧边。髋微微屈曲，这样双腿就可以在躯干的前方伸展，双脚叠放在垫子角。

上方手臂弯曲，手掌放在垫子上以提供额外的支撑，下方手臂伸直，头部靠在上面。在整个运动过程中，保持腰部离开地板。

动作

从起始位置开始，想象脚是一支画笔，在脚尖前方的墙上画一个圆。

从顺时针方向画圆开始，慢慢增加圆的半径，让动作的节奏变快。当然这取决于你的腰椎和骨盆保持稳定的能力。

当腿外展时加入外旋，当腿内收时加入内旋。逆时针方向重复上述动作。

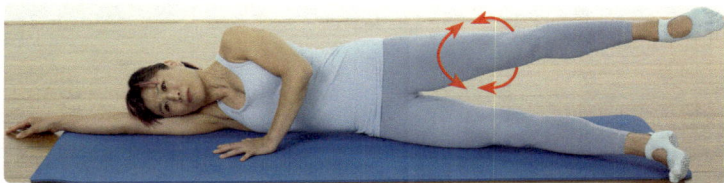

益 处

强化臀小肌和臀中肌

增加髋的灵活性

提高髋和骨盆的稳定性

使臀大肌更好地被募集

有助于稳定骶髂关节

狄维洛普

狄维洛普（développé）是来自芭蕾舞的经典练习，非常考验骨盆稳定性和灵活性——尤其是髋外旋的时候。

起始位置

侧卧在垫子上，身体位于垫子的后侧，脊柱平行于垫子边缘。髋微微屈曲，这样双腿就可以在躯干的前方伸展，双脚叠放在垫子角。

上方手臂弯曲，手掌放在垫子上以提供额外的支撑，下方手臂伸直，头部靠在上面。确保整个运动过程中，腰部远离地板。

动作

从侧卧的姿势开始，上方腿外旋，膝盖屈曲，上方的脚沿着下方小腿内侧滑动，当脚到达膝盖时停止。上方的髋关节处于相当大幅度的外旋和外展状态。

让髋保持在这个位置，快速将上方腿伸直，绷脚，踢向天花板。

慢慢地将上方腿放回下方腿的上面，同时勾脚。

再次快速地内收上方腿，再绷脚，弯曲膝盖，使脚回到下方膝盖的上部，然后有控制地滑回起始位置。以上动作都是在上方髋最大外旋的情况下进行的。

益 处

强化臀小肌和臀中肌

提高髋和骨盆的稳定性

使臀大肌更好地被募集

有助于稳定骶髂关节

改善外旋幅度

起始位置

屈膝，脚滑动（慢速）

髋关节外旋，腿外展，绷脚（快速）

髋关节外旋，腿外展，勾脚（快速）

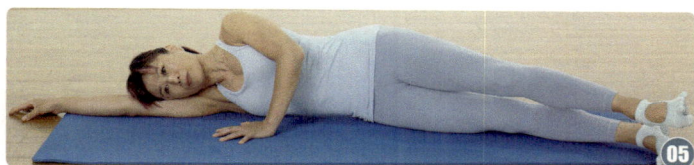

双腿收紧在一起（慢速）

勾脚，内收（快速）

绷脚（快速）

屈膝，脚滑动去到下方膝盖（快速）

253

返回起始位置（慢速）

剪刀踢

"剪刀踢"练习包含一个目前还没有使用过的动作元素，那就是将下方腿从地板上抬起，并在整个动作中保持离地约10厘米的高度。这将挑战下方腿的内收肌以及脊柱和骨盆的稳定性。

起始位置

侧卧在垫子上，身体位于垫子的后侧，脊柱平行于垫子边缘。髋微微屈曲，这样双腿就可以在躯干的前方伸展，双脚叠放在垫子角。

下方腿内收，从垫子上抬起，使用大腿内侧的肌肉，让两条腿紧靠在一起。

上方手臂弯曲，手掌放在垫子上以提供额外的支撑，下方手臂伸直，头部靠在上面。在整个运动过程中，腰部始终离开地板。

动作

上方腿屈髋，同时下方腿伸展。然后切换，即下方腿向前，上方腿向后。勾脚，腿向前。绷脚，腿向后。

从慢速动作开始，逐渐提速，挑战脊柱和骨盆的稳定性。

益　处

强化臀小肌和臀中肌

提高髋和骨盆的稳定性

使臀大肌更好地被募集

有助于稳定骶髂关节

强化大腿内收肌

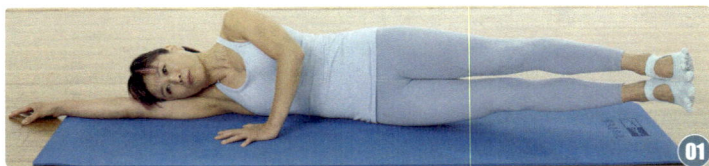

起始位置

左腿向前踢，右腿向后踢

左腿向后踢，右腿向前踢

自行车

"自行车"练习挑战腰椎和骨盆的稳定性，同时挑战双腿在执行不同动作时的协调性。练习过程中，一条腿伸直而另一条腿屈曲。

起始位置

侧卧在垫子上，身体位于垫子的后侧，脊柱平行于垫子边缘。髋微微屈曲，这样双腿就可以在躯干的前方伸展，双脚叠放在垫子角。

上方手臂弯曲，手放在垫子上以提供额外的支撑；下方手臂伸直，头部靠在手臂上。在整个运动过程中，腰部始终远离地板。

动作

上方腿做出类似骑自行车的动作，屈髋屈膝、屈髋伸膝与伸髋伸膝、伸髋屈膝交替，平稳、连续地循环运动。

连续以平稳、有控制的方式重复动作，并适当加快节奏。

> ### 益 处
> 强化臀小肌和臀中肌
> 提高髋和骨盆的稳定性
> 使臀大肌更好地被募集
> 增强双腿协调性，提高稳定性

起始位置

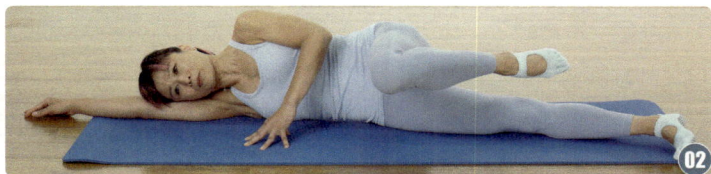

屈髋屈膝

屈髋伸膝

伸髋伸膝

伸髋屈膝

循环重复

下腿抬起

这是一个很好的练习，用于激活内收肌，同时挑战脊柱和骨盆的稳定性。

起始位置

侧卧在垫子上，身体位于垫子的后侧，下方腿与脊柱保持在一条直线上，上方脚掌踩在垫子上，上方膝盖弯曲，髋外展、屈曲、外旋。

上方手臂弯曲，手掌放在垫子上以提供额外的支撑，下方手臂伸直，头部靠在上面。

动作

保持骨盆稳定的同时尽可能用大腿内侧肌群抬起下方的腿（内收）。

注意以下几点。

◆ 骨盆向后旋转是常见代偿运动之一，原因与上方的髋外旋活动度和（或）下方的髋内旋活动度不足有关。

◆ 腰部无支撑，会落回地板上。

◆ 下背部弓起，原因在于髋屈肌灵活性不足。

起始位置

下方的腿上下移动

益 处

强化大腿内收肌
帮助稳定骶髂关节

蚌式

这是一个非常受欢迎的练习，也被认为是锻炼臀部肌肉的有效方法。

需要注意的是，不要过度练习。因为旋转是在髋关节屈曲的情况下进行的，否则可能会让那些我们实际上希望它们处于"关闭"状态的肌肉被过度使用！

起始位置

侧卧，头部靠在伸出的手臂上。双髋屈曲约30度，双膝屈曲90度，上方的腿直接叠放在下方的腿上。

动作

用髋和脚跟作为支点，上提（外展）上方的腿，使其远离下方的腿。

向外旋转髋关节，在动作到达最大限度时，收紧臀部肌肉3秒，再将腿降至起始位置。与此系列中的其他练习一样，进行"蚌式"练习时需要确保以下几点。

♦ 骨盆不发生旋转，臀部保持在固定的位置。

♦ 下背部不弓起。

♦ 腰部远离垫子。

益 处

强化臀小肌和臀中肌
提高髋和骨盆的稳定性
使臀大肌更好地被募集
有助于稳定骶髂关节
改善髋外旋幅度

起始位置

支点在髋和脚跟

关于臀中肌

受现代生活方式和长时间久坐的影响，大部分人都存在功能失常，这亦是许多疾病和肌肉骨骼问题产生的常见原因。或许可以这样说，功能失常的3个重灾区是臀中肌（和臀小肌）、臀大肌和腰肌。

特别是臀中肌，它经常不知道自己是否应该动，因为它肩负着双重责任——既是做动作的主动肌，又是姿势稳定肌。因此，随着时间的推移，它基本上选择让其他肌肉来工作。

"侧踢"系列包含很多激活臀中肌的动作，还有几个动作可以作用于臀中肌的不同肌纤维。

臀中肌前束和后束就是两个需要针对性激励的部位，它们通常会受益于以下动作。

臀中肌前束和后束练习

起始位置

侧卧，头部靠在伸出的手臂上。双髋屈曲约30度，双膝屈曲90度，上方的腿直接叠放在下方的腿上。

动作

像做"蚌式"练习一样，用髋和脚跟作为支点，上提（外展）上方的腿，使其远离下方的腿。当上方的膝盖到达与髋高度相等的位置时，停止动作。

在这个位置，以上方的膝盖作为支点，将上方的脚抬起，直到它高于上方的膝盖。

髋关节现在处于完全内旋的状态。

以上方膝盖和脚之间的连线为轴，慢慢地做外旋，然后以上方膝盖为支点，重复抬脚和落脚的动作。膝盖并没有任何支撑，它是悬在空中的。

起始位置

上方的腿外旋

上方的腿以膝为轴内旋

上方的腿以膝为轴外旋

益 处

强化臀中肌

提高髋和骨盆的稳定性

使臀大肌更好地被募集

有助于稳定骶髂关节

臀中肌的功能性运动

之前的练习对单关节肌肉募集很有帮助，但是臀中肌在现实生活中并不是这样工作的。所以有必要增加一个功能性导向的练习，使客户能够将学到的技巧与其他练习结合在一起。

起始位置

右脚踩在一块砖上或一本厚书上，从侧面看，左脚与右脚距离地面的高度相同。

动作

以右髋为轴点，让左腿向上向下移动。

益　处
强化臀中肌

起始位置：双髋水平对齐　　　　左髋上提　　　　左髋下沉

"侧踢"系列练习的触觉引导提示

7.3.19 M19-戏弄者

这是一个相当有挑战性的动作，仅仅一个动作就涵盖了目前为止我们所学到的许多动作原则。

禁忌证与注意事项

这个练习很可能不适用于骨质疏松症、椎间盘相关病症以及急性下腰背疼痛的患者。受慢性背部疼痛困扰的人群在做这个练习的时候需谨慎。

起始位置

坐姿，双手支撑在身后，屈髋屈膝，双脚掌踩在地面上。

动作

双腿向前向上伸展。找到两侧坐骨后方的平衡点，向前伸展双臂并大致平行于双腿，从侧面看，身体呈V字形。

将尾骨卷向耻骨，从骨盆后倾开始，慢慢地卷动脊柱，逐节靠向垫子。卷动脊柱向下的同时将双腿向下落，类似于"双腿直腿拉伸"的动作，并在距离地面适当的位置停止双腿的动作（所谓的适当位置，取决于练习者的核心稳定性和髋屈肌的灵活性）。

上半身落在垫子上，双腿伸直停留在空中。

双臂往头顶的方向延伸，然后双臂画圈，从身体两侧下降。当手臂与身体夹角小于90度时，抬起头和胸椎，同时抬起双腿，再次将脊柱向上卷起并呈V字形坐姿。

起始位置

双腿直腿抬起

双臂向前延伸

脊柱逐节卷下靠向垫子

双腿保持在空中，全身伸展

双臂画圈去向身体两侧并抬起头部和胸椎

脊柱逐节向上卷动

呈V字形坐姿

益　处

强化腹部肌肉

改善腹部核心肌群的运用情况

强化髋屈肌群

激活股四头肌（伸膝）

原　则

呼吸

核心控制

保证腰椎骨盆髋复合体的灵活性与稳定性

髋部和骨盆的分离

肩带的组织

教学指令

口语提示

想象你的脊柱是一条粘在垫子上的胶带，然后向上撕开离开垫子。

想象你的脊柱是一条放在垫子上的自行车链条，逐节向上抬起。

看看你是不是能够一节一节地数出有几节椎骨落在垫子上。

将脊柱卷起时，想象每一节椎骨都向上提起，远离下一节椎骨。

触觉提示

辅助、对抗和引导提示，都是可以帮助练习者抬起双腿的有用策略。

老师可以用手指引导客户做脊柱的逐节运动。

通过以下练习，可掌握"戏弄者"的基本动作：

卷上；

屈膝卷上并抬腿；

双腿直腿伸展；

坐在起始位置上，双手支撑在身后，双腿伸展。

辅助脊柱的逐节运动

辅助脊柱的逐节运动

以对抗的方式，辅助脊柱的逐节运动

辅助脊柱的逐节运动

"戏弄者"练习的触觉提示

7.3.20　M20－康康舞

由于这个练习需要在有负荷的情况下旋转脊柱，所以可能不适用于有椎间盘问题的患者。受慢性背部疼痛困扰的人群在做这个练习时需谨慎。

"康康舞"以"戏弄者"中所介绍的下肢运动技巧为基础，加入旋转，因此可以把它看作"一边到一边"的升级版本。

在这个练习中需要特别注意的是，为了保护下腰背，应合理募集腹部和骨盆的肌肉组织来完成旋转。

如果在练习过程中，下腰背有任何不适，练习者应该立即停下，因为这可能意味着腰椎或腰骶区域在旋转时承受了太多的压力。

益　处

强化腹部肌肉

改善核心肌群的运用情况

强化髋屈肌

帮助激活股四头肌（伸膝）

改善躯干和骨盆的整合

起始位置

坐姿，双手支撑在身后，屈髋屈膝，双脚掌踩在地面上，双腿对抗发力从而激活大腿内侧肌肉。

腹部深层核心肌群启动，将双腿拉向躯干并抬起双脚脚跟，让双脚踇趾像笔刷那样轻触垫子。

动作

就像"一边到一边"的动作要求，缓慢地将双腿倒向左侧，同时上半身旋向右侧，动作过程中确保双腿是"粘"在一起的。然后在动作过渡到倒向右侧之前，双腿做一个小幅度的向上滑动动作。

双腿倒向右侧，同时上半身旋向左侧，身体形成反向旋转。伸展双膝，大腿的位置保持不变，双腿指向天花板。

在这个姿势保持1秒，继续屈膝让双腿倒向左侧，并将上半身旋向右侧。

双腿去到右侧，上半身旋向左侧。

双腿去到左侧，上半身旋向右侧，伸展双膝。

总结：

屈腿去到左侧，上半身右旋；

屈腿去到右侧，上半身左旋；

直腿去到左侧，上半身右旋；

屈腿去到右侧，上半身左旋；

屈腿去到左侧，上半身右旋；

直腿去到右侧，上半身左旋。

<table>
<tr><td>原　则</td></tr>
</table>

核心控制

保证腰椎骨盆髋复合体的灵活性与稳定性

髋和骨盆的分离运动

躯干和骨盆的整合

教学指令

口语提示

保持胸廓位于骨盆上方。

动作过程中保持大腿内侧肌肉被激活。

双脚踇趾轻触垫子。

想象双脚的踇趾轻点水面，但没有浸入水中。

感受从肚脐到髂前上棘之间的连接。

保持双腿的轻盈感，流畅地做动作。

触觉提示

辅助、对抗和引导性提示对于帮助客户抬起双腿非常有用。

在客户旋转身体时用手指引导脊柱的逐节运动。

通过以下练习，可掌握"康康舞"的基本动作元素。

坐在起始位置上，双手支撑在身后，双腿伸展。

探索以不同部位驱动完成这个动作的区别。

可以自下而上，从骨盆开始驱动；可以自上而下，从眼睛和头部开始驱动。

起始位置

屈腿去到左侧，上半身右旋

屈腿去到右侧，上半身左旋

直腿去到右侧，上半身左旋

屈腿去到左侧，上半身右旋

屈腿去到右侧，上半身左旋

直腿去到左侧，上半身右旋

"康康舞"练习的触觉引导提示

7.3.21　M21－髋画圈

"髋画圈"是"康康舞"的进阶动作，我们在"康康舞"中学到的技巧现在将通过持续的长杠杆负荷从下肢传递到骨盆和核心的过程中得到检验。

在熟练掌握"康康舞"练习之前，不要尝试这个练习。

起始位置

坐姿，双手支撑在身后，屈髋屈膝，双脚掌踩在地面上，双腿对抗发力从而激活大腿内侧肌肉。

动作

双腿和上半身去到"康康舞"的结尾姿势，双腿直腿去到右侧，上半身旋向左侧。

双腿略向下，扫向右侧，做一个逆时针方向的旋转动作。同时将上半身旋向左侧。

继续以逆时针方向，抬起双腿扫向右侧，同时保持上半身转向左侧。

在这个姿势保持1秒。

重复这个画圈的动作2次，然后反方向画圈，重复3次。

起始位置

向上伸直双腿

上半身转向左侧，双腿去到右侧

上半身转向左侧，双腿略向下去到右侧

目视前方，直腿

上半身转向右侧，双腿在左侧抬起

上半身转向右侧，直腿

目视前方，双腿直腿向上抬起

益　处

强化腹部肌肉

改善腹部核心肌群的运用情况

强化髋屈肌

激活股四头肌（伸膝）

改善躯干和骨盆的整合

原　则

核心控制

保证腰椎骨盆髋复合体的灵活性与稳定性

髋和骨盆的分离运动

躯干和骨盆的整合

教学指令

口语提示

保持胸廓位于骨盆上方。

动作过程中保持大腿内侧肌肉被激活。

感受从肚脐到髂前上棘之间的连接。

保持双腿的轻盈感，流畅地做动作。

触觉提示

辅助、对抗和引导性提示对帮助客户抬起双腿非常有用。

老师可以在客户旋转身体时用手指引导脊柱的逐节运动。

通过以下练习，可掌握"髋画圈"的基本动作元素：

坐在起始位置上，双手支撑在身后，双腿伸展。

探索以不同部位驱动完成这个动作的区别。

可以自下而上，从骨盆开始来驱动完成动作。

可以自上而下，从眼睛和头部开始来驱动完成动作。

探索双手在不同位置完成这个动作的区别。

"髋画圈"练习的触觉引导及辅助提示

7.3.22 M22–侧提

"侧提"是一个非常有趣的练习，它会让你不由自主地露出"普拉提脸"。很多时候，我们只是看到其他人拥有完美演示这个动作的能力，但却未能充分理解这个练习对核心以及肩带稳定性的要求。

练习者常犯的一个典型的错误就是想要不断把骨盆抬高，而我希望大家能够记住，脊柱和骨盆保持在一条线上才是正确的位置，这样可以最大限度地锻炼到臀部和腰腹部肌肉。接下来介绍"侧提"的4个版本，包括加入旋转的版本。

禁忌证与注意事项

有肩部病灶的人群练习时需谨慎。

版本1

起始位置

侧卧，用右肘支撑身体，肘部与臀部在一条直线上。双腿重叠，双膝和两侧脚踝重叠。膝盖应该和髋部对齐，然而，大多数人无法做到，这是由于屈膝时股四头肌被拉伸，此时髋屈肌的张力过大。对于这些人而言，膝盖可以放在髋的略前方。

动作

将骨盆抬起，用右肘和右膝支撑身体，从前侧或者后侧看过去，头部、脊柱和大腿在一条直线上。从前侧看过去，右肘应该位于右肩的正下方。

在这个姿势保持5个呼吸，然后回到起始位置。

双膝和髋部/骨盆对齐

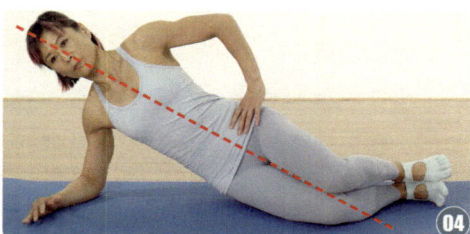

双膝在髋部/骨盆前侧

271

版本2

起始位置

侧卧，用右肘支撑身体，肘部与臀部在一条直线上。双侧大腿根部重叠，双膝和两侧脚踝重叠。双脚与肘部和臀部对齐，膝盖位于身体前方。肘部应略向外展，从正面看，右肘位于右耳的正下方。

动作

右肘和右脚的外侧支撑身体，骨盆和膝盖离开地面，身体呈侧平板姿势。

当身体抬起时，头部应向垫子的顶端移动，膝盖伸展并向后移动，与脊柱在一条直线上。双肩应该向头部的方向移动，右肘去到右肩的正上方。

在这个姿势保持5个呼吸，然后回到起始位置。

起始位置

版本3

起始位置

坐在右侧坐骨上，右手与右髋对齐。双侧大腿根部重叠，双膝重叠。双脚与肘部和臀部对齐，膝盖在身体前方。

将上方的脚（左脚）往前移，放在右

右肩在右肘的正上方，膝盖向后移动，和脊柱、骨盆、脚在一条直线上

脚前侧的垫子上。

右肩应该在右耳下方，右手放在靠近垫子顶端的位置上。

动作

抬起骨盆，头部往垫子顶端的方向移动，右肩位于右手上方，膝盖向后移动，并与手部、臀部和脚在一条直线上。

身体呈侧平板姿势，将身体的重心均匀地分布在右臂、右脚的外侧和左脚的内侧。

左臂指向天花板，尽量和右臂在一条直线上。

回到起始位置。

另一种方式是将上方的腿放在下方的腿后面一点的位置上，这将会拉伸髋屈肌，从而带动骨盆水平旋转。这种方式对骨盆的稳定性要求更高。

起始位置

抬起骨盆

版本4：侧提加旋转

起始位置

坐在右侧坐骨上，右手与右髋对齐。双侧大腿根部重叠，双膝重叠。双脚与肘部和臀部对齐，膝盖在身体前方。

将上方的脚（左脚）往前移，放在右脚前侧的垫子上。

右肩应该在右耳下方，右手放在靠近垫子顶端的位置。

动作

抬起骨盆，头部往垫子顶端的方向移动，右肩位于右手上方，膝盖向后移动，并与手部、臀部和脚在一条直线上。

身体呈侧平板姿势，将身体的重心均匀地分布在右臂、右脚的外侧和左脚的内侧。

左臂指向天花板，尽量与右臂在一条直线上。

旋转上半身，左臂去到胸前，呈形似拥抱动作的姿势。

想象一根绳子连着骨盆上的钩子，把尾骨拉向天花板。当骨盆抬高指向天花板的时候，继续将左臂绕过身体前侧并让左手去找右脚。

回到侧平板姿势，然后再回到起始位置。

> 所有版本的"侧提"都需要确保一开始没有把骨盆抬得太高。
>
> 练习吸气时将骨盆抬起。
>
> 练习呼气时将骨盆抬起。
>
> 探索通过吸气和呼气两种方式抬起骨盆的区别。

起始位置

抬起骨盆

旋转上半身

左手去找右脚

回到侧平板

回到起始位置

益 处

强化腹部肌肉
改善腹部核心肌群的运用情况
强化肩带力量
提高肩部的稳定性
强化上肢和核心的整合

原 则

核心控制
保证腰椎骨盆髋复合体的稳定性
保证肩带的稳定性与灵活性
上肢和核心的整合
下肢和核心的整合

教学指令

口语提示

想象绑在尾骨上的气球带动骨盆浮起。

骨盆抬起时，骨盆从两侧向中间收窄。

想象一下抬起时就像从管道中拔出塞子，而身体就是那个塞子。

触觉提示

客户抬起身体时，老师可以引导客户的胸廓去到应去的位置。

老师去到方便辅助或者引导骨盆的位置。

根据髋屈肌的柔韧程度，在"侧提"这个练习里可选择不同的腿部姿势

降阶动作，在四足式上做旋转会更容易

7.3.23 M23-跪姿侧踢

"跪姿侧踢"是"侧踢"系列的一个进阶练习,其不同之处如下。

- 挑战身体的平衡性。
- 需要借助单侧躯干肌肉的灵活性来完成踢腿的动作。
- 挑战骨盆在3个运动平面上的稳定性。
- 需要髋外展和髋内收的灵活性来完成动作。
- 身体的位置增加了髋关节的杠杆。
- 对核心稳定性的要求相当大。

禁忌证与注意事项

有髋部和肩部疾病的患者练习时需谨慎。

起始位置

跪姿,双腿与髋同宽。

左腿向外打开至膝盖完全伸展,脚掌踩在垫子上。

双臂水平外展,与肩同高。

身体向右侧倾倒,重心移到右髋,抬起伸直的左腿,把右手放在垫子上。

右手掌心接触垫子。右髋和右膝对齐,臀部没有拱起来,左腿伸直并保持与地面平行。

左手放在头的后方,肘部指向天花板。

动作

在这个姿势的基础上,你可以练习以下"侧踢"的变式。

- "前后踢腿"
- "腿画圈"
- "自行车"

动作结束之后,身体回到左腿伸直、双臂水平外展的位置。

预备式

双臂侧平举,左腿向外滑出

身体倒向右髋

起始位置

前后踢腿

足背屈（勾脚）

向前踢腿

向后踢腿

腿画圈

左腿朝顺时针与逆时针方向画圈

自行车

01

足背屈（勾脚）

02

向前踢腿

03

足趾屈（绷脚）

04

向后踢腿

屈右膝

屈右膝同时屈右髋

伸膝

益处

强化腹部肌肉力量

提高髋部稳定性

提高髋部灵活性

整合下肢和核心

强化髋部肌肉力量

原则

核心控制

保证腰椎骨盆髋复合体的稳定性

保证肩带的稳定性

下肢和核心的整合

用不同的节奏练习踢腿和"腿画圈"。

教学指令

口语提示

骨盆浮起。

想象你的骨盆和脊柱贴着墙。

想象有一个已经涂了润滑油的球在你的髋臼窝移动。

想象一下，从左耳到左髋有一根橡皮筋，保持橡皮筋的伸展状态。

想象一下，你的骨盆被一根绳子吊在左髋骨上。

当你以膝盖为支点，倾倒身体，手掌去找地面时，看看你是否能保持平衡。

触觉提示

老师将手放在客户的腹部和骨盆上，通过触感获得反馈。

老师给客户的腿部动作做一些触觉引导、辅助或者对抗提示。

"跪姿侧踢"练习的触觉引导提示

7.3.24 M24-侧弯

有肩部疾病的患者练习时需谨慎。

"侧弯"是"侧提"的进阶动作，挑战身体在冠状面运动的肩带稳定性。

起始位置

侧身坐在右侧坐骨上，右手支撑身体，右手和右髋在一条直线上。双侧大腿根部、双膝和双脚的脚踝重叠，膝盖在身体前侧。

左臂在身体侧面贴着左髋，向前伸直。

动作

抬起左臂，举过头顶。

抬起骨盆，身体呈侧平板姿势，重心均匀地分布在右臂和右脚的外侧。将骨盆抬起时，左臂举起，直臂向下去到身体的左侧。

转动头部，眼睛看向左侧。

将左手沿着左腿外侧向下朝着左脚的方向移动，带动脊柱向左侧弯。

回到侧平板姿势，将左臂举过头顶并带动身体向右侧弯。在回到侧平板姿势之前停顿片刻，然后将身体落回地面，回到起始位置。

起始位置

抬起骨盆

手放在膝盖外侧并向脚踝方向滑动，带动身体侧弯

手臂举过头顶，带动躯干侧弯

回到侧平板

益　处

强化腹部肌肉力量

改善腹部核心肌群的运用情况

强化肩带力量

提高肩关节的稳定性

改善上肢和核心的整合

原　则

核心控制

保证腰椎骨盆髋复合体的稳定性

保证肩带的稳定性与灵活性

整合上肢和核心

整合下肢和核心

在所有侧提动作中，确保一开始没有把骨盆抬得太高。

练习吸气时将骨盆抬起。

练习呼气时将骨盆抬起。

通过吸气和呼气两种方式抬起骨盆的区别在哪儿？

教学指令

口语提示

想象绑在尾骨上的气球带动骨盆浮起。

骨盆抬起时骨盆从两侧向中间收窄。

想象以拔塞的方式，拉动自己，抬起身体。

触觉提示

客户抬起身体时，老师可以引导客户的胸廓去到应去的位置。

老师去到方便辅助或者引导骨盆的位置。

"侧弯"练习的触觉引导及辅助提示

7.3.25 M25–游泳

有髋部、肩部或脊柱疾病的患者练习时需谨慎。

"游泳"是一项可以锻炼背部动力链中所有肌肉的练习。这些肌肉也是维持体态和完成位移必须使用的肌肉。

练习者需要关注的是运动的质量而非运动的幅度，过大的幅度只会造成脊柱周围肌肉不必要的紧张。

起始位置

俯卧，双臂往头顶方向延伸。

双脚触地，双膝抬离垫子。

耻骨轻轻地压向地面。

收腹。

头部抬起。

动作

抬起头部，努力看向身体前方1~2米的位置。将左侧肩胛骨放到裤子后侧的口袋里，即以沉肩的方式抬起左臂，感受肩胛骨的后缩以及从肩部到骨盆的肌筋膜的连接。

同时伸展右腿，借助腹部肌群的交互作用，将右腿抬起。

你是否能够感受到左臂和右腿之间的连接？

左臂和右腿同时上下移动。

重复8次动作之后换右臂和左腿继续。

现在将两个动作结合，抬起双臂和双腿，保持胸椎伸展。

右臂和左腿同时上下移动，然后左臂和左腿同时上下移动。

从慢动作开始逐渐加速，持续30秒。

教学指令

口语提示

把肩胛骨放回口袋，感觉肩胛骨的后缩。

想象你正站在一块冲浪板上，保持头部抬起，不要弄湿你的头发。

想象你正站在一块冲浪板上，目光追逐着浪尖。

下肋骨和耻骨始终贴着垫子。

触觉提示

老师可以引导客户的肩胛骨活动，帮助客户完成手臂的动作。

老师给予触觉引导提示，让客户的骨盆去到正确的位置。

益 处

强化背部肌群

改善体态

整合上下肢和核心

改善髋部伸展功能

强化臀肌

原 则

核心控制

保证腰椎骨盆髋复合体的稳定性

保证肩带的稳定性与灵活性

上肢和核心的整合

下肢和核心的整合

普拉提指导手册

呼吸模式如何影响你的动作?
练习时稍微旋转胸腔和不旋转胸腔,比较两种方式的异同。

起始位置

左臂－右腿

右臂－左腿

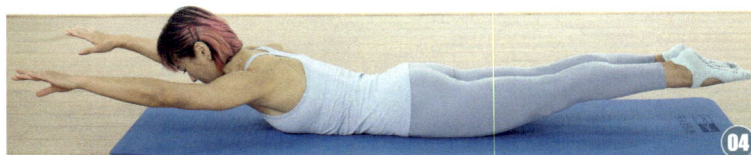

双臂与双腿

交替双臂和双腿,速度从慢到快

"游泳"练习的触觉引导提示

7.3.26 M26-肩桥

"肩桥"是"骨盆提"或"骨盆卷起"的进阶练习，它挑战的是大腿和骨盆经由大腿内侧肌肉的连接，通过臀大肌来稳定身体，从而避免对下腰背施加不必要的张力。

这项练习中的要点之一就是确保臀肌（臀部）的参与，配合使用腘绳肌的力量，而不是让下腰背发力。

禁忌证与注意事项

> 高血压或低血压患者，有髋部、肩部或者脊柱疾病的人群，练习时需谨慎。

起始位置

仰卧，双腿处于三屈位，双臂放在身体两侧。

双脚脚跟尽可能地靠近坐骨，抬起骨盆。

抬起双脚脚跟，重心落在脚尖上，让骨盆抬得更高。

滑动双手掌根去到骨盆后部外侧（离髂后上棘稍远一点），肘部在手掌根部正下方。

脚跟落回地面。现在，臀肌和上臂能够很好地支撑骨盆。

花一些时间调整骨盆的位置，避免下腰背产生太多的张力。胸腔是打开的，两侧锁骨呈现。

确保身体的重量均匀地分布在双脚的外侧、内侧和前侧、后侧，从而让大腿以内外侧平衡的方式做支撑。

动作

将更多重量施加到右脚的脚底，抬起左腿，保持屈膝，去到与左髋大致垂直的位置。

向天花板的方向伸直左腿，花些时间调整骨盆的位置。

绷左脚，平稳地伸展髋关节，左腿下落到略低于左髋位置。屈左髋，回到腿垂直于髋的位置。

这个动作重复5次，然后以勾脚向上、绷脚向下的方式重复同样的动作。

再重复5次之后，换另一条腿做动作。

仰卧

抬起骨盆

脚尖点地

双手去到骨盆下方

伸左髋

脚跟落回地面

勾左脚

抬起左腿

勾左脚的同时屈左髋

伸直左腿

益 处

强化臀肌

稳定髋部

松解髋前侧肌肉

强化腘绳肌

稳定骨盆

原　则

核心控制

保证腰椎骨盆髋复合体的稳定性

下肢和核心的整合

分别在吸气和呼气时将骨盆抬起。

呼吸模式如何影响你的动作?

勾脚和绷脚是否让动作变得不同?

你能感受到下腰背发力和臀肌发力的区别吗?

教学指令

口语提示

抬起脚跟,双手去到骨盆下方。

腹部挖空并拉长身体两侧。

脚底踩实地面。

双脚向下推垫子。

尽可能地让你的耻骨远离锁骨。

触觉提示

老师试着抓住客户的脚垂直向上抬起——臀大肌测试。

"肩桥"练习的触觉引导及辅助提示

7.3.27 M27-剪刀

"剪刀"练习能够很好地锻炼核心的稳定性，并且拉伸身体的前侧，释放髋屈肌和髋部前侧的长度。

注意：因为这是一个身体倒置的练习，所以会给脊柱的上部带来一定的压力，有血压问题或者肩颈问题的人群在做这个练习前需要咨询专业人士。

起始位置

仰卧，双腿处于三屈位。

动作

屈髋，大腿去到与地面垂直的位置，然后双腿伸直，指向天花板。

双臂向下压地面，脊柱开始向后卷动，带动双腿来到靠近头顶的方向。

保持卷后姿势，双手放到下腰背处，用你的掌骨去感受胸廓，用你的指尖去感受骨盆的顶端。手肘去到双手的正下方，从而更好地支撑你的身体。

伸左髋，左腿向下去到离骨盆和脊柱形成的直线下方大约15度的位置（动作

幅度取决于髋屈肌的灵活性）。

从侧面看，此时你的左腿和右腿应大约呈90度夹角。

流畅地进行双腿交替上下的动作：

勾左脚，屈左髋；

绷右脚，伸右髋。

重复这个动作10~20次，整个过程中关注骨盆的稳定性。

起始位置

屈髋

伸直双腿

卷后

双手支撑骨盆

伸左髋

屈左髋/伸右髋

益 处

强化核心

提高髋部的灵活性

提高腰椎骨盆髋的稳定性

有助于缓解慢性疾病造成的下腰背紧张

原 则

核心控制

保证腰椎骨盆髋复合体的稳定性

整合下肢和核心

教学指令

口语提示

感受两腿位置变化所产生的动态平衡。

用髋屈的那条腿去平衡髋伸的那条腿。

直腿去够天花板，不要试图把腿举起来。

触觉提示

老师可以用手引导客户腰椎和骨盆的运动。

老师可以针对客户伸展的那条腿给予辅助或对抗提示。

尝试在腿处于不同位置下完成动作，这对骨盆和脊柱有什么影响？

如果你只是专注于把腿举起在空中，会发生什么？

如果仅仅专注于单侧屈髋而没有做另一侧的伸髋，会发生什么？

"剪刀"练习的触觉引导及辅助提示

7.3.28　M28-自行车

禁忌证与注意事项

有以下情况的人群练习时需谨慎。

高血压或低血压

髋部问题

肩部问题

脊柱相关病症

颈部问题

"自行车"是"剪刀"的自然过渡，它允许臀部做更大幅度的圆周运动，并能够缓解由某些辅助髋屈肌（如股直肌、阔筋膜张肌和缝匠肌）造成的肌肉紧张。辅助髋屈肌的紧张极有可能引发下腰背疼痛。

起始位置

起始位置和"剪刀"练习相同。

仰卧，双腿处于三屈位。

动作

屈髋，大腿去到与地面垂直的位置，向天花板的方向伸直双腿。

双臂向下压地面，脊柱卷动向后，双腿朝向头顶的位置。

在卷后的姿势下，双手放到下腰背，用你的掌骨去感受胸廓，用你的指尖去感受骨盆的顶端。手肘去到双手的正下方，从而更好地支撑身体。

伸左髋，左腿向下去到离骨盆和脊柱形成的直线下方大约15度的位置（取决于髋屈肌的灵活性）。

从侧面看过去，此时你的左腿和右腿应大约呈90度夹角。

请在不屈髋的情况下屈左膝！也就是说，在不缩短髋前侧肌肉的前提下，拉伸大腿前侧。

在屈左髋，伸展左膝的同时伸展右髋，屈右膝。

继续做这个"自行车"练习，重复一定次数，重点是双髋和双膝流畅运动的同时保持骨盆的稳定。

起始位置

屈髋

伸直双腿

卷后

双手支撑骨盆

伸左髋

屈左膝

屈左髋，伸左膝，伸右髋，屈右膝

原 则

核心控制

保证腰椎骨盆髋复合体的稳定性

整合下肢和核心

益　处

强化核心

提高髋部的灵活性

有助于松解大腿前侧肌肉

提高腰椎骨盆髋的稳定性

有助于缓解慢性疾病造成的下腰背紧张

试试看，在双腿处于不同位置下完成动作对骨盆和脊柱有什么影响？

稍稍改变手的位置并观察支撑是否受到影响。

教学指令

口语提示

感受两条腿的位置变化形成的动态平衡。

用髋屈的那条腿去平衡髋伸的那条腿。

伸膝去够天花板，不要试图把腿举起来。

有控制地屈膝，不要让小腿垂挂在大腿上，用大腿后侧的肌肉把小腿拉到适当的位置。

当将弯曲的那条腿伸直的时候，髋部的位置保持不变。

触觉提示

老师可以用手引导客户腰椎和骨盆的运动。

老师可以针对客户伸展的那条腿给予触觉辅助或加入对抗。

"自行车"练习的触觉引导及辅助提示

7.3.29 M29-后拉腿

在旁观者的眼里,这个练习可能不是那么困难,事实是它对骨盆的稳定性、腘绳肌的力量和稳定性有相当大的挑战性。

髋屈肌又短又紧的人可能不会喜欢这个练习。

禁忌证与注意事项

对于踝关节活动受限或髋屈肌短的人而言,这个练习不乏挑战性,代偿可能会以下腰背超伸的形式出现。

起始位置

坐姿,双腿伸直并拢,绷脚。双手放在身后的垫子上,胸腔打开,锁骨延展。双手手指朝前。

动作

抬起骨盆,使其与腿和脊柱在一条直线上。双脚踩实地面。

在这个姿势停留,屈左髋,勾左脚,将左腿向胸部伸展。理想情况下,左腿与右腿间的夹角呈90度。

进行3次踢腿,具体如下。

绷脚踢一次腿,勾脚踢一次腿,绷脚踢一次腿。

换腿重复这个动作。

起始位置

抬起骨盆,双脚向下踩实地面

屈左髋,勾左脚

绷左脚

左腿落下

屈右髋，勾右脚

绷右脚

右腿落下

注意事项

♦ 骨盆应一直保持抬起的状态，不要让骨盆落下。

♦ 避免发生水平面上的骨盆旋转。

特别说明

支撑腿的脚底应该完全踩实地面。实际上大多数人无法做到，但这又是练习的意义和目的所在。如果脚底没有与地面接触，代偿就会发生，并会损害连接骨盆区域的肌筋膜链。为了保持稳定，练习者会启动脚跟外侧的力量，这通常会导致胫骨外翻。

为了尽可能地避免上述代偿情况的发生，我找到的最有效的方法之一就是在脚下放一条卷起的毛巾或楔形垫。通过这种方式，老师能够帮助客户更有效地进行练习，并找到一条贯穿身体后侧的极其重要的动力链。

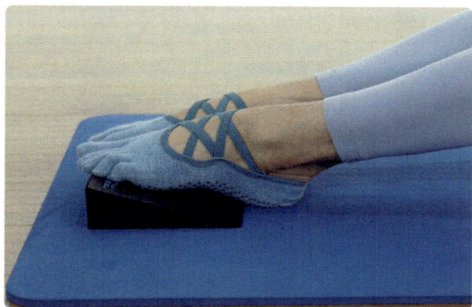

使用一块楔形垫或一条卷起来的毛巾，为足部和脚踝提供支撑

益 处

强化核心
提高髋部灵活性
有助于松解大腿前侧肌肉
增强腘绳肌的力量
提高腘绳肌的柔韧性

原 则

核心控制
保证腰椎骨盆髋复合体的稳定性
整合下肢和核心

练习时改变手部位置，看看是否带来了更多对身体支撑和胸腔打开的挑战性。

"后拉腿"练习的触觉引导及辅助提示

教学指令

口语提示

脚底向下踩实地面。
用脚推地面。
腹部挖空，把腿抬起来。
"打开"锁骨，提起胸腔。

触觉提示

老师可以用双手引导客户的腰椎和骨盆去到正确的位置。

老师可以针对客户伸直的那条腿给出一些触觉对抗提示。

老师可以针对客户的锁骨和胸腔给出触觉引导提示。

7.3.30 M30-前拉腿

"前拉腿"挑战的是平板姿势下的肩带、核心肌群和骨盆的稳定性。

患有肩部病症的人士，在这个练习中可能会感到不适。练习者应注意确保腰部得到适当的支撑。

益　处

强化核心

增强腘绳肌的力量

增强臀肌的力量

有助于平衡腘绳肌、臀肌、脊侧肌群之间的关系

提高肩带的稳定性

强化上半身的力量

起始位置

进入四足跪姿，膝盖在髋部下方，手在肩部下方。

动作

滑动右腿向后至完全伸展，脚尖支撑。

滑动左腿向后至完全伸展，脚尖支撑。

身体处于平板姿势，肩带、腘绳肌和臀肌都被激活了。

左腿尽可能向上去找天花板，同时保持全身的稳定。

确保没有发生骨盆旋转、侧移，髋部向肩膀移动（即腰线缩短）等代偿动作。

保持抬腿姿势，右脚跟将右脚推向远

方，绷左脚，带动头部和身体向前移动几厘米。

在这个位置停留一下，然后用力勾右脚，使头部和身体沿着垫子向后移动。

左腿落回地面，重复以上动作3~5次。

起始位置

伸直右腿

平板姿势

抬起左腿

右脚足趾屈，拉动上半身，右脚向下推地面

右脚足背屈，推动上半身，右脚向下推地面，同时挖空腹部

原则

核心控制
保证腰椎骨盆髋复合体的稳定性
整合下肢和核心
保证肩带的稳定性

试试看呼气抬腿和吸气抬腿，你觉得这两种方式有什么不同？

教学指令

口语提示

脚尖压向地面。
用脚推地面。
腹部挖空，把腿抬起。
打开锁骨，抬起胸腔。
头部和尾骨向两侧反向延伸。

触觉提示

老师可以用双手引导客户的腰椎和骨盆去到正确的位置。
老师可以针对客户的锁骨/胸腔和胸椎给出触觉引导提示。

"前拉腿"练习的触觉引导提示

7.3.31　M31–俯卧撑（5种方式）

禁忌证与注意事项

> 患有肩部病症的人士，在这个练习中可能会感到不适。练习者应注意确保腰部得到适当的支撑。

"俯卧撑"是所有健身项目中不可或缺的一部分，所以它出现在普拉提垫上动作序列中也就不足为奇了。

接下来要介绍的练习是基于传统版本的变式。

在做"俯卧撑"练习时，手的位置在很大程度上决定着前臂、上臂和肩带肌肉将以何种方式被使用。因此练习者有必要尝试尽可能多的组合方式，让更多肌肉有效参与完成动作。

益　处

强化核心

增强腘绳肌的力量

增强臀肌的力量

有助于平衡腘绳肌、臀肌和脊侧肌群之间的关系

提高肩带的稳定性和灵活性

强化上半身的力量

强化手臂的力量

起始位置

进入四足跪姿，膝盖在髋部下方，手在肩部下方。

动作

滑动左腿向后至完全伸展，脚尖支撑。

滑动右腿向后至完全伸展，脚尖支撑。

身体处于平板姿势，肩带、腘绳肌和臀肌都被激活了。

双臂向下推地面，尾骨向上找天花板，进入下犬式。

保持这个姿势一会儿，然后回到平板姿势。

保持头、脊柱、骨盆和双腿在一条直线上，平行地将整个身体下移。

当胸部快要触碰地面的时候停下，然后将身体推起，回到平板姿势。

回到下犬式，然后重复以上动作，3~5次为一组。

这种方式属于窄距支撑，双手靠近胸部，手指指向垫子的顶部，因而会更多地募集肱三头肌的力量，同时要求脊柱肌肉参与，从而保持身体稳定。

继续完成5组练习，每组3~5次，改变双手的位置：

手指指向垫子顶部 – 窄距支撑；

手指指向垫子底部 – 窄距支撑；

双手手指相对 – 中距支撑；

双手手指指向垫子两侧 – 宽距支撑；

双手摆出三角形 – 极端窄距支撑。

这个练习的退阶版本为跪姿俯卧撑。

起始位置

平板姿势

下犬式

平板姿势

身体下移

推起

跪姿退阶版本

手指指向垫子
顶部

手指指向垫子
底部

双手手指相对

双手手指指向
垫子两侧

双手摆出三角形

原　则

核心控制
保证腰椎骨盆髋复合体的稳定性
整合下肢和核心
保证肩带的稳定
保证肩带的灵活性

探索用一个吸气或一个呼气完成这个动作。吸气时将身体下移并推起和呼气时将身体下移并推起相比，你觉得有什么不同？

教学指令

口语提示

脚掌压向地面。

尾骨向上找天花板。

腹部挖空，抬起骨盆。

想象你的脊柱和骨盆如同一根笔直的、难以折弯的铁棒。

头部和尾骨向相反方向延伸。

触觉提示

老师可以用双手引导客户的腰椎和骨盆去到正确的位置。

经典普拉提垫上动作序列

编号	英文名称	中文名称	视频二维码
1	The Hundred	一百次	
2	Roll Up	卷上	
3	Roll Over	卷后	
4	Single Leg Circles	单腿画圈	
5	Rolling Like a Ball	滚动如球	
6	Single Leg Stretch	单腿拉伸	
7	Double Leg Stretch	双腿拉伸	
8	Single Straight Leg Stretch	单腿直腿拉伸	
9	Double Straight Leg Stretch	双腿直腿拉伸	
10	Criss Cross	交叉练习	
11	Spine Stretch	脊柱拉伸	
12	Open Leg Rocker	开腿滚动	
13	Corkscrew	开瓶器	
14	Saw	锯子	
15	Sawn Dive	天鹅	
16	Single Leg Kick	单腿踢腿	
17	Double Leg Kick	双腿踢腿	

编号	英文名称	中文名称	视频二维码
18	Neck Pull	拉颈向上	
19	Scissors	剪刀	
20	Bicycle	自行车	
21	Shoulder Bridge	肩桥	
22	Spine Twist	脊柱旋转	
23	Jack Knife	折刀	
24	Side Kick	侧踢系列	
25	Teaser	戏弄者	
26	Hip Circle	髋画圈	
27	Swimming	游泳	
28	Leg Pull Front	前拉腿	
29	Leg Pull	后拉腿	
30	Kneeling Side Kick	跪姿侧踢	
31	Side Bend	侧弯	
32	Boomerang	回旋镖	
33	Seal	海豹	
34	Crab	螃蟹	

编号	英文名称	中文名称	视频二维码
35	Rocking on Stomach	腹部滚动	▣
36	Control Balance	控制平衡	▣
37	Push Up	俯卧撑	

附录 2

肌肉插图经 Vesal 授权。

附录 3

参考书目

《行走的天性》，作者是詹姆斯·厄尔斯。

《解剖列车——手法与运动治疗的肌筋膜经线》，作者是托马斯·迈尔斯。

《推拿按摩的解剖学基础——肌骨触诊与扳机点》，作者是安德鲁·比尔。

作者简介

理查德·A·布朗（Richard A. Brown）

　　理查德·A·布朗（Richard A. Brown）是一位多才多艺的运动与手法治疗师（IMMT），拥有骨科学硕士（MSc）学位，并获得结构整合认证（ATSI）。他还持有骨科手法治疗和临床针灸学证书。

　　作为葆沃普拉提工作室（中国）和中瑛学苑的创始人，理查德·布朗是中国普拉提领域的先驱之一。葆沃工作室现在上海、杭州、成都和义乌设有分校，为广大学员提供优质的普拉提培训和服务。

　　中瑛学苑是中国最早的普拉提培训机构之一，也是首个在普拉提练习中引入3D功能解剖学概念的机构。在这里，学员可以深入了解普拉提的原理和技术，为自己的职业发展打下坚实的基础。

　　理查德·布朗不仅在普拉提领域有丰富的经验，还具备骨科手法治疗、骨科学和中医（针灸）的全资格手动治疗师资质。他的多样的知识和技能使他能够为患者提供全面的治疗方案，帮助患者恢复健康和身体功能。

　　他还是SOMAT-X®运动系统的创始人，该系统引入了"结构与功能""治疗与功能运动"的概念，为运动爱好者提供了一种综合性的训练方式。SOMAT-X系统还采用了理查德专门设计、开发并获得专利的设备，包括CoreFormer®（核心机）、Power of Tower®（能量塔）和CoreSuspension®（核心悬挂）。

　　如果您想联系理查德·布朗，请发送电子邮件至：support@sinobritishacademy.com。他将很高兴回答您的问题并提供进一步的帮助。

模特简介

朱烨（Rebecca Zhu）

朱烨是中瑛学苑在中国的联合创始人和教学团队的主任。朱烨在中国被亲切地称为"普拉提之母"，因为她是中国最早获得国际普拉提认证的女性之一。

在开始普拉提职业生涯之前，朱烨曾11次获得全国花样轮滑冠军，3次获得亚洲花样轮滑冠军。

朱烨积累了多年的学习经验，涉猎了多种运动和手动疗法系统，并且也是国际公认的菲登奎斯（Feldenkrais）方法的动中觉察（ATM）认证教师。

译者简介

陈慧霞（Julianne Chen）

作为葆沃普拉提工作室和中瑛学苑的联合创始人，陈慧霞不仅在瑞士富兰克林商学院取得了硕士学位，更是以终身学习的精神，深度学习了各种运动和手动疗法并获得相应的认证。她凭借独特的治疗手法和教学方式，赢得了广大客户的认可和赞誉。她的专业技能和热情并不止于此，她还是国际公认的菲登奎斯（Feldenkrais）方法的动中觉察（ATM）认证教师，为人们提供了全新的促进身心健康的理念和方法。陈慧霞以卓越的专业素养和敬业的精神，为推动大众身心健康的发展做出了显著的贡献。

江菲菲

江菲菲是一位生活在杭州的普拉提教师，毕业于汕头大学新闻与传播专业，曾经翻译过多门国际性线上和线下课程，目前承担中瑛学苑的翻译工作。

田园园

田园园毕业于加拿大康考迪亚大学，在中国有多年的教授和翻译普拉提及其他运动项目的经验，在兰州开设了甘肃省第一家葆沃普拉提工作室。

金肖燕

她是一位混迹于国内外大大小小项目组的野生翻译，目前是个非漂。